国学的演变

陈来 圣凯 高海波 李可心 赵金刚 著

孔學堂書局

本书获贵州省孔学堂发展基金会资助

图书在版编目（CIP）数据

国学的演变 / 陈来等著. — 贵阳：孔学堂书局，
2024.4
ISBN 978-7-80770-456-0

Ⅰ.①国… Ⅱ.①陈… Ⅲ.①国学—研究 Ⅳ.
①Z126

中国国家版本馆CIP数据核字(2024)第042906号

国学的演变　陈　来　圣　凯　高海波　李可心　赵金刚　著
GUOXUE DE YANBIAN

责任编辑：张发贤　陈　真
特约编辑：徐　梅
版式设计：刘思妤
责任印制：张　莹

出版发行：孔学堂书局
地　　址：贵阳市乌当区大坡路26号
印　　制：宝蕾元仁浩（天津）印刷有限公司
开　　本：787mm×1092mm　1/16
字　　数：244千字
印　　张：15.25
版　　次：2024年4月第1版
印　　次：2024年4月第1次印刷
书　　号：ISBN 978-7-80770-456-0
定　　价：45.00元

目　录

国学总论

惟兹所谓国学者，乃指中国学术文化之全体而言，而研究之道，尤注重正确精密之方法。

——吴宓《清华开办研究院之旨趣及经过》

一、国学概念的兴起

"国学"一词，古已有之。《周礼·春官宗伯·乐师》言："乐师掌国学之政，以教国子小舞。"《礼记·学记》曰："古之教者，家有塾，党有庠，术有序，国有学。""国学"在中国古代指的是国家一级的学校。

19世纪末，面对西学和"欧化主义"的刺激，日本学界从世界文化格局中反思和重识本国文化，发出了提倡"国粹""国学"的呼声，这启发了处境相似的中国学人。1902年秋，流亡海外的梁启超曾与黄遵宪等人商议，在日本创办《国学报》。当时国粹派学者也力倡"国学"，1904年，邓实在上海的《政艺通报》发表《国学保存论》，论述了保存"国学"的重要性。1905年，邓实、黄节等人在上海成立了"国学保存会"，以"研究国学，保存国粹"为宗旨，发行《国粹学报》成为晚清国学论的先声。

晚清民国之交，中华民族历经鸦片战争以来至甲午战争的种种屈辱，遭遇了空前的国家危机。这一危机不是个别的经济的或政治的或外交的危机，而是一种总体性的危机。这个总体性的危机就是在世界列强贪婪的攫取态势之下，中国在经历了一系列丧权辱国的让步后，有可能沦为列强的殖民地。这种民族危机，在甲午战争以后已经普遍地被当时的中国人意识到了，从而激发了强烈的民族救亡意识。在此种形势下，对国学概念的思考与中华民族的国家命运紧密地联系在一起，"国学"成为当时学人表达民族思想的一个方式。

如黄节提出："立乎地圜而名一国，则必有其立国之精神焉，虽震撼掺杂，而不可以灭之也。灭之则必灭其种族而后可。灭其种族，则必灭其国学而后可。昔者英之墟印度也，俄之裂波兰也，皆先变乱其言语文学，而后其种族乃凌迟衰微焉。迄今过灵水之滨，瓦尔省府之郭，婆罗门之贵种，斯拉窝尼之旧族，无复有文明片影留曜于其间，则国学之亡也。学亡则亡国，国亡则亡族。"[1]当时整个国家的民族危机非常严重，国粹派人士认为国家面临着灭亡的危险，就此，他

---

[1]黄节：《〈国粹学报〉叙》，桑兵等编：《国学的历史》，国家图书馆出版社2010年版，第17页。

们提出了"国"和"学"的关系。

同样，邓实主张"国以有学而存，学以有国而昌"①，他还指出："中国自古以来，亡国之祸叠见，均国亡而学存。至于今日，则国未亡而学先亡。故近日国学之亡，较嬴秦蒙古之祸尤酷。……夫国于天地，必有与立。学也者，政教礼俗之所出也。学亡则一国之政教礼俗均亡；政教礼俗均亡，则邦国不能独峙。试观波尔尼国文湮灭，而洼肖为墟；婆罗门旧典式微，而恒都他属。是则学亡之国，其国必亡，欲谋保国，必先保学。"②

黄节、邓实的这些提法凸显了他们对中国作为国家和中国历史文化的双重忧患，他们发挥了古代"国与有立"的观念，按照这个观点，一个国家与其国学是共生共存、相互依赖的，国家依靠其国学而生存，国学依赖其国家而昌盛。

这种观点在当时为不少人所主张，许守微也说："是故国有学则虽亡而复兴，国无学则一亡而永亡。何者？盖国有学则国亡而学不亡，学不亡则国犹可再造；国无学则国亡而学亡，学亡而国之亡遂终古矣。"③在这种说法里，亡的迫切感更为突出：面对国家的形势危急，谋求通过保学来避免永远亡国，用保学来期待再造国家。在这一点上他们吸取了晚明部分士人的想法，即假如国家亡了，学术不亡，国家还能复兴；如果国学也亡了，国家就无法复兴。国粹派将国学的兴亡和国家的兴亡联系在一起，提出了"国学"这一概念，以期保守固有文化，有着深刻的政治意义。

对国学的如此深忧，反映了他们对亡国灭种的极大担忧。这样的"国"与"学"的讨论，不能不影响到对"国学"二字的理解和使用。

在这种对深重的民族危机的自觉之下，邓实说：

夫自国之人，无不自爱其国之学。④

---

①邓实：《国学讲习记》，桑兵等编：《国学的历史》，第81页。
②邓实：《拟设国粹学堂启》，桑兵等编：《国学的历史》，第89页。罗志田以为此文可能为刘师培草，参见罗志田：《国家与学术：清季民初关于"国学"的思想论争》，生活·读书·新知三联书店2003年版，第63页。
③许守微：《论国粹无阻于欧化》，桑兵等编：《国学的历史》，第60页。
④邓实：《古学复兴论》，桑兵等编：《国学的历史》，第70页。

邓实特别强调国学与爱国心的关联，如他说"国学存则爱国之心有以依属，而神州或可再造"①，认为一民族之文化是该民族之思想的基础和来源。许之衡认为："国魂者源于国学也。国学苟灭，国魂奚存。"②黄节更主张："呜呼，不自主其国，而奴隶于人之国，谓之国奴；不自主其学，而奴隶于人之学，谓之学奴。"③在他们看来，国学就是本其爱国之心，为国家和民生伸张之学。邓实、刘师培创办《国粹学报》，大意皆出于此，《国粹学报》发刊词便明确声明，"保种、爱国、存学"是该刊的志向。

邓实又指出：

> 国学者何？一国自有之学也。……君子生是国则通是学，知爱其国无不知爱其学。④

爱学即是爱国，爱国所以爱国学。所有这一切，正如梁启超后来所说，都是建立近代"民族主义之根柢、源泉"⑤。可见，晚清国粹派"发明国学，保存国粹"的主张实际是爱国主义的文化观体现。

这一时期国学保存论者的出发点主要是针对西方帝国主义欲亡中国而言。他们的主张是"保存"中国文化，以求促进国民的爱国心。可见此时国学概念之提出，是当时救国论述的一部分。同时，我们必须知道，邓实和《国粹学报》的这些人绝不是主张排斥西方文明，而是主张两大文明之融合，所以他们注重保存国学，并不是针对欧化。这一点许守微说得最为明白："国粹也者，助欧化而愈彰，非敌欧化以自防，实为爱国者须臾不可离也云尔。"⑥

章太炎也是一样，他从印度历史那里了解到"民族独立，先以研求国粹为主，国粹以历史为主"⑦。他更提出著名的口号"用国粹激励

①邓实：《国学今论》，桑兵等编：《国学的历史》，第49页。
②许之衡：《读国粹学报感言》，桑兵等编：《国学的历史》，第56页。
③黄节：《〈国粹学报〉叙》，桑兵等编：《国学的历史》，第18页。
④邓实：《国学讲习记》，桑兵等编：《国学的历史》，第81页。
⑤梁启超：《新民说》，商务印书馆2016年版，第9页。
⑥许守微：《论国粹无阻于欧化》，桑兵等编：《国学的历史》，第61页。
⑦章太炎：《印度人之论国粹》，《章太炎全集》（四），上海人民出版社1985年版，第366页。

种姓，增进爱国的热肠"①。章太炎主办《民报》所刊的《国学讲习会序》中也说："夫国学者，国家所以成立之源泉也。吾闻处竞争之世，徒恃国学固不足以立国矣，而吾未闻国学不兴而国能自立者也。吾闻有国亡而国学不亡者矣，而吾未闻国学先亡而国仍立者也。"②章太炎是革命党人，他的主张在革命派内部深有影响。

晚清到辛亥革命，这一时期的"国学"当然是指学术文化，但20世纪初提出"国学"时，其出发点是本于爱国主义的立场、着眼于政治的救亡。晚清国学派提出的"国学"是一个基于爱国主义观念的概念，他们自己也明确使用了爱国主义的语词。他们的基本观念是，国学代表一个国家的文化和语言，是和这个国家的兴亡命运完全联系在一起的，为了救亡图存，必须保存国学。到了20世纪20年代初，国学的概念开始广泛流行，由于这一时期整理国故运动流行，国学越来越成为一个学术概念了，此时在国学概念下面所谈论的，既不是政治，也不是文化，而是学术研究。

1949年以后，"国学"一词在很长时期内消失。至20世纪90年代以后，伴随着中国的崛起和中华民族的伟大复兴，国学的概念又逐步流行起来。新世纪的"国学热"反映了广大人民群众在建设精神家园方面，对本土的传统资源的热切渴求。社会转型需要一种与革命时代不同的意识形态，由此促进的文化转型，构成了当代文化景观的大背景。在现代化市场经济发展的同时，社会道德秩序和个人安身立命的问题日益突出起来。社会道德秩序的建立离不开传统道德文化，这已经是社会转型期，执政党和人民的共识。安身的身，立命的命则都归结到心灵精神的安顿，从而心灵的需求比以往更加突出。市场经济的发展带来了人与人关系的新的变化，也使得青年一代在寻找人际关系处理方法等方面，把眼光转向古老文明的人学智慧。中国古代文化的宝库已经成了现代人待人、处世、律己的主要资源，与其他外来的文化、宗教相比，在稳定社会人心方面，传统文化提供的生活规范、德行价值及文化归属感，起着其他文化要素所不能替代的作用。几千年

①章太炎：《章太炎政论选集》（上册），汤志钧编，中华书局1977年版，第272页。
②邓实：《国学讲习会序》，桑兵等编：《国学的历史》，第77页。

以人为本的传统文化，在心灵的滋养、情感的慰藉、精神的提升，以及增益人文教养方面，为当代市场经济社会中的中国人提供了主要的精神资源，在心灵稳定、精神向上、社会和谐等方面发挥了重要的积极作用。这是"国学"在今天重为人们所关注的基本原因。

二、国学概念的使用

近代国学概念的定义应该可以分为几种。

第一种，作为一个近代的文化概念而不是古代教育的设置，"国学"与"西学"相对，是指遭遇西方文化冲击之前中国原有的思想文化与学术体系，这是国学概念在近代的普遍用法。这里的"国"是本国之义，"学"是学术之义，国学是本国学术之意。用章太炎在辛亥革命前的提法，国学可称"中国独有之学"；[①]用刘师培后来的说法，则可称"中国固有之学术"；[②]东南大学国学院的提法则是以国学为"中国原有之学术"。[③]后来30年代，王缁尘《国学讲话》称："国学之名，古无有也，必国与国对待，始有国家观念，于是始以己国之学术成为国学。"[④]从历史上看，根据章太炎等人的讲法，国学之提出，是指中国固有的学术，这个意义的"国学"从晚清到民国初年一直都比较流行。

1925年清华国学院成立的时候，吴宓在《清华学校研究院缘起》[⑤]中，表达了清华国学院的理解，后来又在《清华开办研究院之旨趣及经过》加以强调："惟兹所谓国学者，乃指中国学术文化之全体而言，而研究之道，尤注重正确精密之方法。"[⑥]吴宓所用的国学概念，

---

① 章太炎说："中国之小学及历史，此二者，中国独有之学，非共同之学。"参见章太炎：《章太炎政论选集》（上册），汤志钧编，第259页。
② 此为《国故月刊社》之宗旨。
③ 东南大学《史地学报》第2卷第4号（1923年）第139页，有文云："国学之为名，本难确定其义，在世界地位言之，即中国学，分析言之，则中国原有学术……"
④ 王缁尘：《国学讲话》，世界书局1935年版，第1页。
⑤ 参见吴宓：《清华学校研究院缘起》，《清华周刊》第24卷第1期，1925年，第51—52页。
⑥ 吴宓：《清华开办研究院之旨趣及经过》，《清华周刊》第24卷第2期，1925年，第1—2页。

定义了国学的对象和范围，是当时各个国学院所表达得最清晰的概念。这个定义以学术形态的文化为主，故称"学术文化"，不包括民俗文化等非学术内容；此外，他重点强调学术文化的"全体"，意谓不能仅以传统学术文化之一种（如儒家或道家）代替其全体。至20世纪90年代初，张岱年先生写《国学丛书》的序的时候，还是讲国学即中国学术，这是流行最广的国学定义。

第二种是以国学为中国传统文化的简称。以国学为"中国传统学术"和以国学为"中国传统文化"，这两种用法的区别在于，"中国传统学术"的外延要小于"中国传统文化"，后者往往无所不包，而前者侧重于学术形态的文化而言。当一个概念提出之后，其意义就会不断地扩张，不同的人对之有不同的意义之使用。在一般的意义上把国学当作传统文化，这个"传统文化"的意义就比较广泛了，它不仅是学术形态的文化，还可以将不是学术形态的文化包括在内。不仅是民俗文化，还有其他各种层次的文化，都被包括在内。这样的"国学"概念就是整个中国传统文化的概念了。新文化运动聚焦于中国文化和西方文化的比较，所以这种以国学指中国文化的概念，其使用与当时文化论争的焦点是有关系的。如范茗诲讨论东西文化时就说："国学是什么？便是东方全部文化的代表。"①当时批评中国文化的人尤其习惯于在这种意义上使用"国学"。

第三种国学，指国学之研究。实际上，从晚清以来到20世纪二三十年代，"国学"之使用，很重要的一个意义，即以"国学"指一个研究体系，或者一个学术研究体系。"国学研究"是指对中国传统学术文化的研究，中国传统学术体系的内容，包括哲学、古典学、史学、文学、宗教学、语言学、艺术学等。这个学术研究体系不是指一个过去的文化体系，如孔子思想体系、朱熹的学术体系，而是我们现在研究它们的体系。因此，在这个意义上，国学就不是一个具有时间性的概念。如认为晚清以前的学术是国学，这就用时间界限来划分国学的范围。20世纪20年代的国学概念则更是一个学术类型的概念，指对中国文化的一种研究体系。

比如，最典型的就是胡适的观念。胡适主张："研究这一切过

---

①范茗诲：《青年国学的需要》，桑兵等编：《国学的历史》，第263页。

去的历史文化的学问，就是国故学，省称为国学。"这个历史文化的学问不是指古人对过去的研究，而特别以指近代以来我们对过去历史文化的一种研究。胡适在北大国学研究所办的刊物《国学季刊》的发刊宣言中说："国学就是国故学的缩写。"什么是国故学呢？他说："中国一切过去的文化历史，这是国故；研究这一切过去文化历史的学问，是国故学，简称国学。"①这个讲法来自毛子水。毛子水在1919年写的《国故和科学的精神》里面提出："国故，就是中国古代的学术思想和中国民族过去的历史"，"我们现在研究古人的学术思想，这个学问叫国故学"。②胡适加了一句，说"国故学"缩写、简称、省称就叫国学。就国学这一语词的历史来讲，胡适的说法并不合乎实际，并非先有一个"国故学"流行，然后大家省称、简称，才有了国学的概念，语词的历史并不是这样的。但是胡适的这一个说法，显示出国学的第三种意义，即国学是研究过去历史文化的学问。所以，这样的一个国学的概念就是一个学问体系的概念，就是指研究中国历史文化的学问体系。

另外，就外延来讲，因为国学同时已经开始作为一个学科的意义出现，在1920年北京大学成立国学研究所的时候，开始招收研究生。北大国学研究所筹备时的《研究所简章》为国学门所规定的范围，已规定了国学作为的范围，就是："凡研究中国文学、历史、哲学之一种专门知识者属之。"③这是确定国学的范围，即国学不仅仅指文学，也不是仅仅指历史或哲学，只要是研究其中之一种，都属于国学的范围。1925年清华国学研究院成立，《研究院章程》也规定："先设国学一科，其内容约为中国语言、历史、文学、哲学等。"④

三、国学的内容体系

称中国学术为国学，这里的国即本国之意，学是学术之意，"国

---

①胡适：《〈国学季刊〉发刊宣言》，桑兵等编：《国学的历史》，第194页。
②毛子水：《国故和科学的精神》，桑兵等编：《国学的历史》，第142—152页。
③蔡元培：《北京大学会议记录（八）》，中国蔡元培研究会编：《蔡元培全集》（第18卷），浙江教育出版社1998年版，第344页。
④孙敦恒编著：《清华国学研究院史话》，清华大学出版社2002年版，第26页。

学即中国固有的或传统的学术文化"，这一含义经过近代学者的使用，已成为"国学"的通常定义。如在商务印书馆出版的《现代汉语词典》（第7版）中，对"国学"一词的解释就是沿用了这样的定义："称我国传统的学术文化，包括哲学、历史学、考古学、文学、语言文字学等。"这可以说是自清末民国初至今，一直沿用下来的比较通用的定义。

国学的内容范围，一般以中国传统的四部分类来列举。四部分类是古代书籍的分类，但也反映了对书籍所承载的学术的分类。我们今天讲国学，应先依照传统的分类与体系加以介绍，而后可以做分类的改进和说明。

古代中国典籍的分类不完全等同于只是学术的分类，但书籍的分类也是从书籍的内容进行分别的，在相当程度上反映了对知识、学术的分类。中国学问知识的传统分类有两个主要代表，一个是《汉书·艺文志》，一个是《隋书·经籍志》，前者是六分法，后者是四分法。

汉哀帝时，刘歆写成《七略》，把当时皇家藏书作了分类整理，班固作《汉书·艺文志》，采用了《七略》的分类体系及其说明。《七略》中的辑略是综述学术源流绪论，班固未加采用，其余六略三十八种是分类体系，为六部分类：

一、六艺，有《易》、《书》、《诗》、《礼》、《乐》、《春秋》、《论语》、《孝经》、小学，共9种。《六艺略小结》称："六艺之文：《乐》以和神，仁之表也；《诗》以正言，义之用也；《礼》以明体，明者著见，故无训也；《书》以广听，知之术也；《春秋》以断事，信之符也。五者，盖五常之道，相须而备，而《易》为之原。故曰：'《易》不可见，则乾坤或几乎息矣，言与天地为终始也。'"

二、诸子，有儒家、道家、阴阳家、法家、名家、墨家、纵横家、杂家、农家、小说家，共10种。《诸子略小结》称："诸子十家，其可观者九家而已。皆起于王道既微，诸侯力政，时君世主，好恶殊方，是以九家之说蜂出并作，各引一端，崇其所善，以此驰说，取合诸侯。其言虽殊，辟犹水火，相灭亦相生也。仁之与义，敬之与和，相反而皆相成也。《易》曰：'天下同归而殊途，一致而百虑。'今异家者各推所长，穷知究虑，以明其指，虽有蔽短，合其要归，亦六经之支与流裔。使其人遭明王圣主，得其所折中，皆股肱之材已。仲尼有言：'礼失而求诸野。'方今去圣久远，道术缺废，无所更索，彼九家者，不犹愈于野乎？若能修六艺之术，而观此九家之言，舍短取长，则可以通万方之略矣。"

三、诗赋，有赋3种，及杂赋、歌诗，共5种。《小结》称："传曰：'不歌而诵谓之赋，登高能赋可以为大夫。'言感物造端，材知深美，可与图事，故可以为列大夫也。古者诸侯卿大夫交接邻国，以微言相感，当揖让之时，必称诗以谕其志，盖以别贤不肖而观盛衰焉。故孔子曰'不学诗，无以言'也。春秋之后，周道渐坏，聘问歌咏不行于列国，学诗之士逸在布衣，而贤人失志之赋作矣。"

四、兵书，有权谋、形势、阴阳、技巧，共4种。

五、数术，有天文、历谱、五行、蓍龟、杂占、刑法，共6种。

六、方技，有医经、经方、房中、神仙，共4种。

六大类共38种。在《七略》的六分法的分类中，兵学、医学、占卜与经学、子学、文学并立，占有重要地位，反映了当时知识体系与书籍分布的状况。

魏晋以后，历史、佛经、文学的文献增多，而古代科技发展较为缓慢，《七略》的六类分类方法已不能适应书籍分类需要。魏晋的郑默、荀勖进一步收集文献图书，而将群书分为四部，甲乙丙丁，甲为六艺等，乙为诸子等，丙为史记等，丁为诗赋等，次序为经、子、史、集，初步形成了后来四部分类的体系。与汉代的《七略》相比，此种分类把七略中的兵书、术数、方技并入了诸子的部分，表明这部分书籍当时已不占重要地位，而把"史记"独立出来为单独的一部，突出了史学的重要性，具有很重要的意义。在唐初官修的《隋书·经籍志》中，首次以经、史、子、集四部命名分类，正式确立了四分法在古代书籍分类中的地位。最后，清朝编辑《四库全书》时，也是按经、史、子、集四部分类，表明经、史、子、集分类法自隋唐以来居于主流地位。《隋书·经籍志》中的四部分类如下：

经：《易》、《书》、《诗》、《礼》、《乐》、《春秋》、《孝经》、《论语》、纬书、小学。（10类）

史：正史、古史、杂史、霸史、起居注、旧事、职官、仪注、刑法、杂传、地理、谱系、簿录。（13类）

子：儒、道、法、名、墨、纵横、杂、农、小说、兵、天文、历

数、五行、医方。（14类）

集：楚辞、别集、总集。（3类）

以上共四部40类。此外又有：

道经（附）：经戒、饵服、房中、符箓。（均不列书目）

佛经（附）：大乘经、小乘经、杂经、杂疑经、大乘律、小乘律、杂律、大乘论、小乘论、杂论、记。

道佛共15类，加上四部的40类，共55类。

清代的《四库全书》，沿用了《隋书·经籍志》的四部分类法而略有变化：

"经部"即经学，经部之下又分《易》、《书》、《诗》、《礼》、《春秋》、《孝经》、《五经总义》、《四书》、《乐》、小学等10类。

"史部"即历史，史部之下又分正史、编年、纪事本末、别史、杂史、诏令奏议、传记、史钞、载记、时令、地理、官职、政书、目录、史评等15类。

"子部"包括政治、哲学、科技和艺术等类的书。分为儒家、兵家、法家、农家、医家、天文算法、术数、艺术、谱录、杂家、类书、小说家、释家、道家，共14类。

"集部"收历代作家的散文、骈文、诗、词、散曲集子和文学评论、戏曲著作等。分为楚辞、别集、总集、诗文评、词曲等5类。四部总共44类。

《四库全书》类别广泛，书籍浩如烟海，几乎囊括了古代学术文化的全部。为了便于学习，梁启超曾提出"国学入门书要目"，便于学习者确立国学的根底。他的书目也是依据四部的思路：

经部："四书"、《易经》、《书经》、《诗经》、《礼记》、《左传》；

子部：《老子》《墨子》《庄子》《荀子》《韩非子》；

史部：《战国策》《史记》《汉书》《后汉书》《三国志》《资治通鉴》《宋史纪事本末》《元史纪事本末》《明史纪事本末》；

集部：《楚辞》《文选》《李太白集》《杜工部集》《韩昌黎集》《柳河东集》《白香山集》。

书目前的经史子集部名是我们所加。他说："以上各书，无论学矿、学工程，皆须一读，若并此未读，真不能认为中国学人矣。"①

以上是依中国传统学术的四部分类呈现中国学术的范围。总体上说，中国传统学术，以经学为核心，以史学为基础，以子学为义理，以文学为辞章，构成了自己独具特色的知识体系。

不过，近代国学大师已经不完全按照四部或四部的概念来说明中国学术的范围。章太炎1922年讲《国学概论》时，已明确把国学的内容分为经学、哲学、史学、文学，这也是从四部而来。虽然子部并不都是哲学，集部也并不都是文学，但他的讲法已把四部的书籍分类转成学术分类的概念，而且使用了近代的学术概念（如哲学）来表达国学的主要学科内涵。他在《国学概论》中表示，中国传统学术的主体内容是以经学、史学、哲学、文学四大类为主，这都对传统的四部观念作了学术化的诠释。

章太炎晚年的《国学讲义》，分为小学略说、经学略说、史学略说、诸子略说、文学略说，可见他是把国学的内容分为五大类，这一分类显然主要是依照传统经史子集四部的分类而来，但又不拘于四部。其实小学在传统分类中属经部，章太炎重视小学，认为音韵训诂的小学是治国学的基础，故独立为一类，不再从属于经学。其实，从体系上说，小学是治学的方法，和经史子集并不能并列。

四部分类基本反映了中国主流学术的体系，但并不是完全合理的，其中最突出的是子部，其问题有二，一是如何安排宗教类的书籍。《四库全书》把佛、道列入子部，并不合理，因为佛藏、道藏自唐宋以后已经成为独立浩大的典籍体系，成为专门的知识部类。值得一提的是，由于魏晋时期佛教、道教书籍开始大量增加，在书籍分类中也产生了影响，如梁阮孝绪编《七录》，"一曰经典录，纪六艺；二曰纪传录，纪史传；三曰子兵录，纪子书兵书；四曰文集录，纪诗赋；五曰技术录，纪术数，六曰佛录，七曰道录"。在经、史、子、集四部外加佛、道二录，这反映了佛教、道教书籍急速增多的事实，也提示了在经学、史学、哲学、文学四大类外再加宗教类的合理需求。二是如何安放科学技术的知识类书籍。《四库全书》把人文社会知识与自然科学知识混合在子部之中，显示出对科学的不重视，而在

---

① 梁启超：《梁启超家书》，中国友谊出版公司2012年版，第287页。

《汉书·艺文志》中属于科学技术的部分另为独立，不与诸子混杂，是比较合理的。中国古代天文、历法、算学、医学、农学等十分发达，应在分类中有自己独立的地位。这样看来，经学、史学、哲学、文学、宗教、科学六类，庶几可以较合理地成为中国古代的基本知识分类。

四、国学简史

中国文化源远流长，有古有今。所谓"国学"，即近代与西方文化接触以前，中华民族历经数千年发展所创制形成的固有的学术文化体系。如果从夏代算起，这一学术文化体系的产生、形成、演变，至19世纪后期，已经历了4000年左右的长期发展。以下我们把中国学术文化史上每一时期占主导地位的学术形态，以及历代学术流变的大略，作一简要的陈述和介绍。

（一）汉字与典册

夏是中国历史上第一个文明国家王朝，从夏到商周，是中国文明的起源时代。这个时代出现了两项具有重大意义的文化创造，在根本上决定和影响了后世中国学术的发展，这就是汉字的发明和六经的形成。

汉字是中华文化的基本载体，是中华文明最根本的发明，也是中华文明起源时期最重要的独特的文化创造。有了汉字及其体系的形成，中华民族的各方面文化创造才可能以文字的形式代代传承，不断发展。汉字的产生约在夏商之际，商代甲骨文字是目前所见的最古老的完整汉字字体，甲骨文是刻写在龟甲和兽骨上的文字，在安阳殷墟发现的商代后期的甲骨卜辞是现在所见的最古老的成批汉字，距今3000余年，其中汉字已有4500个左右，已考释出2000个。目前已出土的甲骨超过10万片，刻写在这些甲骨上的汉字总数有100万字左右。由殷墟甲骨文可见，当时的汉字已形成了完整的文字体系，能够完整记录当时的语言，由此亦可知汉字的起源当更早。甲骨文有大量象形字和会意字，也有大量的假借字，已经有了不少形声字，已经是一种成熟的文字体系了。从甲骨文、金文到以后的发展，汉字体系越来越成熟。中华文明地域辽阔，各地方言差异很大，而汉字的体系可以通行不同的方言区，便利并促进了不同地区的文化交流，对中国的政治、文化的统一起了十分重要的作用。汉字在相当程度上影响了中华民族的思维方式、表达方式，中国学术文化的形成和发展都离不开汉字体系。而且，传统的汉字的文字学如说文学在汉代以后得到充分的发展，成为中国古代学术的重要组成部分。

由汉字书写的典籍是中华学术的呈现形式。我国的典籍起源甚早，保留在战国典籍中的《夏小正》，相传就是夏代的历书，也是中国现存最古老的历法文献，在当时已经达到很精密的水平。《尚书》中说"惟殷先人，有典有册"，文字写在竹简上编连为册，商殷时已经有典册的文献了。早期的典册以记录为主，到西周和春秋时期，典册的发展已经蔚为大观，据《楚语》记载，春秋中期楚国用以教授太子的书籍就有《春秋》《世》《诗》《礼》《乐》《令》《语》《故志》《训典》等。其中的《春秋》就是一种史书，孟子说："晋之《乘》，楚之《梼杌》，鲁之《春秋》，一也，其事则齐桓晋文，其文则史。"可见各国还有不同名称的史书。墨子书中提到周之《春秋》、燕之《春秋》、宋之《春秋》、齐之《春秋》，甚至说"吾见百国《春秋》"，可见各国皆有史书，编年的史书皆称《春秋》。据《左传》，春秋时还有《三坟》《五典》《八索》等文献，战国时代各国还有《史记》，此外还有《世本》《竹书纪年》等史书。

（二）六经的形成

而从西周至春秋，在所有的典册文献中，不论当时或是后世，最重要的是《诗》《书》《易》《礼》《乐》《春秋》。如《诗》《书》《易》在春秋时代已经在政治、外交、社会生活中被人们反复称引，成为无可置疑的权威性经典。这六部典籍，在春秋末期经孔子的整理删定，战国时已被称为"六经"。《庄子·天运》篇："孔子谓老聃曰，丘治《诗》《书》《礼》《乐》《易》《春秋》六经，自以为久矣。"《庄子·天下》篇说："《诗》以道志，《书》以道事，《礼》以道行，《乐》以道和，《易》以道阴阳，《春秋》以道名分。"

《诗》后称《诗经》，是我国最早的诗歌总集，其中分风、雅、颂三大类。雅是贵族宴会的乐歌，颂是贵族祭祀的乐歌，风则多是各地民间的民歌，大部分是西周至春秋早期的作品，也有少量商代的作品。《书》后称《尚书》，是我国最早的政治文献汇集，分虞、夏、商、周四部分，主体是《周书》即西周的政治文献。《易》又名《周易》，后称《易经》，是古代周易系统占筮的典籍，《周易》的经文为六十四卦与卦辞、三百八十四爻与爻辞，是西周史官依据占筮经验积累而成，其中包含了中国早期的哲学思想。《礼》后称《礼经》，后世称《仪礼》，是西周春秋礼制的汇集，记述了古代的礼俗制度，如贵族社会的冠婚丧祭、朝聘乡射诸礼。六经中的《春秋》特指鲁国的编年史书，《乐》是指关于音乐的理论与制度。六经成书于孔子之前，它不是一家一派的经典，作为夏商周三代的中华文明智慧的结晶，六经是中华文明的原始经典。其中凝结着中华文明早期形成、发展的历史智慧和主流价值，如敬德、保民、重孝、慎罚，体现了中华文明历经夏商周1000多年发展所累积的政治智慧、道德观念、审美取向，成为此后中国文化发展的最主要的历史渊源，是中国学术发展的总源头。

夏商周三代的文明是礼乐文明，礼乐文明是中华文明早期发展的特色，是六经文化得以产生的丰厚土壤，而六经又是礼乐文明的核心成分。在先秦，六经不仅属于儒家，更是三代主流文化的经典。六经中突出体现了人文精神，《诗》《书》都把对神的信仰转为对现实人生和事务的思考，远神而近人，关注政治和教育。六经也体现了历史精神，《书》中保留许多历史文献，《诗经》中也包含许多历史情实，《春秋》是对历史的编纂，体现了中国文化对历史经验的看重。六经也显示了道德精神，六经的历史记述含有价值批判与人格评论，《诗》有颂刺、《春秋》有褒贬，孟子说"孔子作《春秋》而乱臣贼子惧"，都显示出六经的道德精神。孔子生当春秋末期，对六经做了删订整理，对六经文本的确定和流传起了重大的作用。不仅如此，孔子开创的儒家学派以传承六经为己任，成为先秦百家中唯一重视文化传承的学派。由于六经是儒家传承的经典，故后人也把六经视作儒家尊奉的经典，也表明儒家文化是延续、承接着中华文明主流文化而来，孔子是三代文明的集大成者。《史记》记载司马迁的父亲司马谈说"儒者以六艺为法，六艺经传以千万数"，六艺即指六经，已可见先秦的儒家在传承六经方面的贡献了。

秦始皇焚书后而《乐》失，只存五经，故汉武帝立五经博士。后增加《春秋》三传、三礼，及《论语》《孝经》《尔雅》《孟子》，至唐宋而成为十三经，其核心仍是五经。

（三）百家争鸣

礼乐文明在周代达到了繁盛期。春秋末期礼乐秩序逐步解体，思想文化转入一个新的时代。春秋末期至战国时代，是诸子百家的时代。由于春秋后期宗法政治秩序解体的"礼崩乐坏"，士的阶层由原来贵族阶级中游离出来成为私人讲学、著书立说的士人、知识人，于是以前由贵族执掌的学术走向民间，私人讲学的发展，推动了学术的自由发展，而社会的大变动引发了对社会的思考和对人生的深度反思，战国时代从春秋末到整个战国，这一时期出现了孔子、墨子、老子、庄子等一大批哲学思想家。当时弟子称老师为子，故称为诸子。孔子开创了儒家学派，墨子开创了墨家学派，老子、庄子开创了道家学派，各家蜂起，故称为百家。诸子百家互相争辩，形成了"百家争鸣"的自由争论的局面。战国时各国君主礼贤下士以广开治国思路，学术政策宽容，为士人探求新的思想创造了有利的政治环境和生活环境，促使不同观点的各种著作如雨后春笋般涌现，《庄子·天下》篇"百家之学或称而道之"、《荀子·解蔽》篇"百家异说"的说法都是当时状况的真实反映。诸家之中最突出的是六家，即儒家、墨家、道家、法家、名家、阴阳家，其中又以儒、墨、道、法四家为最重要。与古希腊哲学家更重视对自然的追求不同，诸子百家更重视对人生与社会的理解。战国初期儒、墨并称显学，到战国后期，儒、道两家在哲学思想上影响最大。儒家注重历史，传承文化，强调伦理秩序，重视道德修身；道家追求清静，注重无为，主张自然，倡导超离世俗的逍遥自由。法家注重法令，重视刑罚，强调富强，关心实际运作。在此后的中国文化历史上，在精神的发展方面，形成了以儒为主、儒道互补的基本格局。在政治的发展方面，形成了以儒为主、儒法并用的实践体系。

诸子百家提出了各自不同的哲学思想和学术主张，这是中国学术史上最为自由、活跃、繁荣的时期，这个时期也正是历史学家所称的"轴心时代"。诸子百家是中国文化精神的一大飞跃，开创了中国学术思想的黄金时代，这一时期中国哲学思想的灿烂发展，可与同时期希腊、印度的思想繁荣相媲美。六家之外，加上纵横家、杂家、农家就是"九流"，再加上小说家即为十家了。这是后来汉代的说法，其实还有兵家、医家等。诸子百家时代的学术思想奠定了此后中国哲学思想发展的基础，也促进了同时代学术的全面发展，如屈原的《楚辞》是《诗经》后第二部诗歌总集，《离骚》《九歌》等都是不朽的文学诗篇。战国时代甘德、石申著有《岁星记》《天文星占》《石氏星经》等书，在天文历法方面已达到很高水平。在医学方面出现了最早医典《黄帝内经》，以阴阳五行解释病理，《墨经》中记载了当时物理学的知识和技能，《周髀》中也包含有东周时期的天文学成就。

（四）两汉经学

孔子删定六经，此后儒家不断传承六经。儒家的传经亦分为多家，据《汉书·艺文志》，在孔子和七十子之后，"《春秋》分为五，《诗》分为四，《易》有数家之传"。战国时期儒家传承六经的主要方式是通过为六经作传、序、记来解释六经的义理，并通过此种对经典的发挥来发展儒家思想，如《易传》《礼记》《诗序》《书序》《春秋传》等，这些战国时代的解经著述到汉代便被归入六经的体系之中了，如《易传》十翼到汉代已成为《周易》一书的必要部分了。

经学的真正成立是汉武帝时代，先秦的六经到汉代时《乐》已遗失，唯有五经，武帝接受了董仲舒"独尊儒术"的建议，置五经博士，罢百家之学的博士，收博士弟子50人，昭帝时增至200人，元帝时增至千人，王莽时博士弟子达万人，东汉时达三万人。博士弟子毕业后优秀者可任政府官员或地方属吏，改变了政府人员的构成，文人为主的政府得以实现。五经的博士及其弟子员，以五经为研习对象，这就是经学。从中国文化的历史来看，经学出现的前提是汉王朝运用国家的力量把历史上自然形成的文明经典宣布为国家经典、设立博士制度研究，于是五经成为国家政治、法理、意识形态的根据。把中华文明的经典在国家制度的层面予以确立，保证其传习，欲使之永久不变，客观上为中华文化的传承提供了保障。这也就确立了经学在中国学术体系中的核心主导地位，经学学术于是大大发展起来，成为汉代学术的主流形态。汉代儒学和经学合为一体，儒学也确立起了作为主流思想的地位，与中央集权的统一相适应，社会主流价值也因六经和儒家的主流地位而得以明确确立。经学地位确立后，汉代出现了一批著名的注释家和注释作品。

秦始皇焚书，《乐经》之外，五经赖儒生而保存下来。汉初经过整理，五经各有传承，武帝立五经博士，所用的经书文本即是用汉代文字整理书写的，称为今文经。西汉景帝以后，陆续在孔壁等处发现与五经有关的战国文本，用战国文字书写，故称其为古文经。古文经与今文经的不同主要是古文经的文字与篇章与今文经有所不同，如汉武帝时于孔府旧宅壁中得《尚书》，较汉初伏生所传《尚书》多16篇，而且还发现了一些今文所未传的经典，如《周官》《左传》等。因为西汉武帝以后所立的五经博士都是今文经，西汉末刘歆便要求立古文经于学官，因一时未能实现，于是引起了今古文经学的分立和争论。今文经学利用对《春秋公羊传》的解释发挥，重在发挥微言大义，在西汉是主流。如董仲舒力图用阴阳灾异说的经学约束大一统的君权，以引导治国理政。古文经在东汉昌盛发展，注重章句文字训诂，突出历史和文献的研究。从学术思想上来看，今古文经学代表了两种学术精神和方法，今文经学注重思想，发挥政治哲学和历史哲学，强调通经致用，但弊病是与当时的谶纬结合而流于神秘。古文经学关注文本的章句训诂和对典章名物的解释，突出还原历史和文化传承，学术性贡献良多，弊病是流于烦琐的文献考证而脱离思想和生活。东汉章帝时的《白虎通义》主今文经学，表现出对经学大义与社会价值的强调，以维护主流思想，带有一定的理论总结性。后汉古文经学家郑玄遍注群经，对古代制度名物作了广博专深的研究，结合今古文两家，成为汉代经学学术的集大成者。今古文经学的两种学风及其分立，具有一定的普遍意义，因而在后来的中国学术史上，影响深远。

（五）《史记》《说文解字》

汉武帝时司马迁完成了《史记》，他对《史记》的著述旨趣曾作说明："欲以究天人之际，通古今之变，成一家之言。"把宇宙变化与人文历史相连接，而求其统一与差异，此即"究天人之际"；把历史的古今变化相贯通，以认识历史的趋势，这是"通古今之变"。由此确定了中国史学的理想目标。《史记》由十二本纪、十表、八书、三十世家、七十列传五大部分组成。其中"本纪"按年代记载一代盛衰大事；"表"记录某些历史现象的变化；"书"记载典章制度和经济文化现象，具有专史性质；"世家"融合本纪、列传的形式，记录诸侯及重要历史人物的家族历史；"列传"主要记载人物。《史记》将这五种体裁形成一个整体，符合中国传统的人文主义文化精神，创建了全新的综合性的史体——纪传体。司马迁创造的纪传体史书成为中国史书的最主要体裁，此后一直居于主导的地位。《史记》是一部宏大的中国通史，与汉代大一统国家的规模气度相符合。

东汉初期的班固作《汉书》，这是我国第一部纪传体的皇朝断代史，记述了西汉200余年的历史，其结构由纪、表、志、传四部分组成。《汉书》对《史记》体例作了调整改进，去掉"世家"，将其并入"列传"，简化了纪传史体例，篇目也更加整齐。尤其是《地理志》《艺文志》《儒林传》等的增加，扩大了纪传体史书的内容，成为此后的范例。史学是中国学术最稳定的部门，没有学派纷争，而其他学术部门的纷争则往往要通过归向史学来解决，史学成为其他学术部类的基础。

两汉时与六经成书的时代相隔已久，经书中的语词多不易理解，加上流传中文字的变易需要说明，西汉已经有了最早的训诂词典——《尔雅》（后来列入十三经）。随着经学的兴盛，适应解经需要的《说文解字》也出现了。《说文解字》标志着汉字学的创立，是我国历史上第一部系统的汉文字学著作。许慎是古文经学家，他认为文字是"经艺之本，王政之始"，他著《说文解字》一方面是为了澄清古文字的源流以正确训释五经，另一方面则为了纠正随意说解文字的现象，正确理解文字的由来发展。《说文解字》总结发展了六书理论，为中国文字学的创立和发展奠定了坚实基础，并将六书理论运用于对具体文字的说解上，达到很高成就。《说文解字》创造了汉字部首编纂法，从汉字中抽取部首，再用部首统摄汉字。这种用偏旁部首立部，汇集汉字的方法是一项伟大的创举。《说文解字》还在收录秦汉全部小篆的同时，保存了部分先秦的古文字，为后世研究先秦古文字提供了重要依据。《尔雅》学和《说文解字》学后来成为中国学术的重要部分。

（六）魏晋时期的玄学与道教

魏晋南北朝时期，中国长期分裂，社会动荡，从八王之乱到五胡十六国，混乱频仍，晋室南渡，北方世族过江避乱，文化也随之发生变化。

东汉的经学已经流入烦琐的境地，至魏晋为之一变。何晏、王弼解经以理性驱除迷信，以简易取代烦琐，学术气象变化一新。何、王更创立玄学，成为魏晋学术的主导形态。魏晋玄学是以老庄思想为主体而兼蓄道儒的学术思想体系。魏晋时期的思想家把《周易》《老子》《庄子》作为其基本思想典籍，合称"三玄"，故后世称魏晋学术为魏晋玄学。玄学讨论的中心课题是"有无本末"，亦即天地万物存在的根据和作用，玄学思想家强调以无为本，贵无轻有，把无作为世界和万物的根据。又主张"越名教而任自然"，甚至"非汤武而薄周孔"，弃经学而尚老庄，具有鲜明的道家特色。重视儒家立场的思想家则提出"崇有论"以反对贵无论，提出"名教中自有乐地"以反对蔑弃礼法。向秀、郭象著《庄子注》以万物皆自生说反对把无作为世界的根源，调和"贵无"和"崇有"，而倡导"游外以冥内，无心而顺有"的"任自然"的精神境界，成为魏晋玄学的高峰。玄学作为以道家为主的学术思潮，极大发展了老庄思想的精神层面，对生命、心灵、精神的自由的追求，对自然的向往，拓展了中国人精神空间和深度。玄学的思维水平和精神境界高于经学，但在与民族文化的核心价值的结合程度上却低于经学，主要是玄学过于追求玄远，与人伦日用相脱离。魏晋时期思想活跃开放，在玄学之外也出现了一批论著，如《物理论》《言尽意论》《神灭论》等。魏晋南北朝300余年间学术称盛，科学、文学、艺术也得到很大发展。

东汉末年的五斗米道，是原始的民间道教，以《老子》为经典。又有太平道，利用《太平经》创立道教组织。晋代葛洪撰《抱朴子》，阐述了神仙方术理论，发展充实了道教的内容，是神仙道教的集大成著作。当时已有道教经记、符图257种，1179卷，后多亡佚。东晋中期以后道书继续作成，到南朝时梁阮孝绪统计，当时道教典籍已达425种，1138卷。道教重视身体生命、强调养生，追求长生和得道。早期道教逐步统一为天师道：北魏寇谦之改革五斗米道建立了北天师道，南朝刘宋陆修静吸收佛教仪式，创立斋戒仪范，创立了南天师道。陶弘景吸收儒、释思想，构造了道教神仙谱系，明确了道教的传教系统。陶弘景还修纂成《真诰》20卷。《黄庭经》是道教内丹修炼的著作，《三皇经》《灵宝经》《上清经》经陆修静、陶弘景的搜集和分类整理，也对后世影响很大。陆修静所撰道书目录著录经书、符图1228卷，他首创了对后世道教影响深远的"三洞四辅十二类"分类法。南北朝是道教大发展的时期。

（七）隋唐佛学

佛教自西汉末已传入中国，在魏晋南北朝时已盛行，如北魏建佛寺30000多座，译经1900多卷。佛教初来中国时，大小乘都有，后来大乘般若"缘起性空"思想成为中国佛教的主要基础。东晋僧人解说大乘般若性空思想时，糅合玄学，形成"六家七宗"。南北朝佛教重点译传了中观派佛学。隋唐时期佛教大为发展，出现了中国佛学的宗派，即天台宗、法相宗、华严宗、禅宗等。天台宗创始人为智顗，他汇合北方禅学和南方义学，提出定慧并重的修行原则，崇奉《法华经》。天台宗的主要理论是"三谛圆融"和"一念三千"。"三谛圆融"说明世界万物的实相是空、假、中的统一。"一念三千"说明一切事物相互包含、贯通一致的关系。法相宗为唐初玄奘所创，他曾赴印度取经，归国后译经75部，1300多卷。《成唯识论》为法相宗经典，主张八识论，讲万法唯识，识外无法，认为一切现象不过是"识"所变现出来的，所以又称唯识宗。华严宗奠基者为杜顺，尊奉《华严经》，主张万物性相能融，无障无碍。实际创始人为三祖法藏，认为世界上一切事物都是由六相两两相别相成，同时具足，互融无碍，因而叫作"六相圆融"。禅宗起于北魏末，始祖为达摩，融合了玄学虚静思想，后提倡直指人心，见性成佛，不立文字的简明教义，为佛教中国化开辟了新路。六祖慧能弟子集录师说所成的《坛经》是禅宗传法的经典。慧能不但认为人人都有成佛的本性，而且把佛性与人性完全统一起来，去除了成佛的神秘性，代之以平常的人性，把佛性看成是人的唯一本性，以"明心见性"为修行宗旨。慧能的佛性论扩大了成佛对象，反映了生活在底层的普通人要求在成佛问题上机会均等的愿望，使禅宗有了广泛的社会现实基础，有利于禅宗的传播。禅宗在唐代前期分为南北两派，北宗神秀持渐悟说，南宗慧能倡顿悟说。北宗主渐修，认为必须通过长期修行才能逐步掌握佛法而觉悟成佛。南宗则主张顿悟，认为人人自心本有佛性，不需要长期修行，不需要施舍大量财物，不需要烦琐的宗教仪式，只要自己认识到自己本来具备的佛性，就可以顿悟成佛。佛教传入中国后，中国僧人的汉文佛典撰述共582部，4172卷，成就非凡。中国佛教各宗派，将儒家的人文精神、道家的任运自然的人格理想有机地整合到自身的体系中，形成了不同于印度佛教的思想特色与文化精神。中国化的佛教重视现实，突出心性体验和解脱境界，强调易简的觉悟方法，这些都与印度的佛教有很大不同，充满中国文化的特色，中国佛学也成为中国学术思想的一个重要方面。中唐以后，禅宗南宗迅速流行，成为中国佛教的主流。他们把慧能的思想付诸实践，使禅法变得更加自由灵活和不拘一格。各地禅师的教学和实践形成了不同的风格，于是唐末五代陆续出现了五个禅宗支派：沩仰宗、临济宗、曹洞宗、云门宗、法眼宗。宋初《开宝藏》是第一部佛藏经，入藏1076部，5048卷，经版达13万片，唐以前佛教学术的发展，由此可见一斑。

魏晋时文学、诗歌创作已达到较高水平，至唐代，诗歌发展蓬勃兴盛，成为我国诗歌的黄金时代。清康熙时辑《全唐诗》，收唐人诗近50000首，唐代作者2200余人。李白、杜甫、白居易等是唐代诗人的伟大代表；韩愈、柳宗元倡导古文运动，提出"文者以明道"，对改革文风产生深远影响，并与新的儒家思想运动相呼应。唐代的诗歌、文体改变了魏晋以来旖旎靡丽的文风，呈现正大平正的气象。宋代诗文继承了唐代，欧阳修的散文以"明道""致用"为宗旨，苏东坡、辛弃疾的词摆脱绸缪婉转之风，豪迈奔放，奋发激越，感情充沛饱满。陆游的诗情思并茂，洋溢着爱国之深情，都显示出唐宋文化从贵族化士族到平民化士大夫的转变。中国的诗文与哲理相通，受儒家的家国情怀和道家的自然理想影响甚深，特别是中国的文艺传统强调文学不离人生，文学艺术的最高境界，必是人生修养的最高境界，也是人生理想的最高境界。

（八）宋明理学

南北朝的经学注疏繁多，经学解释不能统一，经学大义不能突出。唐代孔颖达奉旨修《五经正义》使经学的解释由繁返约，有所统一，为科举考试提供依据。由于五经产生于孔子以前，在伦理和道德价值方面的表达流于粗放，尚未凝练，对人生真理的探求较少。而孔子在总结三代文化基础上提出了儒家的思想体系，经过后世孟子、荀子、董仲舒等大儒的努力，已多方面发展了五经的政治、道德思想。又由于道家思想经魏晋时期得到系统发展，而佛教的发展在隋唐更是达到鼎盛，二者对儒学的主流思想地位构成了严重挑战。儒学仅靠原始的五经和经学已经不能应对思想文化的新局面，为了发展儒家思想，回应佛道的挑战，儒学通过吸收佛道的有益成分，发展出了新儒学（即理学，亦称道学）。相对于汉学，理学又称宋学。理学在北宋产生，经南宋和元代的充分发展，在明代达到高峰，故简称宋明理学。与经学重文献、重政治不同，理学把《论语》《孟子》《大学》《中庸》集结为"四书"，大力阐扬、发展了"四书"中的心性论、功夫论，注重人生修养，强调人生真理，使"四书"的地位超过"五经"。理学是一种以新经学为基础的理学思想体系。以理学为主体的宋元明清儒学重新占据了社会文化的中心，成为了主流思想。

继承了韩愈、范仲淹等儒者的理想追求，理学在北宋奠基于周敦颐、张载，建立于程颢、程颐及其弟子，至南宋朱熹而集大成。周敦颐、张载用太极或太虚的气一元论，坚持宇宙的实在，结合《易传》的宇宙论模式，建立抗衡佛老的本体宇宙论。但周、张的宇宙论还未在人性与天道之间建立密切的联系，在正面论证价值体系的合理性上也还不直接。二程针对经学只求解释辞训，提出"道学"，把对"道"的追求置于首位。他们用"天者理也""性即理也""格物即穷理"重新解释经典的内涵，认为天不是神而是理，性是人所禀受的天地之理，主张格物就是穷理，从本体论、人性论、知识论三个方面真正建立起了理学。朱熹继承了北宋道学的发展，发展了"道统"观念，并把这一理学发展为"致广大而尽精微"的全面的体系，并使理学的心性功夫论得到细致的发展。然而，理学把伦理原则提高为宇宙本体和普遍规律，虽然使古典儒学获得了本体论的基础，但在道德实践上，把伦理原则更多作为外在权威，未能重视道德实践主体的能动性。与朱子同时的陆九渊以及明代的王阳明，与朱熹相对立，建立和发展了心学，认为人心即是道德主体，心能自身决定道德规范，突出了道德实践中的主体性原则。理学和心学的互动、论争贯穿了理学的历史。宋明理学作为儒学复兴的运动具有崇高的理想，典型地表达在张载的四句话"为天地立心，为生民立命，为往圣继绝学，为万世开太平"中。宋明理学从元代起不断传播至东亚朝鲜、日本等国，成为塑造近世东亚文明的重要文化成分。

明末清初黄宗羲等完成了记述宋明理学的《宋元学案》和《明儒学案》，《宋元学案》100卷，分安定、泰山、高平、伊川、晦翁、水心等91个学案，记述了2000余位宋元学者的生平、思想、学术宗旨等。《明儒学案》62卷，以王阳明心学发端发展为主线，全书共记载了明代200余位学者，依次叙述传略，摘录其重要著作或语录等。这两部书是我国重要的学案史著作，足以呈现出宋明理学与理学家群的宏大面貌。

宋明理学近800年的历史反映了中国学术思想的发展趋势：两汉经学使儒学得到发展并确立了主导地位；魏晋玄学使道家思想得到发展，儒道互补的格局得以形成；隋唐佛学是佛教在中国化过程中达到兴盛的产物，中国文化的儒道互补变为儒释道互动的三元结构。宋明理学使儒学重新确立主流思想的地位，理学吸收了佛道的思想因素，社会形成了以儒学为主、三教趋向融合的稳定的思想文化格局，适合了中国封建社会后期的发展需要。

在历史上也有学者把中国学术的内容分为义理之学、考据之学、辞章之学，以义理之学指宋学，以考据之学指汉学，以辞章之学指文学。中国学术发展到宋代显示出，文学、经学、理学之间的关联与紧张一定程度上构成了中国学术发展变化的内在动力。当文学仅成为一种辞章之学时，就会受到经学的排斥，要求回归经义。而经学的发展容易流为章句之学，当章句训诂遮蔽了道德义理时，便受到义理之学的批评，要求注重义理。宋以后中国传统学术总的价值取向是思想义理重于经典研究，经典研究重于文学诗赋，这是古代所谓辞章、考据、义理的互动，学术的争论和派别多是由此而起。宋元明时期形成了以义理之学为主，义理、训诂、辞章三者互动的学术文化格局。

（九）清代朴学与大型文献编纂

清初顾炎武、黄宗羲要求扭转明代理学专求心性的偏差，倡导以六经为根底而经世致用。但在清代统治者的引导之下，清代中期的学者则转向考据之学，因其学风近于汉代古文经学，又称汉学。乾隆嘉庆间的考据学者，治学范围由原来考求经义变为穷经证史，研究范围包括字义训诂、辨伪考及对典章制度、名物故实的考核。乾嘉学术分为吴派和皖派，吴派以惠栋为奠基人，主要成员有王鸣盛、钱大昕等。皖派以戴震为首，主要成员有段玉裁、王念孙、王引之等，晚期有焦循、阮元。两派共同点是审名实，重证据，从文字音训去说明义理，从经学扩及史籍、诸子的校勘、辑佚、辨伪。其不同处在于，吴派推崇汉代经说，多治《周易》《尚书》；皖派擅长"三礼"，精于小学、天算。乾嘉学术的代表作有惠栋的《周易述》、钱大昕的《廿二史考异》、王鸣盛《十七史商榷》、段玉裁《说文解字注》、王念孙《广雅疏证》、王引之《经义述闻》等。乾嘉学派对古籍的文献整理及历史研究做出了重要贡献，此派的特点是"由声音文字以求训诂，由训诂以求义理"，从音韵、小学入手，通过文字、音韵来判断和了解古书的内容和含义，以语言文字学为治经的途径。他们在文字、音韵等方面取得了很大的成就，对清末民初的国学研究颇有影响。但乾嘉汉学治学限于注疏，弊病也很明显：训诂明未必义理明，因不重思想，脱离实际生活，仅成为一种文献（纸上）学问，末流则陷于支离烦琐。

清代的乾嘉学术与《四库全书》也有一定关系。南宋《直斋书录解题》著录四部书3096种，51180余卷。明代《永乐大典》编纂于永乐年间，是中国的一部巨型古代典籍，与法国狄德罗编纂的《百科全书》和英国的《大英百科全书》相比，要早300多年，也是迄今为止世界最大的百科全书。其编撰宗旨为："凡书契以来经史子集百家之书，至于天文、地志、阴阳、医卜、僧道、技艺之言，备辑为一书，毋厌浩繁。"其中保存了14世纪以前的中国历史地理、文学艺术、哲学宗教和百科文献，共计22877卷、目录60卷，分装成11095册。据粗略统计，《永乐大典》采择和保存的古代典籍有近8000种之多。清康熙时编辑《古今图书集成》，全书共10000卷，目录40卷，共分6编32典，是现存规模最大、资料最丰富的类书。清代《四库全书》是在清乾隆皇帝的主持下和诸多考据学者参与下编成的巨型丛书，著录书籍10000余种，170000卷，[其中，正式收录于《四库全书》的，有3460余种，79300余卷（文渊阁本）]基本上囊括了中国古代主要图书。《四库全书》保存了中国历代大量文献，所据底本中有很多是珍贵善本，如宋元刻本或旧抄本；还有不少是已失传很久的书籍，在修书时重新发现的；也有的是从古书中辑录出来的佚书，如从《永乐大典》中辑出的书有385种。《四库全书》的编纂，无论在古籍整理方法上，还是在辑佚、校勘、目录学等方面，都给后来的学术界以巨大的影响。但是，清代统治者借纂修《四库全书》之机向全国征集图书，贯彻"寓禁于征"的政策，对不利于清朝统治的书籍，分别采取全毁、抽毁和删改的办法，销毁和篡改了大批文献，编修中明令禁焚的书籍就有3000多种，数量巨大。

古代典籍是承载古代文明和学术创造的载体，虽然中国古代浩瀚的文化典籍流传到今天的只有一部分，其他未能保存的典籍因为自然或人为的破坏，最终在历史长河中消失了，但保留至今的文化典籍仍可使我们看到中华民族先贤创造的巨大的文化成就。

（十）近代中学、西学、国学

鸦片战争的失败，在中国引起极大震动。一些爱国士大夫纷纷探讨"天朝大国"失败的原因，他们开始抨击注重修身养性的理学和注重整理古代典籍的汉学，提倡"经世致用""励精图治"。林则徐在广州时就设立译馆，主持编译《华事夷言》《四洲志》，主张了解世界。魏源受林则徐的委托，编修《海国图志》，提出"师夷长技以制夷"，当时主要是学习西方的船坚炮利和科学技术知识，还没有涉及思想文化，但是他主张学习西方的长处以抵御列强的侵略，较之只是从传统思想中寻找改革方案，则是一个很大的进步。

从19世纪60年代冯桂芬提出"采西学""制洋器"以后，在不断引进西学的同时，人们也就中学与西学的关系进行了讨论。王韬说："器则取诸西国，道则备自当躬。"郑观应提出："中学其体也，西学其末也，主以中学，辅以西学。"1896年，孙家鼐在《议覆开办京师大学堂折》中说："今中国京师创立大学堂，自应以中学为主，西学为辅，中学为体，西学为用，中学有未备者，以西学补之，中学有失传者，以西学还之，以中学包罗西学，不能以西学凌驾中学。"张之洞在《劝学篇》中写道："新旧兼学，四书五经、中国史事、政书、地图为旧学；西政、西艺、西史为新学。旧学为体，新学为用。"这些都是当时在清王朝统治之下围绕中学和西学关系的讨论，而这些讨论都并没有阻挡西学被大量引入中国。

在近代学术中，从19世纪60年代起，中国人就开始翻译西方书籍，在自然科学、社会科学方面引入的大量西学论著，开启了中国学术近代化的行程。近代中国学术思想的重大变化，与西方思想的输入直接相关。西方的进化论传入便是突出的例子。严复在《原强》中介绍了达尔文的《物种起源》，指出："其书之二篇为尤著。西洋缀闻之士，皆能言之。谈理之家，摅为口实。其一篇曰：物竞。又其一曰：天择。物竞者，物争自存也，天择者，存其宜种也。"他翻译了赫胥黎的《天演论》，"天演"即"进化"。严复强调进化是一种不可抗拒的规律，人们在认识这种规律后，不应当自甘作劣等民族坐待灭亡，而应当奋发图强，以求"适者生存"，改变被淘汰的命运。他勉励国人要自强自立，力争自主，争取优胜而避免劣败，以求国家民族的生存发展。进化论思想的介绍不仅为变法维新提供了新的思想武器，而且在整个社会上起了巨大启蒙作用。

晚清民国之交，中华民族历经鸦片战争、甲午战争、八国联军侵华等种种屈辱，遭遇了空前的国家危机，从而激发起了强烈的民族救亡意识。邓实等国粹派人士提出了"国学"的观念。他们强调一个国家与其学是共生共存、相互依赖的，国家依靠其国学而生存，国学依赖有国家而昌盛。辛亥革命前的章太炎也使用国学这个概念，以此激励国人的爱国心。

近代中国使用的"国学"与"西学"相对，是指遭遇西方文化冲击之前中国原有的思想文化与学术体系，这是国学概念在近代的第一种用法。这里的"国"是本国之义，"学"是学术之义。用章太炎在辛亥革命前的提法，国学可称"中国独有之学"，吴宓在《清华学校研究院缘起》中强调："兹所谓国学，乃指中国学术文化之全体而言，而研究之道，尤注重正确精密之方法。"吴宓所用的国学概念，定义了国学的对象和范围，表达得比较清晰。第二种是扩大的用法，即以"国学"为中国传统文化的简称。两种用法的区别在于，"中国传统学术"的外延要小于"中国传统文化"，后者往往无所不包，而前者是指侧重于学术形态的文化而言。第三种是以"国学"代称"国学之研究"，"国学研究"是指对中国传统学术文化的研究，中国传统学术体系的内容，包括哲学、古典学、史学、文学、宗教学、语言学、艺术学等等。

20世纪20年代，因胡适等人的倡导，国内出现了"整理国故运动"，国学研究得到了推进。至20年代末，国学研究在近代的发展可以分为三个派别。第一派是以章太炎为代表的清末民初的国学研究，在学问方法上延续了清代的考据学、训诂学，在观念上导入一些近代的文化意识。第二派是以北京大学胡适等代表的国学研究，强调科学方法和疑古思潮，同时也强调科学地整理古代文化。第三派是以清华国学院王国维、梁启超等代表的跟世界学术的中国研究接轨、合流的国学研究。19世纪后期以来，外国学者研究中国学术（其研究领域被称为汉学），取得了明显成绩。而由王国维所实践、由陈寅恪提出的"把地下的实物和纸上的遗文互相释证""外来的观念和固有的材料相互参证""异国的故书和吾国的古籍相互补正"三种方法，都可以说是与当时世界汉学、中国学的研究的方法是一致的。王国维、梁启超等学者的学术视野和研究成绩，在当时已无愧于是世界第一流的。

第一章 汉字与典册

要明白中国文化之所以能扩大在广大的地面上，维持至悠久的时间，中国文字之特性与其功能，亦是很重要的一个因素。

——钱穆《中国文化史导论》

一、汉字的起源

汉字是中华文明的重要载体，是中华民族的伟大发明之一。它与古埃及文字、古印度印章文字、两河流域楔形文字、美洲玛雅文字，都是世界上最古老的几种文字。目前，除汉字外，上述几种古老文字都已经不再使用，因此，汉字是世界上正在使用的最古老的文字。汉字从被创造出来开始，一直到今天，其发展是连续的，一脉相承的，对于保存、传播、发展中华文明起到了重要的媒介作用。研究汉字的起源对于探索中华文明的起源与发展具有重要的意义。

（一）仓颉造字传说

汉字的发明者据说是仓颉，这在今天几乎是个广为人知的传说。对此，早在战国晚期的很多文献即有记载，例如《吕氏春秋》《韩非子》都说"仓颉作书"，秦代李斯所编的字书就叫《仓颉篇》，其首句也是"仓颉作书"。古人称文字为"书"，所谓"作书"就是指造字。不过有的战国文献认为仓颉并不是文字的发明者，而是一个重要的传承者。《荀子·解蔽》："好书者众矣，而仓颉独传者，壹也。"那么仓颉是谁呢？战国时期的文献没有记载其所处年代及具体事迹。"汉代人多认为仓颉是黄帝的史官，魏晋以后人则说仓颉是早于黄帝的远古帝王。"①《尚书序》的孔颖达《正义》曰："司马迁、班固……皆云：'仓颉，黄帝之史官也。'"这两种说法都没有确凿的证据，汉人的说法大概是因为史官与文字的关系比较密切，从而附会而成。后一种说法已经被唐兰先生认为是荒诞不经。②仓颉当时是受到怎样的启发而发明了汉字的呢？东汉的著名学者许慎在《说文解字·叙》中指出，神农氏的时候还是用结绳的方法来记录事情（结绳记事），但这时候社会事务越来越多，人情越来越复杂。因为有了这些社会实际需要，到了黄帝的时候，史官仓颉"见鸟兽蹄迒之迹，知分理之可相别异也，初造书契。百工以乂，万品以察"。也就是说，他是受了狩猎活动中动物足迹的启发，才发明了文字。也就是说，文

①袁行霈、严文明、张传玺等主编：《中华文明史》（第1卷），北京大学出版社2006年版，第304页。
②唐兰：《中国文字学》，上海古籍出版社1979年版，第53—54页。

字的发明与生产劳动、社会需求有着密切的联系。"文字的创制需要一定的历史条件，文字的搜集、整理、定型起主要作用的应该是古代的部落首领或为他们服务的巫、史一类人。氏族部落林立的时代，封闭的氏族、胞族还没有使用文字的环境，一旦社会进入部落联盟并逐渐过渡到国家，外交、会盟、战争等重大政治活动，会促使文字日益成为统治阶层日常交流的重要手段。我国古代传说黄帝的史官仓颉造字，这是有一定的根据的。"①黄帝是中华文明发源时期中原部落联盟的首领，历史上他曾被看作是中华文明的始祖，由其史官完成文字的搜集整理、加工创造是很有可能的。

不过，现代学者普遍认为汉字并非一人一时的创造。很有可能，类似仓颉这样的重要人物在汉字形成过程中，曾经发挥了巨大的作用，从而被后人奉为文字的发明者。

（二）20世纪以来学者对"新石器时代"考古材料的文字起源探讨

20世纪初，西方考古学传入中国。加上众多新石器时代遗址、墓葬的发掘，出土了很多绘有符号的陶器和陶片，还有一些刻有符号的龟甲、兽骨和石器等，这些都为进一步研究文字的起源提供了新的方法和材料，从而在学术界和社会上引起了很热烈的讨论。

新石器时代的刻画符号分布范围很广，"它们几乎遍及全国，从陕西、青海到东南沿海，从黄河流域到长江流域，都有发现"②。从时间上来说，最早的河南新郑裴李岗文化遗址距今约8000年。最晚至原始社会后期，甚至春秋战国时期的陶器上，都可以看到类似的符号。③这些符号按形状大致可以归纳为两类，甲类以几何符号为主，在仰韶、马家窑、龙山、良渚文化中都有发现，新石器时代遗址中发现的大部分符号属于此类。其中西安半坡、临潼姜寨遗址中发现的仰韶文化早期符号，年代较早（距今约六七千年），数量丰富，较有代表性（见图1-1：1、2）。

①王冠英主编：《中国文化通史·先秦卷》，中共中央党校出版社2000年版，第199页。
②袁行霈、严文明、张传玺等主编：《中华文明史》（第1卷），第307页。
③参见阴法鲁、许树安、刘玉才主编：《中国古代文化史》（上），北京大学出版社2008年版，第301页。

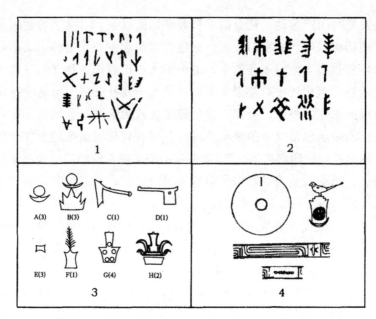

图1-1 新石器时代陶器和玉器上的刻画符号

[1.西安半坡陶器上的刻画符号。2.临潼姜寨陶器上的刻画符号。3.大汶口文化陶器上的刻画符号（各种符号以拼音字母为代号，旁注数字表示出现的次数）。4.良渚文化玉璧上的刻画符号]

1963年《西安半坡——原始氏族公社聚落遗址》考古报告出来以后，引起了学者的极大兴趣。李孝定、郭沫若、于省吾等人先后发表文章，认为半坡遗址中的刻画符号是已知的中国最早的文字，或是文字起源阶段的简单文字。于先生还对半坡的刻画符号进行了释文，将"✕""✝""l""ll""⊤""♯""↑""↓""ᚥ"分别释作五、七、十、二十、示、玉、茅、艸、阜等。不过上述说法也受到不少学者的质疑：唐兰认为目前尚无法断定这些符号到底是符号还是文字，而且看不出它们与后世文字的联系；民族学者汪宁生也认为半坡的刻画符号属于原始的记事方法，是陶器制造者或使用者所作的标记，用来标明个人的所有权或制作时的某些需要，不能与后世的文字进行简单的比附。例如，于先生所释"✕"（古汉字用来表示"五"），纳西族的东巴文和海南黎族的刻竹中都表示"十"，云南的哈尼族曾用它表示"五十元"，傈僳族用它表示相会的意思，古巴比伦曾用作所有权的标记，古埃及的圣书字用来表示"划分"，现代人则用来表示否定的意思。上述例子中，使用该符号的人有的甚至根本没有文字，所以不能断定半坡中的刻画符号就一定是文字。①

乙类符号以象形符号为主，主要刻画于莒县陵阳河、大朱村等地发现的大汶口文化晚期的大口陶尊上（见图1-1：3）。大汶口文化晚期的年代大约为公元前2800年至公元前2500年。在一些传世的良渚文化的玉器上，也发现了类似的象形符号（见图1-1：4）。良渚文化的年代约为公元前3300年至公元前2200年。

这一类的符号，有的学者认定它们就是我国最早使用的原始文字，并作为原始的汉字加以考释。于省吾将A释为"旦"，唐兰将A释为"炅"；唐兰将B释为"炅"的繁体，李学勤将B释为"炅山"的合文；唐兰将C释为"斤"，将D释为"戌"和"戉"；李学勤将"F"释为"封"等等（见图1-1：3）。鸟纹刻线也被认为是"炅"字的变形，也有学者把它释为"岛"（见图1-1：4）。其次，图1-1：3中的很多符号与商周甲骨文、金文中的字具有一脉相承的特点，其间递嬗的痕迹很明显。再次，"炅"字形的符号在莒县陵阳河、大朱村、诸城前寨遗址中反复出现了六次，也说明它们具有较强的稳定性，并被较广范围的人们所接受了。而且大汶口文化陶文已经出现了多个会意字。"真正的，具有记录语言功能的文字，是到会意字的出现才算成功的。……我们完全可以确定这个时期产生了文字。"②"总之，大汶口文化陶文是目前已知我国最早的文字。它们的时代，正好和古史传说中始有文字制度的黄帝时代（距今约4000多年）相当，看来也不是偶然的。正像这里的会意文字'炅'表示出的意义一样，大汶口文化文字透射出了东方文明的曙光。"③

有的学者则认为它们不是文字，"例如汪宁生认为它们'属于图画记事的范畴'，是'代表个人或氏族的形象化的图形标记'"④。还有的学者指出，这类象形符号跟人类早期的原始壁画非常相似，因此无法断定它们是图画还是原始的文字。例如，在旧石器时代，人们早

---

①袁行霈、严文明、张传玺等主编：《中华文明史》（第1卷），第309页。
②彭林、齐吉祥、范楚玉主编：《中华文明史》（第1卷），河北教育出版社1989年版，第409—410页。
③彭林、齐吉祥、范楚玉主编：《中华文明史》（第1卷），第410页。
④阴法鲁、许树安、刘玉才主编：《中国古代文化史》（上），第305页。

已会画鹿，我们不能见到鹿的图形就认为"鹿"字已经产生。更为关键的是，"我们仍然找不到它们有记录语言的任何证据"，"总之，单个出现在器物上的甲类和乙类符号都还没有用作记录语言的证据，很难把它们看成文字"①。

既然单个的符号难以确定其是否记录了语言，有些学者就开始关注一些排列成行的符号。新石器时代所发现的类似符号有好几批，大部分见于良渚文化的陶器上。"比较有代表性的如20世纪70年代在江苏吴县澄湖古井群中发现的一件鱼篓形贯耳黑衣陶罐，腹部刻有四个符号。20世纪80年代在余杭南湖发现的一件黑陶罐，'烧成后在肩至上腹部位按顺时针方向连续刻出八个图案'。此外，龙山文化遗址也曾出土过这一类符号。例如1991年至1992年山东大学考古实习队在邹平丁公1235号龙山文化晚期灰坑中发现的一块陶盘底部残片，上面刻有排列成行五行的十一个符号。1993年在江苏高邮市龙虬庄遗址发掘时，在河边采集到一片磨光泥质黑陶盆口沿的残片，其上有排列成行的八个符号。"②（见图1-2、1-3、1-4）

图1-2 余杭南湖出土良渚文化黑陶罐上的刻画符号③

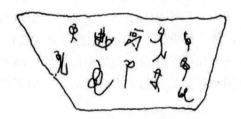

图1-3 邹平丁公遗址陶片上的符号

---

①袁行霈、严文明、张传玺等主编：《中华文明史》（第1卷），第310页。
②袁行霈、严文明、张传玺等主编：《中华文明史》（第1卷），第311—312页。
③图1-2、1-3、1-4、1-5转引自袁行霈、严文明、张传玺等主编：《中华文明史》（第1卷），第311、312、313页。

图1-4 龙虬庄采集陶片上的刻画符号

这些排列成行的符号,很受学者重视。李学勤和裘锡圭都倾向于认为余杭南湖黑陶罐上的8个符号很可能已经是原始的文字,或汉字的先行形态。但也有学者持不同的看法。他们运用民族学的材料,指出有些民族,如阿拉斯加人,虽然没有文字,但是也会使用排列成行的文字符号来表意(见图1-5)。

图1-5 阿拉斯加猎人的绘画符号

虽然关于汉字的起源,学界目前没有达成一致的意见,但这些讨论也使得我们的认识逐步加深。学者们普遍认为,要产生完整的文字体系,必须具备一定的社会条件:既包括社会对文字的需求,也包括社会的发展程度。从这方面看,大汶口文化晚期的社会生产力已经相当发达,贫富分化已经相当显著,已经具备了产生原始文字的社会条件。大汶口文化时期的乙类象形符号已经与象形文字很接近,而且在不同的地区反复出现,具有较高的稳定性,因此,这类符号即使不是最早的原始文字,也很可能是原始文字的初态,对后来的原始汉字的产生起过某种影响。新石器时代所出现的排列成行的符号,其年代也和大汶口文化的时代相差不多。尽管同样不能断定它们就是最早的文字语言,却存在这种可能性。"大汶口文化晚期的年代约为前2800至前2500。这样看来,也许我们可以推测,汉字形成过程开始的时间就在公元前第三千年的中期。"①

二、殷墟甲骨文

一般来说，夏代被看作中国进入阶级社会的开始，大部分学者认为夏代应该有文字。不过，目前所发现的夏代考古资料中，尚未有确凿的证据证明这一点。河南偃师二里头文化遗址的三四期地层（相当于二里头文化晚期）中发现了一些陶器，在这些陶器的内口沿上有一些刻画符号。（见图1-6）有的学者认为它们是夏代的文字，但有的学者则认为它们是属于上述甲类的符号，而不是文字。另外，陕西商县（今属陕西商洛）紫荆的二里头文化遗址、河南登封王城的龙山文化晚期遗址中都发现了一些陶器刻符，有些学者也认为它们是夏代文字，不过由于资料太少，均无法证实。②

图1-6 二里头文化遗址的陶器刻画符号

新中国成立后，考古学家又在郑州二里冈和南关外的商代前期遗址和河北藁城台西商代遗址的发掘中发现了一些文字资料。在二里冈遗址扰土层中，发现了一根牛肋骨，在牛肋骨上面刻有十来个字，字形与安阳殷墟甲骨文相似，但年代不能确定（见图1-7）。另外还发现了一块牛肱骨，上面有一个符号，与甲骨文的"𡳿"很像，系出自代前期地层。河北藁城遗址中发现的陶器刻符，其中有一些字很像象形

---

① 袁行霈、严文明、张传玺等主编：《中华文明史》（第1卷），第315页。
② 阴法鲁、许树安、刘玉才主编：《中国古代文化史》（上），第309页。

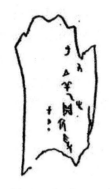

图1-7　郑州二里岗
出土牛肋骨刻符[①]

止　　　目　　　刀

图1-8　河北藁城出土陶器刻符[②]

字，如"止""目""刀"，其年代稍早于商代后期（见图1-8）。[③]另
外，出土的商代前期青铜器上也有个别铭文，但"大都比较简单，多
数只有一至五六个字，最长的也不过四十余字"[④]。

　　总之，可以肯定殷墟甲骨文（商代后期）不是最早的文字，不过
由于甲骨文之前出土的文字资料太少，还看不出殷墟甲骨文之前的文
字发展状况。

　　甲骨文是目前发现的中国上古最完整、系统的古文字，主要是指
殷代后期刻在龟甲、兽骨上的贞卜、记事文字。它们主要发现于商代
后期的一个都城遗址，即殷墟（在今河南安阳）。根据学者研究，殷
墟是商代后期迁都后，由盘庚到帝辛（即纣王）8代12王所经营的都
城，时间跨度达300年。殷墟甲骨文的发现颇有传奇色彩。清代光绪年
间，河南安阳小屯村的农民在耕地的时候经常发现有龟甲、兽骨，有
的上面有一些符号。村民们一直把它们当"龙骨"卖给中药铺。直到
1899年，时任北京国子监祭酒的王懿荣，第一次注意到上面的刻符，
他断定这是一种比西周金文更古老的文字，便开始大量搜购。与此同
时，天津秀才王襄、孟定生也在古董商那发现了甲骨文。1900年，八
国联军入侵北京，王懿荣遇难，他所藏的甲骨最后归刘鹗（字铁云，

---

①转引自彭林、齐吉祥、范楚玉统编：《中华文明史》（第1卷），第411页。
②转引自阴法鲁、许树安、刘玉才主编：《中国古代文化史》（上），第310页。
③阴法鲁、许树安、刘玉才主编：《中国古代文化史》（上），第310页。
④袁行霈、严文明、张传玺等主编：《中华文明史》（第1卷），第316页。

《老残游记》的作者）所有。刘鹗从收藏的5000多片甲骨中选出1058片，编为《铁云藏龟》一书，石印出版。从此，甲骨文引起了学术界的高度重视。中外学者以及外国传教士争相搜求、研究。近百年来，经由公私两方面发掘出的甲骨累计达到15万片左右，所刻的单字总数在4000个以上。这些甲骨文主要来自殷墟，其他地方只有零星的发现，字数也很少，有些年代尚不能确定。

甲骨文的内容非常丰富，涉及社会生活的各个方面，清代学者孙诒让曾将它们分为十个方面：日月、贞卜、卜事、鬼神、卜人、官氏、方国、典礼、文字、杂例。郭沫若、胡厚宣等学者也有相关的分类，这里不作列举。就体例而言，甲骨文可以分为两大类：卜辞和记事文字。卜辞为占卜的文字，一条完整的卜辞一般分为前辞、命辞、占辞、验辞四部分。占卜时，先要对已经整治好的甲骨进行钻凿，然后进行烧灼。"据研究，灼材是荆条和硬木枝。施灼时，骨质受热而产生爆裂，其声如'卜'，正面裂纹亦如'卜'形，因此这一过程也称为'卜'。"[①]（见图1-9）

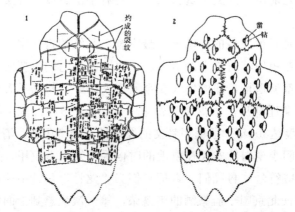

图1-9 左图为龟甲卜兆及刻辞，右图为龟甲钻凿痕迹[②]

商代的统治者非常迷信，事无大小，都要求诸占卜。占卜活动主要与王室有关。"甲骨文的内容，绝大多数与王室有关，小至殷王

---

①吕涛统编：《中华文明史》（第2卷），河北教育出版社1992年版，第318页。
②图1-9、1-10、1-12、1-13、1-14、1-15转引自吕涛统编：《中华文明史》（第2卷），第318、321、323、324、325、326页。

的耳鸣、牙疼、梦幻，大至年成、祭祀、征伐，无不以王或王室为中心。"①所以有的学者甚至把甲骨文看作商王室的档案。

记事文字的特点是，甲骨背面没有钻凿灼烧的痕迹，也没有卜兆，而是直接将文字刻在甲骨表面，其内容包括卜事文字、表谱文字和记事文字等三类。无论是卜辞还是记事文字，一般都在刻完之后，再在刻痕内涂上墨色或朱色。刻辞的行文、体例、款识既有"下行而左"，也有"下行而右"。记事的刻辞一般都是下行而左，可见，古文中下行而左的体例在甲骨文时代已经肇始。

尽管殷墟是盘庚迁都时的商朝首都遗址，但目前发现的甲骨文主要是武丁以后的内容。从刻辞内容来看，4000多个单字的内容和意义已经比较固定，词汇也比较丰富，语法也比较系统，已经能够准确地表达思想和语言了，因此殷墟甲骨文已经是比较成熟的文字系统，后来中国文字发展到成熟状态的"六书"造字方法在其中都已经具备。

"六书"一词最早见于《周礼》，但并没有具体条目。《汉书·艺文志》认为"六书"是象形、象事、象意、象声、转注、假借。许慎在《说文解字·叙》中认为是指事、象形、形声、会意、转注、假借。近代的文字学家进一步将六书分为三类：象形、象意（包括会意、指事）、形声。认为转注、假借不是造字方法，而是用字方法。

甲骨文中的象形字是在图画的基础上进行摹写，由于刻写材料的限制及提高效率的需要，有些象形字与原来的图画已经产生了一定的距离，但有些字还是基本可以辨认出来（见图1-10）。

1.虎　2.鱼　3.马　4.鹿　5.雀　6.鸟

图1-10 甲骨文中的象形字

但象形字也有局限，有些比较抽象或复杂的事物，象形字就无法

---

① 吕涛统编：《中华文明史》（第2卷），第314页。

表达，这时候就需要用到指事字。指事字的造字方法就是在象形字的基础上加上一个指事符号，用来表示新的事物或意义（见图1-11）。图中的"亦"本义是"腋"，就是在"人"字的腋下加两点用来表示腋部。

会意字是将两个或两个以上的文字合起来，表示一个新的意思（见图1-12）。

上面的象形、象意（指事、会意）的方法原则上可以造出无限多的字，但其缺点是，如果造的字太多，则不便于记忆。所以，甲骨文中的形声字可以解决这个问题。在形声字构造法中，原来的象形、象意字可以转化为形旁（表示意义）或声旁（表示声音），二者相互组合，可以产生无数的新字。人们只需要记住、掌握一定数量的文字，就可以认出、读出大量形声字。形声字在甲骨文中占20%左右（见图1-13）。

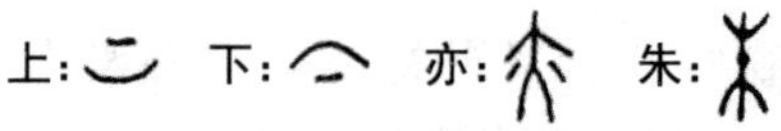

上：二　下：二　亦：不　朱：木

图1-11　甲骨文中的指事字

1. 即　2. 既　3. 监　4. 育　5. 羞　6. 望　7. 涉　8. 陟　9. 降　10. 解

图1-12　甲骨文中的会意字

1. 虚　2. 教　3. 雇　4. 启　5. 鸡　6. 旧　7. 绿　8. 麓

图1-13　甲骨文中的形声字

假借字，用许慎的话说就是"本无其字，依声托事"，即为了表达一个新的事物或意义，不需要再造新字，而是用一个与它声音相同或相似的字来代替。用今天的话说就是"写白字"。汉字中有很多字就是假借字，假借久了，就造成"久假不归"的现象，其本意已经无法追溯（见图1-14）。

图1-14 中的图形

1. 我　2. 勿　3. 乡　4. 衣　5. 年　6. 鼎　7. 北

图1-14 甲骨文中的假借字

至于六书中的"转注"，因其确切含义仍存在争议，不再讨论。

总的来说，甲骨文中已经包含了后来汉字的主要造字方法，而且"甲骨文的语法，无论是词类还是句型，已经初具规模，奠定了汉语语法的基础，其后几千年的发展，只不过是进一步完善它而已"①，"甲骨文所代表的汉字，不仅能够完整地把汉语记录下来，而且在某些方面已经相当成熟"②。不过，与秦汉以后的汉字相比，甲骨文中形声字所占20%左右的比率仍然较低。"到汉代许慎写《说文解字》，所收9353字，形声字已达7697字，占82%。现行的汉字，形声字则更占到90%以上。"③除此之外，甲骨文字仍有很多较不成熟的表现，例如有些象形字还比较接近图画文字，其表意手法也有残余的图画式痕迹。部首也不固定，或左或右，或上或下。书写的方向有时候也会发生变化，甚至还有两个以上的字合写在一起的情形（见图1-15、1-16）。

若　　　　蓳　　　　春　　　　　　星

渔　　　　　　　　　　车

图1-15 甲骨文中同一个字的不同写法

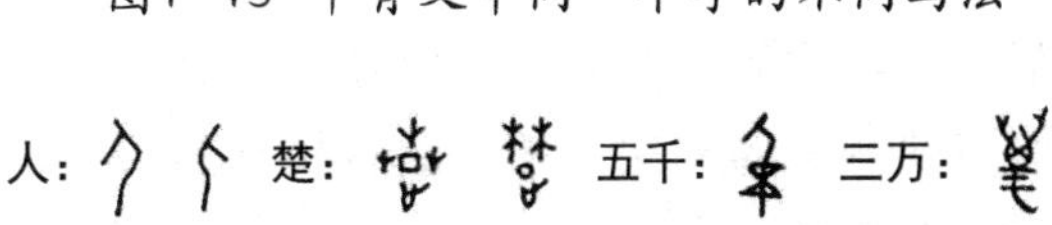

人：　　楚：　　五千：　　三万：

图1-16 甲骨文中某些字书写的不固定性④

---

① 吕涛统编：《中华文明史》（第2卷），第331页。
② 袁行霈、严文明、张传玺等主编：《中华文明史》（第1卷），第319页。
③ 王冠英主编：《中国文化通史·先秦卷》，第202—203页。
④ 转引自王冠英主编：《中国文化通史·先秦卷》，第205页。

汉字的产生、发展、逐渐完善，反映了中华民族的思维、表达能力逐步提高，文明程度不断进步。"从总体上说，武丁时期的甲骨文已大致奠定了汉字的基础，到帝乙、帝辛时期，文字日趋成熟。此后的3000多年，汉字的发展只有量变而没有产生过质变。"①钱穆先生说："在殷商时代的中国，早已有四千多字了，直到现在，经过了三千多年的演进，一般社会上仍只要四千多字，或尚不要四千多字，已经够用。"②战国末期，秦始皇统一中国，李斯统一文字，此后中华民族学习并使用相同的文字，这对中华民族的统一、中华文化的传承起到了很大的促进作用。汉字作为一种音、形、意的结合体，由其书写而成的典册，更是对中华文明的传承发挥了极大的作用。"在中国史上，文字和语言的统一性，大有裨于民族和文化之统一，这已是尽人共晓，而仍应该特别注意的一件事。"③美国学者费正清也指出："汉字的另一大优点是它能够很容易地克服方言乃至更大的语言障碍。大凡受过教育的中国人，尽管可能听不懂彼此的方言，却能阅读同样的书籍，并且把这种汉语文言视为他们自己的语言。如果他们使用的是字母文字，中国恐怕早就分裂为像意大利、法国、西班牙、葡萄牙那样的许多个国家了。中国之所以能成为世界上面积最大的国家，有一部分应归功于他们的文字。"④不仅如此，一个世纪以前，朝鲜、日本、越南三个国家的官方书面语言仍然是用汉字书写，直到今天，尽管读音不同，但三个国家的学者仍能够认识对方书面材料中的部分汉字。从这一方面说，汉字使得中华文明突破了中国的地域限制，成为东亚地区的共同文化资源。

此外，汉字作为一种象形文字系统，虽来源于对事物外形的摹写，但是远比古埃及的象形文字、古巴比伦的楔形文字更抽象，它强调通过线条的刻画与结构的搭配来表现物象与意义，具有很强的艺术性。由汉字的书写演变出的书法艺术，具有极高的审美价值，是世界艺术宝库中的一颗璀璨的明珠。

---

①吕涛统编：《中华文明史》（第2卷），第325页。
②钱穆：《中国文化史导论》，商务印书馆1994年版，第90页。
③钱穆：《中国文化史导论》，第89—90页。
④［美］费正清：《中国：传统与变迁》，张沛、张源、顾思兼译，吉林出版集团有限责任公司2008年版，第21页。

三、典册书籍

《尚书·多士》中明确说："惟殷先人，有册有典。殷革夏命。"这些都说明，可能在夏末商初，典册已经出现。至于版牍，周代文献有记载，《周礼·司民》："掌登万民之数，自生齿以上皆书于版。"不过，由于年代久远，竹木材质很难保存，目前尚未发现三代简牍的实物。当然这些典册还不等同于后代的书籍，因为它们主要都是由史官记载的关于王室、贵族的言论、活动，相当于官方的文书档案。即使后来被系统化的"六经"，即《诗经》《尚书》《仪礼》《周易》《乐经》《春秋》，其最初的资料来源也是掌握在为王室、贵族服务的巫、祝、史等知识阶层手中，下层民众根本没有机会接触，这就是所谓的"学在官府"。

商代后期的甲骨文已经发展为较为完整成熟的文字系统，有的学者认为，甲骨文的字汇还是有限，殷人不可能写出长篇作品，钱存训批评了这一看法："这种说法并不可信，因为甲骨文的字汇并不少于周代金文和长篇作品中所包含的字汇，而金文使用的时间却较甲骨文约长三倍。一些周代流传下来的个别作品，一般字汇都在2000字左右，最多也不过三四千字。……换言之，殷人也一定写过较现存甲骨文字为长的作品，如《尚书》中的《盘庚》篇等，可能是商代流传下来的部分作品。"[1]可能的情况是，除了甲骨以外，以竹子为材料的典册此时也已经存在。最直接的证据是甲骨文中已经有"典""册"二字。"册"字的写法很像用竹简编在一起；"典"字像双手捧着竹简放到架子上，《说文解字》中说："典，大册也。"甲骨文中将史官称为"作册"，《尚书·洛诰》中也有"王命作册"的说法。"'册'字象征着一捆简牍，编以书绳二道，最早见于殷代甲骨卜辞。和'册'字相关的'典'字象征册在几上，亦见于两周金文。这两个字，常指史官记录帝王诰命的文件。"[2]这些都说明，可能在夏末商初，典册已经出现。

---

①钱存训：《书于竹帛：中国古代的文字记录》，上海书店出版社2002年版，第22页。
②钱存训：《书于竹帛：中国古代的文字记录》，第72页。

按照现代学者的研究，"按'筴'者，策之俗也。册者，正字也，策者，假借字也。箣者，箣之古文也"，从中可以看出，册字最初的确与竹子有关系，甚至后来常用的"简、策、牒、札，都是用竹子做成的东西"①。

此外，还应有一部分书写材料是用木材做成的。《论衡·量知篇》："断木为椠，析之为板，刀加刮削，乃成奏牍。"这些木制的书写材料有不同的名称，如"方""版""牍"。《周礼·春官宗伯·内史》："内史……王制禄则赞为之，以'方'出之。"《周礼·秋官司寇·司民》："掌登万民之数，自生齿以上皆书于版。"《周礼·春官宗伯·内史》注："杜子春云，方，直谓今时牍也。"《说文》："牍，书版也。"归纳言之，"方、版、牍，都是用木做成的东西"②。

"方""策"合起来即指用竹、木为书写材料的一切文献，《中庸》说"文武之政，布在方策"，其中的"方策"就是指文王、武王时期的以竹、木记载的政治文献。不过，详细区分的话，"方"与"策"仍有不同。《仪礼·聘礼》："百名以上书于策，不及百名书于方。"《春秋左传正义》："凡为书，字有多有少，一行可尽者，书之于简，数行乃尽者，书之于方，方所不容者，乃书于策。"杜预《春秋左传集解序》："大事书之于策，小事简牍而已。"大致的情形是，一根竹简为"简"，编连起来称为"册"，而"方"（或版牍）从字的容量上说，则介于二者之间。这是从字数或大小上进行区分。"一根竹简通称为'简'，常载有一行直书的文字。字数较多时，书写于数简，编连一处，乃称之为'册'。长篇文字的内容成为一单位时，称之为'篇'。"③若从重要性上来说，大事记于策，小事则记录在简牍上。《左传·隐公十一年》："凡诸侯有命告则书，不然则否。"注曰："承其告辞，史乃书之于策，若所传闻行言，非将君命则记在简牍而已。不得记于典策。"这一说法表明，君主直接的言论命令才书之于典策，而得之于传闻的言行则书之于简牍。若

---

①陈彬龢、查猛济编：《中国书史》，商务印书馆1931年版，第11页。
②陈彬龢、查猛济编：《中国书史》，第11页。
③钱存训：《书于竹帛：中国古代的文字记录》，第86页。

将上述两种说法综合起来，则可以说，典策主要是直接记录君主言行或大事的正规文献，其性质比较重要。除此之外的小事或君主传闻的言行则记录在简牍上，其重要性相对较小。从中我们也可以得出一个结论：典策（册）在春秋时期就是指比较重要的文献。《说文》中"典，大册也"的说法，也反映了这一点。

除了竹简木牍外，在春秋时期，还出现了帛书。《墨子》很多篇章中都有先王、圣王将各种政治、刑律、事迹、言论、传说"书之竹帛"的记载。在谈到鬼神有无时，墨子说："故先王之书，圣人一尺之帛，一篇之书，语数鬼神之有也。"（《墨子·明鬼下》）墨子的说法表明：首先，"书"的名称很早即有。其次，竹帛都是当时的书写材料。许慎在《说文解字·叙》中说"著于竹帛谓之书"，可以算是对于古代书籍的定义。因此，钱存训说："古代文字之刻于甲骨、金石及印于陶泥者，皆不能称之为'书'。书籍的起源，当追溯至竹简和木牍，编以书绳，聚简成篇，如同今日的书籍册页一般。"[1]钱先生的这个书籍的定义没有包括帛书，原因是帛书的出现较竹简牍要晚一些，而他的这个定义主要是追溯书籍的最早起源。墨子的说法则适应帛书出现之后的书籍定义，二者并不矛盾。

关于竹简、木牍、帛书出现的确切年代虽不能确定，但"大致来说，竹、木是较缣帛为先"。关于三者的使用时期，钱存训先生认为："（1）竹简、木牍：自上古至公元3或4世纪。（2）缣帛：自公元前6或前5世纪至公元5或6世纪。"[2]《晏子春秋》中曾记载了齐景公与晏子的一段对话，其中说"昔吾先君桓公予管仲狐与榖……著之于帛，申之以策"。齐景公、晏子是公元前6或前5世纪的人物，桓公、管仲是公元前7世纪的人物，可以推测帛作为书写材料是比较早的。

目前，尚未有商代、西周、春秋时期的简牍、帛书出土。根据李零的说法，"现在发现最早的竹简是曾侯乙墓出土的战国早期的简册，最早的帛书是战国中晚期的楚帛书"[3]。"木牍的发现，目前出土

---

①钱存训：《书于竹帛：中国古代的文字记录》，第71页。
②钱存训：《书于竹帛：中国古代的文字记录》，第72页。
③李零：《简帛古书与学术源流》，生活·读书·新知三联书店2007年版，第80页。

都是战国秦汉和魏晋时期的东西。青川木牍写于秦武王四年，即公元前307年，是比较早的例子。"①

以上主要是从书写材料方面讨论书籍的形成及发展。若就内容、种类而言，战国以前，书籍当已不少。如《国语·楚语》中就列举了《春秋》《世》《诗》《礼》《乐》《令》《语》《故志》《训典》等九类文献。其中，《诗》《书》《礼》《乐》尤其是贵族教育所必需的文献，我们将在下一章详细讨论。《左传·昭公十二年》楚灵王称赞左史倚相："是良史也，子善视之，是能读《三坟》《五典》《八索》《九丘》。"根据郑玄的解释，《三坟》《五典》就是"三皇五帝之书"。因此《三坟》即三皇之书，《五典》谓五帝之书。至于《八索》与《九丘》是指"八卦"与"九州之志"，一说是《河图》《洛书》。尽管对于到底什么是《三坟》《五典》《八索》《九丘》，后代的学者没有定论，但是可以肯定，它们都是比较古老的典籍，所以杜预注曰："皆古书名。"

另外，中国古代的史官制度比较发达，"一般的'史'相当于现代的书记，他们在政府各机构中，充当记录、写作或是档案保管一类工作。另一种史官的名称是'作册'，他们受雇于诸侯，负责起草册命和记录。"②"'史'是经过一种专业训练，专门从事著述、抄录、阅读及保管官书和档案的政府官员。"③《左传·昭公十五年》记载了一个故事，公元前527年，晋国的一名史官后人籍谈，因不知道自己的家族历史，遭到周景王的讽刺："且昔而高祖孙伯黡司晋之典籍，以为大政，故曰籍氏。及辛有之二子董之晋，于是乎有董史。女（汝）司典之后也，何故忘之？"并批评道："籍父其无后乎，数典而忘其祖。""数典忘祖"的成语就出于此。此外，历史上很多姓氏，如简、史、董等，也都与史官的职业有关系。④周王"为了确保文字中没有中伤当权者的言论，不仅选择最可信的人担任史官，并且派他们到各诸侯国去掌管各种典籍，也许还给天子递送情报"⑤。《左传》记载

①李零：《简帛古书与学术源流》，第67页。
②钱存训：《书于竹帛：中国古代的文字记录》，第7页。
③钱存训：《书于竹帛：中国古代的文字记录》，第8页。
④钱存训：《书于竹帛：中国古代的文字记录》，第9页。
⑤钱存训：《书于竹帛：中国古代的文字记录》，第8页。

周人克殷后，太公被封为诸侯，有很多赏赐，其中就有典籍和史官。同时，春秋时期也有史官带着典籍逃往诸侯国的情况，例如据《左传·昭公二十六年》记载，晋国军队驱逐了东周王子，"王子朝"及其亲信"奉周之典籍奔楚"。钱存训先生风趣地说："这种逃亡，大概是和现代的出卖情报相同。"①

当然这类史官执掌的典籍（或典册）还不完全等同于后代的书籍，因为它们主要都是由史官记载的关于王室、贵族的言论、活动，相当于官方的文书档案。"一般认为在战国以前的著述，大部分都是官方文件。"②

在《简帛古书与学术源流》一书中，李零将"书"分为三种含义：1. 作为文字的"书"（包括铭刻和书籍）。2. 作为档案的"书"（文书）。3. 作为典籍的"书"（古书）。③我们此处讨论的文献和典籍主要是就第2、3种含义说。其中，第3类书对于中华文化的保存、传承最为重要。当然，第2、3两类书并非没有关系，第3类的有些典籍则是经过对第2类文献加工、改编所形成的。"比如，战国时期的古书，年代最早的古书，如《诗》《书》《易》，就是直接选出古代的记府、乐府，来源是文书档案。"④不过，应该注意，第3类书与文书档案毕竟有别，经过改编、加工之后，其中"有些可能是原始记录，有些可能是后人的拟作，还有些则明显是收集故老传闻改编的故事。选取标准也多是谈话、议论较多，有一定思想性和可读性的篇章，并不是找些流水账式的东西，硬着头皮让你读"。以《尚书》为例，"大部分还是借历史事件，讲道德教训。它关心的不是历史事件本身，而是由这些事件引发的历史教训，所以对话和议论很多，和纯粹记事的档案有一定的区别"⑤。

不可否认，在春秋之前（包括春秋时期），已经有大量的文献典籍存在，这些典籍主要掌握在王室、贵族和为贵族服务的士人手中，其中部分直接是官方的文书档案。当然，其中部分内容已经被进一步

---

①钱存训：《书于竹帛：中国古代的文字记录》，第9页。
②钱存训：《书于竹帛：中国古代的文字记录》，第10页。
③李零：《简帛古书与学术源流》，第42—55页。
④李零：《简帛古书与学术源流》，第53页。
⑤李零：《简帛古书与学术源流》，第54页。

加工、改编为具有道德训诫意义的典籍，已经具有了独立的意义。但是，不管哪一种形式的典籍，最初都是掌握在"王官"手中。即使后来被系统化的"六经"（《诗经》《尚书》《仪礼》《周易》《乐经》《春秋》），其最初的资料来源也是掌握在为王室、贵族服务的巫、祝、史等知识阶层手中，下层民众根本没有机会接触，这就是古代所谓的"学在官府"。所以章学诚在《文史通义·易教》中说："六经皆先王之政典也。"只是到了春秋末期，社会发生了剧烈的变动，贵族制度开始崩溃，很多士人流散民间，以其掌握的专门知识教授于民间，"六经"为主体的各种知识才成为社会的公共文化教育资源，由此引发了诸子学的兴起。

第二章 六经的形成

《诗》以道志，《书》以道事，《礼》以道行，《乐》以道和，《易》以道阴阳，《春秋》以道名分。

——庄子《庄子》

一、"经"与"六经"名称

如果说汉字和典册是中华文明的重要载体，那么经典就是典册中的权威文献，"在中国文化中，'经'指书写文字而言，所谓'经'是指具有极大权威性和崇高地位的文献，在这个意义上，经书与宗教学所谓'圣典'相当接近"①。例如，佛教有佛经，基督教有《圣经》，伊斯兰教有《古兰经》。不过，与这些宗教圣典不同，中国的经书并非记录神佛的启示和教戒，而是一种人文经典。它是我们的先民历史经验、伦理价值、政治智慧的集中体现，具有某些超越时空的价值理念，所以汉代之后的有些思想家将"经"解释为"常道"。

关于"经"字的定义，历史上主要有两种观点：一种看法认为，孔子的著作才能称经，孔子以前以后的著作都不能称为经。他们有经、传、记、说的区别："就是孔子所作的叫做经，弟子所述的叫做传或叫做记，弟子后学辗转口传的叫做说。"②这种说法当然与孔子在汉代之后被尊为圣人有关。持这种看法的学者多属于经学史上的今文学家。另一种看法认为，经只是一切普通的书籍。经、传、论的区别，也不是因著者身份的差别而不同，而是与书籍的形制有关。经的本义是织布的纵丝，《说文解字》云："经，织也，从糸。"古代的书籍都是用竹简做成的，需要用线编起来，称为"册"。竹简的长短是有差别的，经书的竹简一般长二尺四寸或一尺二寸，传是比经短的竹简编成，简长六寸。而所谓"论"，最初的意思就是将竹简排列次序之意。因此经的称呼与孔子没有必然的关系。孔子之前、之后都有称经的例子。《管子》中有《经言》九篇，《国语·吴语》有"挟经秉枹"的说法，《墨子》中有《经上》《经下》，《老子》在汉代有《邻氏经传》，贾谊有《容经》等等。③这种说法主要来自古文经学家，其代表是章太炎。这种将经视为一般书籍的说法也是有问题的，因为早在《左传·昭公十五年》中，周景王在与晋国使者籍谈的问答中，已经有"礼，王之大经也。……言以考典，典以志经"的说法，

---

① 陈来：《古代思想文化的世界：春秋时代的宗教、伦理与社会思想》，生活·读书·新知三联书店2009年版，第215页。
② 周予同原著，朱维铮编校：《群经通论》，上海人民出版社2012年版，第1页。
③ 参见周予同原著，朱维铮编校：《群经通论》，第2页。

这里的经虽然并不直接指书籍，却是"典"所记录的重要内容。成于战国中期的《尔雅》中说"典，经也"即揭示了这一内涵。这就是我们后来"经典"说法的来源。从中可以看出，经典并不是普通的书籍，秦以后的目录学家经常使用"经籍"一词，也是将经与普通书籍区别开来，用经来指那些各家各派的权威性著作。

用"经"指权威性的文献尽管在孔子之前的春秋时期已经出现，但"六经"说法的明确提出却是战国中后期以后的事情。《庄子·天运》："孔子谓老聃曰：'丘治《诗》《书》《礼》《乐》《易》《春秋》六经，自以为久矣。'"《庄子·天下》也说："《诗》以道志，《书》以道事，《礼》以道行，《乐》以道和，《易》以道阴阳，《春秋》以道名分。"也就是说《庄子》一书明确提出"六经"的说法，并将其确定为《诗》《书》《礼》《乐》《易》《春秋》六本书。不过，值得怀疑的是，《论语》只说"《诗》《书》执礼"，"兴于《诗》，立于礼，成于乐"，孟子（与庄子年代相近）多次说到《诗》《书》《春秋》，都没有将六本书并列起来同时出现的情况，而且直到《论语》《孟子》，也没有将上述六本书称经的例子。《荀子》一书中虽说有"始乎诵经，终乎读《礼》"的说法，所谓"诵经"指对于《诗》《书》《春秋》的背诵，荀子将这三者视为经，但并没有六经的说法。荀子似乎不重视《周易》，他说："《礼》之敬文也，《乐》之中和也，《诗》《书》之博也，《春秋》之微也，在天地之间者毕矣。"（《荀子·劝学》）

二、春秋时期的经典体系

综上所述，《诗》《书》《礼》《乐》《易》《春秋》被儒家称为经，并合在一起统称为六经，这样的说法应该至少是战国中后期的事情，但这些只是名称的考定，并不代表中国文化中的经典体系到西汉末才形成。实际上，从春秋时期开始，在贵族的教育体系中，有些文献已经成为贵族教养体系中不可缺少的部分，形成类似教材的体系。《国语》中就记载了申叔时论贵族教育内容的一段话，其中列举了《春秋》《世》《诗》《礼》《乐》《令》《语》《故志》《训典》等九类文献。《春秋》指各国史书，《墨子》中曾提到"百国《春秋》"，《孟子·离娄下》中说的"晋之《乘》、楚之《梼杌》，鲁之《春秋》"即指此类史书。《世》是先王世系，《令》是先王法令，《故志》是指记录前代成败之书，《语》是治国的格言隽语，《训典》是五帝之书。从内容上看，其中已经包括后世《诗》《礼》《乐》《春秋》。"这些文献不仅有知识上的重要性，而且具有思想文化意义上的权威性。"不仅如此，申叔时所列举的文献体系，"在春秋时代应有普遍性"①。不过，在春秋时期，贵族教育中最重要的内容应该是《诗》、《书》、礼、乐。《礼记·王制》说："乐正崇四术，立四教，顺先王《诗》、《书》、礼、乐以造士。"徐复观也说："由《左氏》《国语》所表现的春秋时代，《诗》《书》《礼》《乐》及《易》，成为贵族阶层的重要教材。"②

这种教育体系与当时的社会需要（包括政治、战争、外交、祭祀、社交等）有密切的关系。尽管在春秋末期礼乐文化出现了危机，但整体而言，西周到春秋时期的社会仍是一个礼乐社会，因此礼乐的重要性自不待言。而《诗》《书》也是贵族政治、外交、社交、祭祀活动所依赖的重要文化资源。"《诗经》在春秋时期的社会作用，用一句话来说，就是它在当时各国的礼聘会盟或是君臣、卿大夫们的言谈对应中，起着类似语言交流工具的作用。同时，又是人们引用来说明某一事理的根据。"③某种程度上，"诗是春秋时代文化交往和语言交往的基本方式和手段，至少是贵族礼仪交往所必需的修辞手段。'不学《诗》，无以言'表明'诗'的掌握对当时诸侯国之间的交往活动尤为重要，它既代表本国的文化水平，又是礼仪文化共同体内表达要求、意愿的共同方式"④。《书》是春秋之前的重要政治文献，春秋时期的贵族政治家、知识分子对于《书》的引用，多侧重道德教训和社会规范方面的内容，说明当时的政治领域开始逐渐从礼乐中分化出来，具有了独立的性质。

春秋时期，贵族政治家、知识分子对《诗》《书》的称引非常频繁。根据黄开国统计，"《左传》全书保存有关《诗经》史料，共有

---

① 陈来：《古代思想文化的世界：春秋时代的宗教、伦理与社会思想》，第201页。
② 徐复观：《中国经学史的基础》，台湾学生书局1982年版，第7页。
③ 黄开国、唐赤蓉：《诸子百家兴起的前奏——春秋时期的思想文化》，巴蜀书社2004年版，第182页。
④ 陈来：《古代思想文化的世界：春秋时代的宗教、伦理与社会思想》，第210页。

大约280条。另外，《国语》中保存有28条，总共约三百条"①。刘起釪先生在《尚书学史》对《左传》《国语》征引《尚书》作过统计，共引用《书》114次，20篇，其中《左传》86次，13篇，《国语》28次，7篇。②相对于其他典籍而言（《易》除外），《诗》《书》在春秋时期被各国贵族、士人集中、大量、频繁称引，既说明当时的贵族社会对于规范性、权威性的经典的需要，也说明《诗》《书》具有权威文本的性质。《左传》云："《诗》《书》，义之府也。"也就是说《诗》《书》是伦理、政治价值的源泉。正是因为人们认为《诗》《书》中包含丰富的伦理政治资源，所以他们才会大量引用其中的文句。通过这种反复的称引活动，强化了《诗》《书》作为经典的性质。"春秋时代虽然还没有'经典'的概念，但从当时人们对《诗》《书》的称引来看，《诗》《书》无疑在春秋已经获得了经典的地位。"③

除《诗》《书》外，春秋时期，《周易》也被大量引用。据黄开国的统计，"在《左传》与《国语》中明确言及《周易》之名及其卦、爻辞的共有23条材料，其中《左传》有20条，《国语》有3条"④。春秋时期，卜筮活动仍然很频繁，人们遇到重大的事件，仍需要求诸巫、祝、卜、史。相比较而言，筮占活动的地位不如龟卜，占卜并用时，通常都是先卜后占。从《左传》《国语》中引用的筮辞来看，大部分筮辞都与《周易》直接或间接相关，说明《周易》在此时的占筮中成为了主导。"《周易》的解释力在春秋时代可以说越来越强，故《左传》中记载的春秋筮例中，《周易》之用居于多数。"⑤从记载来看，当时从事占筮活动的人既有周王室史官，也有各国的史卜、君主、大臣，其至家臣、妇女、医生，说明《周易》文本流行于各个国家、不同阶层中。更为重要的是，春秋中期以后，德在占筮活动的作用开始凸显，"筮问者本身的德行和筮问者将要从事的行为的

---

①黄开国、唐赤蓉：《诸子百家兴起的前奏——春秋时期的思想文化》，第149页。
②参见刘起釪：《尚书学史》，中华书局1989年版，第11—66页。
③陈来：《古代思想文化的世界：春秋时代的宗教、伦理与社会思想》，第217页。
④黄开国、唐赤蓉：《诸子百家兴起的前奏——春秋时期的思想文化》，第105页。
⑤陈来：《古代思想文化的世界：春秋时代的宗教、伦理与社会思想》，第30页。

性质，都成为筮问活动是否正确预知未来的前提条件"①。例如，穆姜是鲁宣公的夫人，做了很多坏事，在死前，她曾找史官算了一卦，史官占得随卦，并告诉穆姜，让她快离开东宫，才可以免祸。但穆姜很有自知之明，认为自己没有"仁礼义贞"四德，因此不会有好结果，她最终没有离开，而死于东宫。另外一个例子是，鲁国的南蒯要叛乱，用《周易》占了一卦，认为大吉。南蒯随后将结果给子服惠伯看，子服惠伯认为"忠信之事则可，不然必败"，并说"《易》不可以占险"（《左传·昭公十二年》）。此外，还有一个重要的变化，即人们开始摆脱占筮活动，独立引用《周易》的卦爻辞来说明各种社会及人事活动的变化规则。如鲁昭公三十二年（前510），季氏将鲁昭公驱逐出境，昭公最后死于国外。晋国的赵简子问史墨，鲁国的百姓为什么对此事漠不关心，史墨就引用了《周易》的大壮卦，说明天道变化无常，因此君臣易位属于自然规律。

以上的情况说明，在春秋时代，人们对占筮活动的解释也渐趋理性化、人文化，在某些情况下，甚至出现了对占卜活动的轻视、抵制。"人事判断，理性优先，春秋时代历史理性和经验的发达，已有足够的智慧判断形势的利弊吉凶。"②另外，《周易》卦爻辞脱离占筮活动被作为文化资源频繁称引的情况，也使得对《周易》的人文化、哲学化的解释成为可能，为战国时期《易传》的产生准备了条件。

礼乐制度是西周到春秋文化的主要特征。根据王国维与钱穆等人的看法，礼最早起于祭神的宗教活动中的仪式。殷商时期，很多仪式仍与祭神的活动有关，但是到了周代，尽管仍有部分礼保留了祭神仪式的功能，但大部分的礼都已经礼仪化、人文化，变成与宗法分封制相配合的规范仪式，成为国家政治、社会生活的交往规范。也就是说："宗教上的礼，亦渐变而为政治上的礼。……因此政治上的礼，又逐渐而变为伦理上的，即普及于一般社会与人生而附带有道德性的礼了。"③春秋时期，礼乐活动仍然是社会规范体系的主要特征。不过，由于宗法封建制度开始崩溃、解体，礼也发生了一些重要的变

---

① 陈来：《古代思想文化的世界：春秋时代的宗教、伦理与社会思想》，第46页。
② 陈来：《古代思想文化的世界：春秋时代的宗教、伦理与社会思想》，第41页。
③ 钱穆：《中国文化史导论》，第72页。

化：很多贵族政治家、知识分子开始不再看重行礼时的华丽典雅等外在仪式，而是强调对于礼的内在精神的把握，礼仪与礼义的区分被凸现出来。其次，礼作为"上下之纪"、君臣父子的政治、伦理功能越来越受重视，具体表现为从礼仪到礼政的转变。政治家、知识分子更强调礼作为应付、调整现实的实践合理性，而不再仅仅停留在文化教养、社交场合的形式合理性。[1]

至于乐，很多学者认为是与行礼活动中的赋歌、诵诗、舞蹈活动相结合的乐曲。春秋时期，贵族在宴会活动过程中，一边行礼，一边奏乐歌诗。所歌的诗大都为《诗经》中的篇章。音乐与所歌的诗都要符合特定场合、身份的要求，有些歌诗活动甚至要求参与者给出相应的适当回应，否则就是违礼和没有教养的表现。《左传》也记载了吴国公子季札到鲁国访问的事情，鲁国的贵族叔孙穆子接待他，还请他欣赏周代的音乐。这些音乐既包括对《诗经》篇章的歌唱，也包括《大武》《韶濩》《大夏》《韶箫》等先王之乐的演奏，在演奏先王之乐时，还配有舞蹈。针对每一种乐舞，季札都有相应的评论，说明季札在吴国也深受来自中原的礼乐文化的教育，具有很高的欣赏水准。

此外，春秋时候的贵族在燕、享、朝聘、会盟等正式场合，也往往通过赋诗来表达自己的心志，这要求参与活动的人对于《诗经》的内容相当熟悉，对于对方"断章取义"的内容能够及时地判断其出处以及在特定场合使用的意义，从而作出相应的应答。当然，所赋诗歌是否得体是以是否符合礼来判断的。"歌诗待宾和赋诗言志，不仅是西周上层社会礼乐文化所流行的交往方式和表达方式，而且影响到国人生活中的表达习惯。这种赋诗以言志的活动，乃是春秋发达的礼乐文化的突出表现。"[2]也就是说，在很多场合，诗歌、礼仪、音乐、舞蹈是一体的活动，这种活动遍及日常生活、政治活动、社交场合中，因此诗、礼、乐是当时贵族教育的主要内容。从这一意义上说，《论

① 参见陈来：《古代思想文化的世界：春秋时代的宗教、伦理与社会思想》，第270—271页。
② 陈来：《古代思想文化的世界：春秋时代的宗教、伦理与社会思想》，第234—235页。

语》"不学《诗》，无以言"，"使于四方不能专对"（在外交的场合不能恰当地应对），"兴于《诗》，立于礼，成于乐"的说法，就不难理解了。

再回到对乐的论述，可以推断，当时的音乐主要与歌诗的活动相伴随（也有一些传自古代帝王的音乐），这些音乐应该都有乐谱，也许它们就是六经中《乐经》的来源。有的学者认为《乐经》在秦以前还存在，后来遭到秦始皇焚书的厄运而遗失。当然，也有的学者认为，春秋时期，诗乐本来是合一的，乐就是曲调，诗就是歌词，后来诗乐分离，《诗》成了经典文献，乐失去了依托，后来就逐渐失传了。"《诗经》在先秦时是配合了乐舞一起进行的。……但乐和舞在后来都脱离了《诗》，并且也都渐渐失传了，乐教和舞教就起不到作用了。"①

三、孔子与"六经"

有关孔子删定六经的说法，最早的系统论述见于《史记·孔子世家》："孔子之时，周室微而礼乐废，《诗》《书》缺。……故《书传》《礼记》自孔氏。……'古者诗三千余篇，及至孔子，去其重，取可施于礼义……'三百五篇，孔子皆弦歌之……礼乐自此可得而述，以备王道，成六艺。孔子晚而喜《易》，序《彖》《系》《象》《说卦》《文言》。……乃因史记作《春秋》。"司马迁认为《春秋》是孔子以鲁国史为依据，参考各国史书撰成；《易》的一部分，如《彖辞》《系辞》《象辞》《说卦》《文言》等是孔子所作；《诗经》是孔子删订的；《尚书》是孔子编次的；礼、乐也是孔子修正的。但后代学者对司马迁的说法疑信参半。

撇开上述问题不谈，孔子对春秋以来的重要经典有所继承、发挥则是不争的事实。孔子很重视《诗》、《书》、礼、乐，《论语·述而》说"子所雅言，《诗》、《书》、执礼"，"兴于《诗》，立于礼，成于乐"（《论语·泰伯》）。春秋末期，出现了礼崩乐坏的现象，孔子对此深表忧虑，他自觉继承三代以来的礼乐文化，试图

---

① 袁行霈、严文明、张传玺等主编：《中华文明史》（第1卷），第421页。

重建社会、道德秩序。他"述而不作""信而好古"，继承了春秋时期的贵族教育体系的内容，很重视《诗》、《书》、礼、乐的教育。关于孔子与《春秋》的关系，孟子认为孔子修了《春秋》，并认为孔子修《春秋》的目的是使"乱臣贼子惧"。孔子还说了"知我者，其惟《春秋》乎。罪我者，其惟《春秋》乎"的话。孔子与《易》的关系，《论语》中有"晚而喜《易》，韦编三绝"，"五十以学《易》，可以无大过"的记载，尽管后者的"易"字，有的版本作"亦"，但孔子与《易经》有关系，则应该不成问题。马王堆帛书《易传》《要篇》中，有孔子与子贡论《易》的内容，可以提供证明。至于孔子是否作《易传》，则存在争议，很多学者认为《易传》是战国末期的作品，是儒、道、阴阳家的杂糅之作。

也就是说，孔子自觉继承三代以来的礼乐传统和经典体系，并以此来教育弟子。《荀子》中已经明确将"《礼》《乐》《诗》《书》《春秋》"五者并列，从而可以肯定，这一经典体系此时已经为儒家完全接受。至于《易》进入儒家的六经体系，则可能要晚一些，至迟在秦代，《周易》已进入经书系列，形成《诗》《书》《礼》《乐》《易》《春秋》的六艺经书系统。

尽管现代有些学者认为，严格来说，六经中只有《春秋》可以勉强说是孔子所作，但也有理由称孔子为经学的创始人。马宗霍在《经学通论》一书中列举了三条理由："其一，先孔子之经文极可能经过孔子编辑、删节、修改。其二，先孔子之经文经过孔子的传授之后，方才成为一门系统的学术。其三，后世之经学家，无论流派为何，皆尊奉孔子为其鼻祖。"[①]他还正确地指出，孔子的这种地位的历史意义并不来自事实，而来自认同。也就是说，孔子是三代礼乐文化的集大成者，又是后世中国文明的奠基者与开启者，经他整理、撰述的六经体系，成为中华文明的"圣典"，孔子也因此被后人尊为圣人。

四、"六经"内容

六经中的《乐经》今天已经失传，所以严格而言，只有"五

---

① 马宗霍、马巨：《经学通论》，中华书局2011年版，第17页。

经"，即《诗》《书》《礼》《易》《春秋》。这五部经书，如果要强调其差别，可以作一简单的概括，称《诗》为文学经典，《书》为政治学经典，《礼》为宗教学经典，《易》为哲学经典，《春秋》为历史学经典。现代新儒家的大师马一浮也持这样的看法，他认为六艺（即六经）可以统摄西方一切学术：《易》统摄自然科学、哲学，《春秋》统摄社会科学，《诗》《乐》可以统摄文学，《书》《礼》可以统摄政治、法律、经济。当然，上述说法只是一种大概的说法，不能对之进行严格推敲，不过，它们强调六经的差别，却是非常有道理的。就其主要内容而言，六经的内容的确存在差别，可以说是最早的中国学术分类。下面即简单介绍一下六经的内容。

《易经》最早是一本卜筮之书，内容分为文字与符号两部分。符号又分为两部分：一部分为经卦八，卦皆三画，分别为乾、坤、震、巽、坎、离、艮、兑，其卦象为天、地、雷、风、水、火、山、泽。这一部分据说是伏羲所作。另一部分符号，为由八卦相重而成的六十四卦。重卦的作者，有人说是伏羲，有人说是文王。

《易经》的第二部分为文字，可以分经、传两部分。经的部分包括卦辞、爻辞，以乾卦为例，"乾：元亨利贞"是卦辞。"初九，潜龙勿用。""九二，见龙在田，利见大人。""九三，君子终日乾乾，夕惕若厉，无咎。""九四，或跃在渊，无咎。""九五，飞龙在天，利见大人。""上九，亢龙有悔。"这部分是爻辞。所谓的"爻"就是卦画，一横是阳爻，两短横是阴爻。关于卦爻辞的作者，有人说是文王。有的人则认为卦辞为文王所作，爻辞为周公所作。还有的学者认为伏羲画八卦，文王重卦，孔子作卦爻辞。

《易传》分7种，共10篇。分别是《彖辞》上下、《象辞》上下、《系辞》上下、《文言》、《说卦》、《序卦》、《杂卦》。《彖辞》用来解释卦辞；《象辞》分大、小象，大象解释一卦的卦象，小象解释一爻的象；《系辞》追述《易》义的起源，推论《易》学的作用，或解释卦义补充《彖辞》《象辞》；《文言》专门解释乾坤两卦，大概是因为乾坤是易的门户；《说卦》则陈说卦变和法象；《序卦》说明六十四卦相承相生次序；《杂卦》杂举六十四卦卦义。这十篇传文，又称为"十翼"，据说为孔子所作。但也存在争论，至今悬而未决。①

《周易》最初是卜筮之书，在春秋时期已经有了经典化、理性化的趋势。《易传》进一步对《周易》进行了哲学化的解释，至此，《周易》才被很多士人视为阐释义理的书籍。在汉代，《周易》更进一步上升到"群经之首，大道之原"的位置，对后来中国思想中形而上学的建构起到了无可替代的作用。

《书》，后代称为《尚书》，关于"尚"的解释比较多，其中一种合理的解释是，"尚"就是"上"的通假字，所谓《尚书》，即上古之书。《尚书》涵盖的内容上至公元前2000年，下至公元前7世纪，前后相距达1300年。其内容可能不是一次编纂而成，而是多次累积而成。其内容主要是王室的诰命、训令、誓言等，相当于王室的档案。现在流传的《尚书》共58篇，按朝代编辑，包括《虞书》5篇，《夏书》4篇，《商书》17篇，《周书》32篇。在这58篇中，33篇与汉代伏生传授的《今文尚书》28篇相同（从28篇的《今文尚书》中的《尧典》中分出《舜典》，《皋陶谟》中分出《益稷》，《盘庚》分为上中下三篇，形成33篇），其余25篇清代人阎若璩已经考定为伪书。

《尚书》的内容，根据《尚书序》分为"典、谟、训、诰、誓、命"六种。进一步可以分为四类：（1）典谟类：主要记载典章制度，及议论军国大事。《尧典》《舜典》《皋陶谟》《益稷》《禹贡》《吕刑》属于此类。（2）训诰类：主要是训诫诰令。《盘庚》《高宗肜日》《西伯戡黎》《金縢》《大诰》《多士》《多方》《召诰》《顾命》等属于此类。（3）誓词类：主要是王侯的战前动员令与誓词。包括《甘誓》《泰誓》《牧誓》《费誓》。（4）命册类：主要是君王赏赐诸侯或任官命爵之时的册命。《君陈》《毕命》《君牙》《冏命》《文侯之命》属于此类。

《尚书》记载的内容对于研究夏商周三代，尤其是周代的历史具有非常重要的价值。对于研究春秋以前的政治制度、学术思想也具有非常高的价值。其中《周书》所体现的核心政治思想为"敬天""保民""明德""慎罚"，对中国后来的政治思想产生了深刻的影响。②

---

①参见周予同原著，朱维铮编校：《群经通论》，第12—13页。
②参见王冠英主编：《中国文化通史·先秦卷》，第376—380页。

现存《诗经》共305篇，分为风、雅、颂三部分。关于风、雅、颂的含义，马宗霍认为："'风'为民间歌谣，相传为周朝廷指派专人定期至民间采集。'采风''风俗''民风'等词汇皆渊源于此。'雅'为天子、诸侯宴会时之作。'颂'为歌功颂德之词，大约用于祭祀。"①《风》分为十五国风，计160篇；《雅》分为《大雅》《小雅》，共105篇，其中《大雅》31篇，据说作于西周前、中期，《小雅》74篇作于西周末与东周初；《颂》分为《周颂》《鲁颂》《商颂》，共40篇。《周颂》31篇，大都作于西周初年。《鲁颂》4篇，大概作于公元前7世纪的鲁国。《商颂》5篇，今文学家认为是周代宋国所作，古文学家认为是商代之作。②"全书主要收集了周初至春秋中叶500多年间的作品。最后编订成书，成书时间大约在公元前6世纪。"③

根据《史记·孔子世家》的记载，古诗有3000多篇，经孔子删定，定为305篇。不过对司马迁的说法，后代学者存在不同的看法。反对者主要根据是：《左传》中吴国季札到鲁国观乐时，歌《诗》的顺序，与今本《诗经》基本相同，且《论语》有"《诗》三百"的说法，说明孔子并没有删《诗》。不过，传世的材料中，也发现了不少不见于今本《诗经》的逸诗，尤其是近来上海博物馆所藏楚简中有《孔子论诗》一文，其中孔子共论诗60篇，含逸诗8篇。说明孔子对《诗》的确做过整理工作。"大致的情形可能是，周王朝经过诸侯各国的协助，对各国诗集进行采集，然后命乐师进行整理、编纂，从而有了《诗经》。"④到孔子时代，孔子又对其进一步整理，还对相应的乐曲进行了订正。

根据《周礼·春官·大师》的说法，"太师教六诗，曰风、曰赋、曰比、曰兴、曰雅、曰颂"。关于"六诗"，学者的说法不一，有的学者认为"六诗"就是六种演唱方法：风相当于清唱；雅与颂指有乐器伴奏，二者的区别是前者用于宴会，后者用于祭祀；赋指吟诵；比兴指合唱。⑤有的学者认为风雅颂是题材，赋比兴是表现手

---

① 马宗霍、马巨：《经学通论》，第90页。
② 参见马宗霍、马巨：《经学通论》，第90页。
③ 袁行霈、严文明、张传玺等主编：《中华文明史》（第1卷），第419页。
④ 袁行霈、严文明、张传玺等主编：《中华文明史》（第1卷），第420页。
⑤ 参见马宗霍、马巨：《经学通论》，第95页。

法。赋就是直接铺陈，"赋者，敷也，敷陈其事而直言之者也"，如《七月》《君子于役》等；"比"就是比喻，"以彼物比此物也"，如《硕鼠》中将不劳而获的贵族比喻为贪得无厌的大老鼠；兴就是起兴，"兴者，先言他物以引起所咏之辞也"（《诗集传》），如《关雎》以雌雄鸟的叫声来引起青年男子对女子的思慕。

《诗经》的内容很丰富，大致可以分为五类：第一类是描写周民族的史诗。主要是《大雅》的《生民》《公刘》《绵》《皇矣》《大明》五篇，是研究周人历史的重要史料。第二类是政治讽刺诗。包括《小雅》大部分及《大雅》少数篇章。第三类是战争诗。如《大明》描写武王伐纣，牧野之战的场面。《小雅》中的《六月》《采芑》，据说是描写宣王北伐猃狁和南征荆蛮的事迹。第四类是表现生活劳动的诗篇。以《豳风·七月》最为典型，描写了古代的劳动场景以及农夫稼穑之艰难。第五类是爱情与婚姻题材。其中塑造了各种各样的妇女形象，具有很高的文学价值。①

《诗经》是中国文学的源头，其所表现的积极的人生态度、政治和道德意识，强烈的现实意识深深影响了后世的文学创作。它所采用的赋比兴的修辞手法，更为后世的中国文学所继承，对中国诗歌、散文的创作手法产生了深远的影响。

《春秋》是现存最早的编年体史书。最晚从西周开始，史官记载史书就开始按照一年四季的时间为序。其中，古人又特别注重春秋两个季节，故春秋时期很多国家的史书都称"春秋"，这也就是现存据说由孔子修订的史书被称为《春秋》的原因。

《春秋》现存版本一共16000余字，因记述过于简略，故后来的学者又替其作解释，因《春秋》后来被尊为经，这些解释因此被称为"传"。据《汉书·艺文志》记载，为春秋作传者共5家，现存有名的共有3家，即左丘明《春秋左氏传》（简称《左传》），公羊高《春秋公羊传》（简称《公羊传》），穀梁赤《春秋穀梁传》（简称《穀梁传》），合称《春秋三传》，它们后来也被列入儒家经典。其中《穀梁传》《公羊传》侧重阐发孔子的"微言大义"，揭示孔子对历史事

①以上分类参考了袁行霈、严文明、张传玺等主编：《中华文明史》（第1卷），第422—423页。

件与人物的"褒贬",包含了孔子的"正名"思想。《左传》则侧重记载历史事实,详细补充《春秋》经所记载的事件始末,其中还有一些《春秋》未记载的内容。

在体例上,《春秋》"以事系日,以日系月,以月系时,以时系年",用时间将春秋时的大事排列起来,线索非常清楚。上起鲁隐公元年(前722),下迄鲁哀公十四年(前481),共计12公,242年。《春秋》用辞非常讲究,例如同样记载战争,有正当理由的,有钟鼓的,上对下的公开战争称为"伐"。没有正当理由,没有钟鼓的侵犯,称为"侵"。同样是死,天子称"崩",诸侯称"薨",卿大夫称"卒"等。据说这些字词的差别包含了"微言大义",《春秋》正是通过这样的褒贬方式,使得乱臣贼子惧怕。这种书写历史的方法被后世称为"春秋笔法"。

《春秋》具有很高的价值。第一,其中记载了很多天象,具有天文学的价值。例如《春秋》中记载了公元前687年3月16日发生的天琴星座的流星雨,是目前世界上最早的一次记录。《春秋》还实际记载了34次日食,其中33次已经被证明是可靠的。第二,《春秋》所记的史实,不少内容可以与出土的青铜铭文相互印证,说明《春秋》的可信度很高。目前,因为有《春秋》的记载,春秋时期的史事反而比战国时期更为清楚。①

《仪礼》,古称曰《礼》《礼经》或《士礼》,共17篇。汉代有三个传本。一曰戴德本,即大戴本;二曰戴圣本,即小戴本;三曰刘向《别录》本。三本篇次的排列不同。《仪礼》,古文学家认为是周公所作,今文学家则认为是孔子所定。《仪礼》主要记载古代的礼仪制度。在《仪礼》之外,还有一本解释古代礼仪具体意义的《礼记》,据说由汉代的儒者编纂而成,其中包含了孔子及弟子们讨论礼乐意义的内容。

六经的形成,对中国文化的形成起到了关键的作用。尽管在后世,对经学的争论从未停止,但无可否认,汉代以后,由于儒学成为学术的主流,对儒家六经的研读、诠释成了士人学术、精神生活的主要内容,经学所传达的价值理念成为整个社会的核心价值观,从而对

---

① 参见王冠英主编:《中国文化通史·先秦卷》,第381—384页。

中华文明的形成起到了至关重要的作用。所以冯友兰在写作《中国哲学史》的时候，将汉代以后至清末的中国哲学史，统称之为"经学时代"是非常有道理的。每当社会混乱、价值失序时，儒者都要回到六经，通过对六经的新的诠释，来寻找精神的原动力。某种程度上可以说，没有六经的经典体系，就没有后来的中华文明。

第三章 诸子百家

人类一直靠轴心时代所产生的思考和创造的一切而生存，每一次新的飞跃都需回顾这一时期，并被它重燃火焰。自那以后，情况就是这样，轴心期潜力的苏醒和对轴心期潜力的回归，或者说复兴，总是提供了精神的动力。

——［德］雅斯贝斯《历史的起源与目标》

德国哲学家雅斯贝斯（Karl Jaspers）曾提出"轴心时代"（Axial Age）的理论，他指出，在经历了史前和古文明的时代之后，在公元前500年左右，即公元前800年到公元前200年的精神进程中，"最不平常的事件集中在这一时期。在中国，孔子和老子非常活跃，中国所有的哲学流派，包括墨子、庄子、列子和诸子百家，都出现了……在这数世纪内，这些名字所包含的一切，几乎同时在中国、印度和西方这三个互不知晓的地区发展起来"[①]。德国社会学家马克斯·韦伯（Max Weber）也提出"哲学突破"（Philosophical Breakthrough）的概念，后来美国社会学家帕森斯（Talcott Parsons）对其进行了进一步的发挥：

> 在公元前一千年之内，希腊、以色列、印度和中国四大古代文明，都曾先后各不相谋而方式各异地经历了一个"哲学的突破"的阶段。所谓"哲学的突破"即对构成人类处境之宇宙的本质发生了一种理性的认识，而这种认识所达到的层次之高，则是从来都未曾有的。[②]

在中国，从公元前500年（春秋末期）到公元前221年（秦统一中国）的历史时期内，的确曾发生了一个"哲学的突破"，实现了从宗教神学到人文理性的转换，产生了很多哲学家，我们习惯上称这一时期为"诸子百家"时代或"先秦诸子"时代。在这一时期内，中国思想家围绕人性问题、伦理问题、社会政治问题展开了自由的思考，各种学派相互激荡，构成了一幅多彩斑斓的思想画卷。而要理解这一现象，就必须从了解这一时期的巨大社会政治变动开始。

众所周知，周代实行的是世卿世禄的宗法制度，社会上等级森严，《左传·昭公七年》谓："天有十日，人有十等，下所以事上，上所以共神也。故王臣公，公臣大夫，大夫臣士，士臣皂，皂臣舆，舆臣隶，隶臣僚，僚臣仆，仆臣台，马有圉，牛有牧，以待百事。"根据血缘关系的远近，周代的贵族被分为五等，即王、公、卿、大

---

①［德］卡尔·雅斯贝斯：《历史的起源与目标》，魏楚雄、俞新天译，华夏出版社1989年版，第8页。
②余英时：《士与中国文化》，上海人民出版社1987年版，第28页。

夫、士，他们是"君子"。这种等级制度既是一种政治制度，也是一种经济制度。各级贵族享有相应的封地，封地上的人民（即"小人"）平时为他们耕种土地，战时为他们打仗。同时，在他们周围还有各种掌握专门知识技能为他们服务的士，与他们一起垄断学术文化资源，平民根本没有机会接受教育。这就是所谓的"学在官府""官师合一"。

但是，到了春秋末期，社会政治经济发生了巨大变动，森严的等级制度逐渐被打破，《左传·昭公三年》谓："栾、郤、胥、原、狐、续、庆、伯，降在皂隶。"出于种种原因，很多贵族变成了平民。原来为贵族服务的部分士的地位也在下降，或变为平民。《论语·微子》即有乐师流散四方的记载："大师挚适齐，亚饭干适楚，三饭缭适蔡，四饭缺适秦，鼓方叔入于河，播鼗武入于汉；少师阳、击磬襄入于海。"司马迁也在《史记·太史公自序》中说："世典周史。惠、襄之间，司马氏去周适晋。……自司马氏去周适晋，分散，或在卫，或在赵，或在秦。"孔子先世也曾为宋国贵族，到孔子时，身份已经很低微，故孔子自谓"少也贱，故多能鄙事"（《论语·子罕》）。

众多掌握专门知识技能的士人分散到列国、民间，既促进了知识的传播，也开启了私人讲学的风气。这些知识专家不同于有着固定职业的农、工、商等阶层的平民，他们只能依靠自己掌握的知识技能从事私人讲学，以此谋生。这样又造就了更多具备专门知识的士人，士的队伍进一步扩大。孔子是第一个私人讲学的教师，据说其门下弟子有3000多人。这些新产生的士人，加上原来的士人，不能不寻求出路，除了私人讲学以外，"学而优则仕"恐怕是更理想的选择。因此很多人周游列国，四处寻求出仕的机会，出现了大批"游士"，据说孟子即"后车数十乘，从者数百人，以传食于诸侯"（《孟子·滕文公下》）。同时，春秋时期，各诸侯国之间相互攻伐，"臣弑其君，子弑其父"的现象时有发生，据《史记·太史公自序》载："春秋之中，弑君三十六，亡国五十二，诸侯奔走，不得保其社稷者，不可胜数。"进入战国时期，列国之间的征战兼并更加残酷、频繁，"争地以战，杀人盈野；争城以战，杀人盈城"（《孟子·离娄上》）。在这种情况下，各诸侯国的贵族出于竞争的需要，纷纷尊贤礼士，如战国四公子（魏国的信陵君、赵国的平原君、楚国的春申君、齐国的孟尝君）都豢养了大批宾客，以备非常之需。齐国的稷下学宫是最有名的养士场所，据《史记·田敬仲完世家》记载："宣王喜文学游说之士，自如驺衍、淳于髡、田骈、接予、慎到、环渊之徒七十六人，皆赐列第为上大夫，不治而议论。"齐宣王为这些游士提供尊贵的地位、优厚的生活条件，稷下学宫聚集了众多学者，盛极一时。孟子、荀子这样的大儒都曾在稷下学宫停留过，荀子甚至三为稷下学宫的祭酒。这些怀有政治抱负的游士，各自提出自己的理论主张，彼此相互竞争，相互攻击、辩论，客观上促进了学术文化的繁荣，形成了百家争鸣的局面。

先秦诸子的思想非常活跃，派别也非常多，同一派别内部也有分化，《韩非子·显学》说自孔子、墨子死后"儒分为八，墨离为三"。司马迁的父亲司马谈首先在《论六家要旨》中，将先秦诸子的主要派别分为六家：阴阳家、儒家、墨家、名家、法家、道德家（后来称道家）。汉代的刘歆在整理皇家图书时，写成了一个分类目录及学术简介，即《七略》。班固以此为基础作《汉书·艺文志》，在《诸子略》中，班固将诸子分为九流十家，并认为诸子之学皆出于王官："儒家者流，盖出于司徒之官。……道家者流，盖出于史官。……阴阳家者流，盖出于羲、和之官。……法家者流，盖出于理官。……名家者流，盖出于礼官。……墨家者流，盖出于清庙之守。……从横家者流，盖出于行人之官。……杂家者流，盖出于议官。……农家者流，盖出于农稷之官。……小说家者流，盖出于稗官。"并说"诸子十家，其可观者九家而已"。在班固的分类中，前六家与司马谈相同。班固以某家出于某官，多有讲不通之处。冯友兰先生曾在《中国哲学简史》中模仿班固的说法，重新对各家的学术来源及其特征加以描述，非常有意思："儒家者流盖出于文士。墨家者流盖出于游侠之士。道家者流盖出于隐者。名家者流盖出于辩者。阴阳家者流盖出于方士。法家者流盖出于法术之士。"下面就分别介绍这重要的六家。其他纵横家、农家、杂家、小说家、兵家等，因其思想方面的重要性远不如这六家，故从略。

一、儒家

前面在讨论春秋时期经典的形成时，已经指出，当时贵族通识教育的主要内容为《诗》、《书》、礼、乐，《礼记·王制》也说："乐正崇四术，立四教，顺先王《诗》、《书》、礼、乐以造士。"因此，很可能儒的最初来源就是这些掌握《诗》、《书》、礼、乐等专门知识的官员，他们的主要工作是教育贵族子弟，后来因为地位下降，才流落民间，只好靠自己掌握的专门知识从事私人讲学或相礼的工作。这些人都是"文质彬彬"的君子，用今天的话说就是"读书人"，所以冯友兰先生才说"儒家者流盖出于文士"。《论语》中有不少言论，显示孔子比较重视《诗》、《书》、礼、乐，如"子所雅言，《诗》、《书》、执礼"，"兴于《诗》、立于礼、成于乐"。孔子也教育自己的儿子要学《诗》，学《礼》。

春秋时期，周王室与各诸侯国开始出现了"礼崩乐坏"的现象，但鲁国是周公的封地，所以是礼乐文化保存最好的地区，故"《诗》、《书》、礼、乐者，邹鲁之士，搢绅先生多能明之"（《庄子·天下》），孔子也说"齐一变，至于鲁，鲁一变，至于道"（《论语·雍也》）。孔子生在鲁国，仰慕夏商周三代，尤其是周代的礼乐文化，他说"周监于二代，郁郁乎文哉，吾从周"（《论语·八佾》），并以"斯文"自任。他所传习发挥的主要是以周代为核心的这一套《诗》、《书》、礼、乐系统。在孔子周围，很快聚集了众多的弟子，据《史记·孔子世家》说有3000人，贤者72人。这些人团结在孔子周围，形成了真正学术意义上的儒家。

孔子（前551—前479），祖先是宋国贵族，后来避难到鲁国，到孔子的时候，家势早已衰落，他年轻时候做过管理仓库、牛羊的小官（为委吏、为乘田），中年时期，曾一度担任鲁国的"大司寇"，据说很短时间内，"鲁国大治"。但是，因为当时把持鲁国政权的季桓子接受了齐国送来的80名美女，君臣迷恋歌舞，不理朝政等，孔子深感失望，从而离开鲁国，开始了长达14年的周游列国，希望在其他国家实现自己的政治抱负。期间，他经历了伐树于宋、削迹于卫、绝粮于陈蔡之间的厄运。孔子晚年感觉自己的抱负无法实现，68岁时回到鲁国，专心从事教育，以及整理古代典籍的工作。

孔子的时期，"天下无道""礼崩乐坏"，社会的政治与伦理秩序开始崩溃，周王室的权威失坠，本来应由周天子垄断的"礼乐征伐"等权利，被诸侯、大夫所窃取，甚至出现了大夫的家臣掌握诸侯国实权的现象。孔子对此深表忧虑，他批评这些贵族对礼乐的僭越，例如他批评鲁国的季氏说："八佾舞于庭，是可忍也，孰不可忍也？"（《论语·八佾》）八佾是一种乐舞，按照当时有关的礼制，天子八佾（共八行，每行八人），诸侯六佾（共六行，每行六人），卿四佾（共四行，每行四人），大夫二佾（共二行，每行二人）。季氏敢用天子的乐舞，在孔子看来，实在是胆大妄为。孔子还批评管仲生活奢侈，"不知礼"。孔子的目标就是要以周代礼乐为根本，恢复三代以来的政治社会秩序。但孔子并不拘泥于周代礼乐，主张损益夏、商、周三代礼乐，建立一套完善的礼制来维持社会秩序。因此，孔子并不完全是个保守主义者，他反对流于外在形式的僵化礼仪，他说："礼云礼云，玉帛云乎哉？乐云乐云，钟鼓云乎哉？"（《论语·阳货》）"礼，与其奢也，宁俭；丧，与其易也，宁戚。"（《论语·八佾》）孔子更强调行礼时内在的真情实感。一次，孔子的弟子宰我问三年之丧，宰我认为三年太久，想改为一年，孔子就从情感上给宰我解释子女为什么要为父母行三年之丧，并问宰我三年之丧未满，便食稻衣锦是否心安，最后告诉宰我，"汝安则为之"（《论语·阳货》），让宰我自己根据内心感受去判断。所以孔子会说："人而不仁，如礼何？人而不仁，如乐何？"（《论语·八佾》）不仁之人，缺乏真情实感，即使勉强行礼乐，也丧失了礼乐的真实意义。

"仁"是孔子对周代礼乐文化改造的根本，《中庸》说"亲亲，仁也"，《论语》中有子也说孝悌为仁之本。仁作为一种德性，发源于爱亲之情，但孔子认为仁并不止此，还要根据关系的远近扩大到周围的人和事物之中。这一思想被孟子表述为"亲亲而仁民，仁民而爱物"的过程（《孟子·尽心上》）。简单地说，仁就是"爱人"（《论语·颜渊》），要爱一切人。如何施行仁呢？就是要行忠恕之道，曾子总结孔子的一贯之道时，就说"忠恕而已矣"（《论语·里仁》）。所谓忠恕，从积极的方面说，就是"己欲立而立人，己欲达而达人"（《论语·雍也》）；从消极的方面说，就是"己所不欲，勿施于人"（《论语·颜渊》）。通俗地说，就是自己想好，也要别人好，自己不喜欢的，不去强加给别人。这一思想，后来被宋明理学家进一步发挥为"仁者以天地万物为一体"的境界。

孔子希望恢复当时的社会秩序，反对贵族僭越篡弑的现象，所以他很重视正名。当子路问孔子："如果卫国的国君让您执政，您会怎么做？"孔子回答说："必也正名乎？"（《论语·子路》）具体来说，就是恢复君君、臣臣、父父、子子的伦理等级秩序，他认为这就是政治稳定的关键。据说由孔子编撰而成的《春秋》，其根本目的就是要"正名分"。孔子的这一思想对后来的儒者影响很大，《荀子》有《正名篇》，董仲舒在《春秋繁露》中也大讲正名。

孔子强调用礼乐治国，用德性治国，反对用刑罚来粗暴地对待百姓。他说"为政以德"，"道之以政，齐之以刑，民免而无耻；道之以德，齐之以礼，有耻且格"（《论语·为政》）。这一点继承了三代以来明德慎罚的政治思想，与后来强调用严刑峻法来治国的法家是根本对立的。

在生活方法上，孔子强调任何事物都有一个合适的度，这就是中道。既不能过，也不能不及，而是要恰好。孔子评价他的两个学生子张和子夏时说："师也过，商也不及"，"过犹不及"（《论语·先进》）。在文和质的关系上，孔子也主张"文质彬彬，然后君子"（《论语·雍也》）。这一思想在《中庸》之中得到了进一步发挥，《中庸》强调"时中"，即必须根据具体的事情和情境采取合适的方法，反对死守一个原则而不知变通。孔子本人也被孟子赞誉为"圣之时者也"（《孟子·万章下》）。中庸之道强调做事遵循中道，不偏激，不走极端，这一原则后来成了中华民族民族性格的重要方面。

孔子是最早从事私人讲学的人，是中国第一位教师，后被尊为"万世师表"。以他为宗师的儒家思想后来成了中国文化的主流思想，他因此也被尊为"圣人"。

孟子（前372—前289）是孔子之后儒家的第二位大师，据说他是孔子的孙子子思的再传弟子。他一生的志愿就是学习孔子，"乃所愿，则学孔子也"（《孟子·公孙丑上》）。他出生在与鲁国邻近的邹国（今山东邹城），传说在他幼年时期，他的母亲为了让他接受好的教育，曾三次搬家；为了警示他好好学习，曾经弄断了织布的梭子。这就是广为流传的"孟母三迁""孟母断杼"的故事，《三字经》中"昔孟母，择邻处；子不学，断机杼"说的就是这两个故事。据《史记》记载，孟子在学成之后，曾游说列国之君，先后见过梁惠王、梁襄王、齐宣王、邹穆公、滕文公等，但学说均未被采纳，反而被认为"迂远而阔于事情"。由于四处碰壁，他晚年只好回到了家乡邹国，与弟子万章、公孙丑一起著述立说，宣扬孔子的思想。

　　《孟子·滕文公上》中说："孟子道性善，言必称尧舜。"这两方面可以说代表儒家的"内圣外王之道"。孔子对人性的讨论很少，《论语》直接讨论人性的话，只有一句"性相近也，习相远也"（《论语·阳货》），子贡也说"夫子之言性与天道，不可得而闻也"（《论语·公冶长》）。但是对于儒家的教育理论及政治学说而言，人性论又是一个根本问题。在孔子之后，孟子之前，已经有很多种人性论。据《孟子·告子上》记载，共有三种：第一种是"性可以为善，可以为不善"，第二种是"有性善，有性不善"，第三种是告子的"性无善无不善"。针对这些理论，孟子坚持性善的看法。孟子认为人心天生就有一些道德原则，这些道德原则是内在的，不是得自后天的经验，是人心的"良知良能"，而且是普遍的，存在每个人心中。从这方面而言，孟子断言人性善，不善来自后天环境的习染。对人的道德实践而言，最重要的是认识并确立自己的道德本心，即"求放心""先立乎其大"（《孟子·告子上》），在此基础上，时刻对其加以养护、扩充。对统治者而言，将此心扩充到政治上就是要实行仁政、与民同乐。针对战国时期诸侯国君的暴政，孟子大声疾呼："行仁政而王，莫之能御也。且王者之不作，未有疏于此时者也。民之憔悴于虐政，未有甚于此时者也。……当今之时，万乘之国行仁政，民之悦之，犹解倒悬也。"（《孟子·公孙丑上》）孟子警告这些诸侯王，能够扩充仁心、行仁政则可以保有天下，不行仁政，最后连自己的妻子也无法保全。孟子所以反复称道尧舜，就是将他们视为上古行仁政的圣王的代表。在经济上，孟子强调要"制民之产"，恢复井田制，让百姓过上富足生活，在此基础上对百姓实施教化。孟子的这一套设想尽管很动人，但是诸侯王并没有人愿意采纳他的意见，反而认为他的想法过于迂阔。

　　孟子坚持义利之辨。他反对言利，并非针对百姓，而是针对贪得无厌的各级统治者。他认为如果整个社会都把物质利益放在第一位而忽视道德，就会出现普遍的鲜廉寡耻的相互争夺的现象，社会也不可能稳定。孟子还坚持王霸之辨。王道和霸道的根本区别，就是道德和武力的区别。称霸需要国家具有强大的实力；而王道只需要行仁政，不需要国家一定得疆域广大。孟子的这些说法，根本目的就是要劝说当时的诸侯国君停止武力兼并，转而关心人民的生活。孟子很重视人民的地位，他说："民为贵，社稷次之，君为轻。"（《孟子·尽心下》）在谈到政权转移的合法性时，他也强调"天与民归"。这些都是光辉的"民本"思想，对后世产生了深远的影响。孟子的性善论，重点发展了孔子的仁的思想，因此后来的宋明理学家把他视为道统的继承人。唐代以前，周孔并称，唐代以后则孔孟并称。孟子在后世被尊称为"亚圣"。

荀子（约前313—前238），是孟子之后儒家的另一位大师。他是战国时赵国人，据说50岁（一说15岁）的时候来到齐国的稷下学宫游学，曾经三为稷下学宫的祭酒。后来到了楚国，春申君让他做兰陵令，春申君死后，他也被免官。他死后就被葬在兰陵（今山东苍山）。他有两个著名的学生，韩非和李斯，是法家的重要人物，韩非是法家理论的集大成者，李斯则做了秦始皇的宰相，将法家的理论贯彻到秦代的政治中。

荀子反对孟子的性善论，他认为"性者，本始材朴也"（《荀子·礼论》），"生之所以然者谓之性"（《荀子·正名》）。性是人天生的生理材质，这些生理材质的具体表现就是欲望，如果不对其加以节制，必然会引起争夺。"今人之性，生而有好利焉，顺是故争夺生，而辞让亡焉。生而有疾恶焉，顺是故残贼生，而忠信亡焉。生而有耳目之欲，有好声色焉，顺是故淫乱生而礼义文理亡焉。……用此观之，然则人之性恶明矣，其善者伪也。"（《荀子·性恶》）人性本恶，善只是后天人为的结果。"人之性恶，其善者伪也。"（《荀子·性恶》）那么如何才能为善呢？这就需要师法的教化，礼义的引导，然后才能免于争夺，合于道德。"故必将有师法之化，礼义之道，然后出于辞让，合于文理，而归于治。"（《荀子·性恶》）当然核心还是礼，荀子在《劝学》中说："学恶乎始？恶乎终？曰：其数则始乎诵经，终乎读《礼》。"礼是什么呢？荀子指出，人类与动物的根本区别在于人能形成社会，且人不能脱离社会独立生存，而在一个社会中，由于人性本恶，每个人的物质欲望是没有止境的，如果不对其加节制，社会成员之间就会相互争夺，社会就会解体。因此必须解决整个社会的物质分配问题，礼的根本作用就在于此。"故人生不能无群，群而无分则争，争则乱，乱则离，离则弱，弱则不能胜物，故宫室不可得而居也。不可少顷舍礼义之谓也。"（《荀子·王制》）"故人道莫不有辨，辨莫大于分，分莫大于礼，礼莫大于圣王。"（《荀子·非相》）礼的根本作用就是将人分别成不同的等级，并规定各自应该享受的物质利益。礼起源于圣人，圣人在创造出礼之后，通过礼的作用，来引导人性，使人们能够节制自己的欲望，从而趋向于整个社会的善，这个过程就称为"化性起伪"。

荀子是先秦儒家最后一位大师，他对当时的各家都有批评，也有所吸收。他的性恶论在宋代以后受到了正统儒家的严厉批评。他所倡导的"礼"，某种程度上具有习惯法的意义，可以说既是法律的根据，也是处理社会事务的原则，荀子说："礼者，法之大分，类之纲纪也。"（《荀子·劝学》）这样就可以理解，为什么他的学生韩非、李斯会变成法家。某种程度上，荀子是先秦哲学的集大成者，也是儒法过渡的一个中间人物。他的思想对后世的学术和政治有着深刻的影响。

孟子、荀子各自着重发展了孔子核心思想仁与礼的不同方面，二者相比较，大致可以说孟子代表了儒家理想主义的一派，荀子代表现实主义的一派。这两派思想在后来有斗争也有融合，共同决定了儒学的基本面貌。

二、道家

《汉书·艺文志》说道家"盖出于史官"，这种说法有一定的道理。根据司马迁《史记·老子韩非列传》的记载，有三个老子，其中第一个老子曾经做过周朝"守藏史"，即管理图书的官吏。吕思勉指出，《史记·张汤列传》中，又称老子为"柱下史"，他大概经常在殿柱下面工作，所以称"柱下史"。与此类似，秦代也有"御史大夫"，其职责是掌管"图籍秘书"，帮助丞相处理政事。[①]因为老子身处这个位置，所以他能够接触很多有关天下大事及历史成败兴亡的记载，从而形成冷静的历史理性思考，总结出"君人南面之术"。《汉书·艺文志》说道家之学："历记成败、存亡、祸福、古今之道，然后知秉要执本，清虚以自守，卑弱以自持。此君人南面之术也。"刘咸炘则推论说，中国上古的时候，人们大概比较尊重老者的经验，老者"更事既多（五更即取更事之义），则明于平陂往复（循环相对）

---

①吕思勉：《先秦学术概论》，岳麓书社2010年版，第26页。

之理，而以濡弱谦下为归，固自然之势也"。最初，社会上应该流行很多老人的格言训语，同时，国家也有"养老乞言"的制度，并由史官将那些耆老的话记载在史书上，这类书大多名为"语"。《国语》就是这种题材的书。早期的道家书，如《黄帝铭》《鬻子》（后人疑其为伪书），贾谊书中的《修政语》，大概都是称述先王的训政之语，"此类成训守于史官，史官者，当时独能多见典籍、通知故事之人也，道家出于史官，此亦一因也"①。也就是说，道家之学来源于古代的史官，史官一方面能接触很多典籍、故事，可以从中总结出历史的理性辩证法；另一方面，他们也可以接触很多格言训语，这些格言训语中包含丰富的人事智慧、治国经验。这些历史理性、经验智慧，经过记录、提炼、升华，就产生了早期道家的学说。道家的宗师老子，正好符合这样的条件，所以由他开启道家，是合情合理的。

《老子》一书的作者，司马迁在《史记》中列出了三个人：第一个叫老聃（名李耳，聃是字），系楚苦县厉乡曲仁里人（今河南鹿邑）。他做过周朝的守藏史，据说孔子曾经向他问过礼。他在周朝做过很长时间官，但后来目睹了周王室的衰败，于是弃官隐居，《史记·老子韩非列传》记载："至关，关令尹喜曰：'子将隐矣，强为我著书。'于是老子乃著书上下篇，言道德之意五千余言而去，莫知其所终。"第二个叫老莱子，也是楚国人，大概和孔子同时。第三个是周太史儋，在孔子死后129年曾经见过秦献公。司马迁记载的这三位老子，其中两位是史官，司马迁的父亲司马谈也是信奉黄老道家之说，这也说明道家与史官有密切的关系。从司马迁的记载来看，他是倾向于第一个老子（即老聃）是《老子》一书的作者。当然，先秦诸子的很多书，不一定是一个人完成的，其中有不少内容是后学增益的，因为那时尚没有著作权的概念，所以他们都将这些内容归结到学派的始祖名下。下面的讨论主要以《老子》一书为论述对象。

关于《老子》一书的宗旨，《庄子·天下》说："建之以常无有，主之以太一；以濡弱谦下为表，以空虚不毁万物为实。"司马谈《论六家要旨》说："其术以虚无为本，以因循为用。"《朱

---

① 刘咸炘：《刘咸炘学术论集·子学编》，黄曙辉编校，广西师范大学出版社2007年版，第43页。

子语类》卷一百二十五载："老子之术，谦冲俭啬，全不肯役精神。""老子之学，大抵以虚静无为、冲退自守为事。故其为说，常以懦弱谦下为表，以空虚不毁万物为实。"《老子》一书的思想，归纳起来大致有以下四点：第一点，讨论道的内容（常无有、太一）。第二点，以虚静为本。第三点，无为（因循）。第四点，懦弱谦下。下面就简要介绍这四点内容。

《老子》一书的核心概念是道。道字的本义是道路，引申为人和事物所遵循的方向、路径。在春秋时期，天道最初是指天上的日月星辰运行的轨迹；人道则指人事活动遵循的原则。孔子讲的主要是人道。老子的道则更为抽象，指天地万物（包括人）所以生成的本体及宇宙的最根本原理。他说道："渊兮似万物之宗……象帝之先。"（《老子》第四章）道比上帝还要根本。"道生一。一生二。二生三。三生万物。"（《老子》第四十二章）它是"天地之始""万物之母"（《老子》第一章）。《韩非子·解老》也说："道者，万物之所然也，万理之所稽也。理者，成物之文也；道者，万物之所以成也。"这个道，不是具体的事物，无形无象，不可以用名言概念来表述，可以称为无或无名。"道可道，非常道；名可名，非常名。"（《老子》第一章）具体的事物生灭无常，道不是具体的事物，道永远存在，所以道可以称为"常"。但道又不是空无，它不过是"无状之状，无物之象"（《老子》第十四章）。道虽然恍惚不可以形象描述，但又"其中有象""其中有物""其精甚真"（《老子》第二十一章），从这方面说道又是"有"。可以说，"常无有"不过是道从不同方面看的不同名称。道是万物的绝对本体，所以又称为"一"："天得一以清；地得一以宁；神得一以灵；谷得一以盈，万物得一以生；侯王得一以为天下正。"（《老子》第三十九章）这个"一"不是普通的一，而是道的另一个称谓，所以可以说是"太一"，即最高的一。所谓"建之以常无有，主之以太一"，就是指《老子》对道的描述。

道运行的规律是什么呢？即物极必反，"反者道之动"（《老子》第四十章）。这包含两重意思：第一，万物从道产生，最终要返归道，即"天下万物生于有，有生于无"（《老子》第四十章）。"吾不知其名，字之曰道。强为之名曰大。大曰逝，逝曰远，远曰反。"（《老子》第二十五章）道的运行是循环往复，永不停息，即

"周行而不殆"（《老子》第二十五章），但最终要向自身回归。第二，所有事物发展到极端都会转化为其对立面，这是一种辩证法。"曲则全，枉则直，洼则盈，敝则新，少则得，多则惑。"（《老子》第二十二章）"有无相生、难易相成，长短相形，高下相倾，音声相和，前后相随。"（《老子》第二章）但老子不仅是认识到了事物之间会相互转化，还主张要尽量避免事物向不好的方向转化。老子认为"盈满""刚强""智巧"的状态是不好的，所以他要"持而盈之，不如其已"（《老子》第九章），要求人们"抱柔""守拙""大智若愚"。

因为道是虚无的，所以对人而言，理想的状态就是通过修养，达到虚无的状态，这样就可以体道、悟道。"致虚极守静笃。万物并作，吾以观复。夫物芸芸，各复归其根。归根曰静，是谓复命；复命曰常，知常曰明。"（《老子》第十六章）道是万物的根本，虚静是达至道的方法。道是万物的天命和常道，了解这一点就是智慧的表现。所以老子主张"涤除玄览"，即扫除内心的一切念虑，保持空静的状态，如此才能实现对道的体认。

道的一个重要特点是"无为而无不为"（《老子》第三十七章）。"无为"不是不作为，而是任万物自为，让万物顺其本性自然生长，而不去主宰、戕害万物，即"不毁万物"，"辅万物之自然而不敢为"（《老子》第六十四章），这就是"道法自然"（《老子》第二十五章）。治国理政就是要尽量减少对百姓的强制、干预，给予他们充分的自由空间，让其顺其本性自然发展。"道常无为而无不为，侯王若能守之，万物将自化。"（《老子》第三十七章）"损之又损，以至于无为，无为而无不为，取天下常以无事。"（《老子》第四十八章）反之，违反自然规律，将个人的主观意愿强加到事物或百姓之上，一定会招致失败。"为者败之，执者失之。"（《老子》第二十九章）老子对政治的评价是："太上，下知有之。其次，亲而誉之。其次，畏之。其次，侮之。"（《老子》第十七章）所以老子说："治大国若烹小鲜。"（《老子》第六十章）要尽量减少对老百姓的干扰。

在生活方法及政治外交原则上，老子主张"濡弱谦下"。老子认识到：一方面，水虽然很柔弱，但是却蕴含着巨大的力量，"攻坚强者莫之能胜"（《老子》第七十八章）。另一方面，水往低处流，善于处下，不与人争。这一点与道的无为的特点很接近。"上善若水。水善利万物而不争，处众人之所恶，故几于道。"（《老子》第八章）"江海之所以能为百谷王者，以其善下之，故能为百谷王。是以圣人欲上民，必以言下之。欲先民，必以身后之。……以其不争，故天下莫能与之争。"（《老子》第六十六章）老子反复强调要处下，要谦虚，要"不敢为天下先"，要"抱柔""守雌"，不要"盈满"，要"去奢""去甚"。这既是一种全身免害的处世之道，同时又是一种政治智慧。关于老子的这方面的思想，朱子有一段非常形象的刻画：

> 老子之学只要退步柔伏，不与你争。……又曰："知其雄，守其雌，为天下溪；知其白，守其黑，为天下谷。"所谓溪，所谓谷，只是低下处。让你在高处，他只要在卑下处，全不与你争。……常见画本老子便是这般气象，笑嘻嘻地，便是个退步占便宜底人。虽未必肖他，然亦是它气象也。（《朱子语类》卷一百二十五）

《老子》的道论，代表了先秦哲学中形而上学的最高水平；他对"反者道之动"的观察包含了丰富的辩证思维；他的无为而治的思想，对后世的政治有着很深刻的影响，汉初的黄老道家，即将其发展为一种"君人南面之术"；老子"濡弱谦下""卑以自持""处下不争"的观点也深深影响了中国人的国民性以及人生态度。

《老子》一书的根本目的仍是解决政治问题，虽然其中也谈到了全身、贵生的理论，展现了对生命的重视，但主要体现的还是一种冷静的社会历史理性，而不是一种生存体验、生命境界的理论，后者乃是《庄子》一书所思考的主要问题。

庄子（约前369—前286），战国时宋国人，曾经做过管理漆园的小官。一生不愿与诸侯合作，据说楚王派使者来礼聘他去做官，他回答说：我宁愿做只快乐的龟在泥水中生活，也不愿做一只神龟，死后三千年被供奉在庙堂中（《庄子·秋水》）。据说他的生活很穷困，曾经向管理黄河的官员（监河侯）借过粟（参见《庄子·外物》），宋国人曹商曾经形容他"穷闾厄巷，困窘织屦，槁项黄馘"（《庄子·列御寇》）。

庄子生活的战国时代，政治很混乱，他自己说："今处昏上乱相之间，而欲无惫，奚可得邪？"（《庄子·山木》）而当时列国之间兼并加剧，统治者用严刑峻法镇压百姓，诸子百家都以自己的政治理论上说下教，"今世殊死者相枕也，桁杨者相推也，刑戮者相望也，而儒墨乃始离跂攘臂乎桎梏之间"（《庄子·在宥》）。从政治的角度，庄子认为统治者不应该对百姓的生活干涉太多，而应该采取无为而治的政策，给老百姓更多喘息机会，"闻在宥天下，不闻治天下也"（《庄子·在宥》）。对诸子百家强聒不舍的各种理论，他认为："天下大乱，贤圣不明，道德不一，天下多得一察焉以自好。……虽然，不该不遍，一曲之士也。……悲夫，百家往而不反……后世之学者，不幸不见天地之纯，古人之大体，道术将为天下裂。"（《庄子·天下》）这些学者"学一先生之言，则暖暖姝姝（引者按：自得貌）而私自说也，自以为足矣"（《庄子·徐无鬼》），但其实都是"一曲之士"。所以他"剿剥儒墨"、斥退百家，站在道的绝对全体的立场上，以求超越各种相对的是非论争。《齐物论》中即有很多这样的批评。庄子认为各种是非都来自人的主观成见，儒墨的争论即属此类："故有儒墨之是非，以是其所非，而非其所是。"（《庄子·齐物论》）而实际上，是非彼此都是相对的，而且时刻都在相互转化："方生方死，方死方生；方可方不可，方不可方可；因是因非，因非因是。"（《庄子·齐物论》）既然如此，站在道或天的观点来看，就会发现现实中的是非、然否都有其存在的理由，都有其合理性，不必自是而相非。这就是"圣人不由而照之于天"，"彼是莫得其偶，谓之道枢。枢始得其环中，以应无穷。是亦一无穷，非亦一无穷也。故曰：莫若以明"（《庄子·齐物论》）。就像一个人站在圆心上，以一种超然的态度去观看圆圈上的是非无穷的相互转化循环，而自身却以不变应万变，超然自得，不落入相对。庄子就是以这种方法超越诸子百家的各种争论。

不仅人的观点有相对性，万物皆有相对性，与这种相对性相联系的是彼此的分别，以及由此带来的矛盾、局限。庄子认为，只有站在道的立场上才能消除这种差别。"故为是举莛与楹，厉与西施，恢诡谲怪，道通为一。"（《庄子·齐物论》）世间的各种贵贱的差别，都是局限在具体事物之上的狭隘看法，站在道的立场上看，万物没有贵贱的区别。"以道观之，物无贵贱；以物观之，自贵而相贱。"（《庄子·秋水》）

　　人所面对的局限，除了是非、彼此的差别外，还有生死。人总是企图长生，憎恶死亡，以生为乐，以死为苦。在庄子看来，这实际上是一种愚蠢的看法，因为人无法知道死就一定是苦是不幸，而生就一定值得留恋。"予恶乎知夫死者不悔其始之蕲生乎？"（《庄子·齐物论》）也许，对生的留恋就是一种梦境，死才是梦的觉醒，这一切，人都无法知道。庄子的妻子死了，惠施来吊唁，庄子鼓盆而歌，惠施批评庄子对妻子毫无感情，庄子回答说："在妻子刚死的时候，我也悲伤，但后来想到，人的生死就是气的聚散，就像四时变换一样，是一个自然过程，其实没必要悲伤。况且，我们又怎么知道死就是坏事呢？也许死才是人的终极归宿。""人且偃然寝于巨室，而我嗷嗷然随而哭之，自以为不通乎命，故止也。"（《庄子·至乐》）庄子认为，生死是一种命，是我们无法控制的必然性。"死生，命也；其有夜旦之常，天也。人之有所不得与，皆物之情也。"（《庄子·大宗师》）对于这种必然性，我们只有坦然接受，就像孝子服从父母的命令一样。"父母于子，东西南北，唯命之从。阴阳于人，不翅于父母。彼近吾死而我不听，我则悍矣，彼何罪焉？"（《庄子·大宗师》）宇宙间除了生死，还有贵贱、贫富、毁誉等我们无法控制的东西，这些也都是命。"死生、存亡、穷达、贫富、贤与不肖、毁誉、饥渴、寒暑，是事之变、命之行也。"（《庄子·德充符》）我们能够坦然接受这些我们无法控制的必然性，就不会产生情感上的困惑，这就是有德之人的最高表现。"自事其心者，哀乐不易施乎前，知其不可奈何而安之若命，德之至也。"（《庄子·人间世》）否则，就会遭受"遁天之刑"。情感上的困扰就是我们违背天命所应受的刑罚。

　　庄子追求的终极精神境界就是心灵的自由。他所使用的方法，就是站在道或天的立场上，超越各种有限的、相对的具体事物。庄子说："朝彻而后能见独；见独而后能无古今；无古今而后能入于不死不生。"（《庄子·大宗师》）所谓"见独"就是与道合一，达到这种境界，时空的感觉都消失了，自然不会有生死的概念。从具体的方法上来说，就是"忘"，即设法忘记有限事物的差别，乃至忘记自己的生命："外天下""外物""外生"（《庄子·大宗师》）。《大宗师》还记载了颜回"坐忘"的故事，颜回告诉孔子，他先忘记了仁义，然后忘记了礼乐，最后连自己的官能身体都忘记了，达到了"坐忘"的境界："堕肢体，黜聪明。离形去智，同于大通。

此谓坐忘。"通过对道德规范,甚至自己的身体感官知觉的遗忘(这就是《大宗师》中说的"吾丧我"),颜回最终达到了与宇宙同一的境界,这是一种神秘的状态。在这种状态下,一切相对的分别皆消失不见,这就是庄子追求的最高境界,也就是《庄子·齐物论》所说的"天地与我并生,万物与我为一",《庄子·山木》所说的"浮游乎万物之祖,物物而不物于物",《庄子·田子方》所说的"游心于物之初"的境界。唯有超越有限的对待,与绝对合一,才能获得真正的心灵自由。《逍遥游》中大鹏的高飞、列子的御风,皆要有所待,因此并不能达到真正的自由,只有"乘天地之正,御六气之辩,以游无穷",才是真正的无所待,才能实现真正的"逍遥游"。

《庄子》中描述的这种境界,冯友兰称为天地境界。庄子通过上述方法超越了是非的差别、彼此的对待、生死的欣厌,最终到达了一个自由自在的心灵"无何有之乡"。《庄子》开拓的这种精神境界,为后来乱世文人、失意士子提供了心灵慰藉,也为中国艺术、文学的发展提供了灵感。

以老庄为代表的道家,与以孔孟为代表的儒家,构成了中国文化的两极,为中国的政治、文化的和谐均衡发展提供了动力。"一阴一阳之谓道",儒家为阳,道家为阴,中国文化就是在这种阴阳互补中健康地发展。

三、墨家

《汉书·艺文志》说墨家出于"清庙之守",《吕氏春秋·当染》记载:鲁惠公向周天子请示郊庙的礼仪,周天子派史角前往鲁国,后被惠公留在鲁国,墨子后来即跟随史角学习。这说明墨学的确与清庙的学问有关系。刘咸炘进而推测:古代社会曾经有一个时期,我们的先民是游牧部落,主要靠祝史(相当于西方教会的僧侣)阶层传达天意来统一整个部落,墨家的天志、兼爱、尚同就是这种上古传统的遗存。[1]冯友兰先生认为墨家出于周代的武士阶层。[2]战国时期的墨

---

① 刘咸炘:《刘咸炘学术论集·子学编》,黄曙辉编校,第81—82页。
② 参见冯友兰:《中国哲学简史》,涂又光译,北京大学出版社1985年版,第62—64页。

者行事很像游侠，可以赴火蹈刃，死不还踵。钱穆则认为，墨家则来源于下层的刑徒役夫，"'墨'者，譬今之所谓劳工也"①。冯友兰、钱穆的看法虽然有差异，但均认为墨者团体属于社会的下层，与儒者所代表的上层阶级不同。"必贵族阶级既坏，而后儒墨之争论乃起。彼墨徒，本天志，倡兼爱，废礼乐，节丧葬，凡所谓贵族阶级之生活，将尽情破坏，而使人类一以刑徒役夫为例，是非人情也。"②"简言之，孔子是古代文化的辩护者，辩护它是合理的，正当的，墨子则是它的批判者。孔子是文雅的君子，墨子是战斗的传教士。他传教的目的在于，把传统的制度和常规，把孔子以及儒家的学说，一齐反对掉。"③

墨家的成员称墨者，其头领称为"巨子"，通过巨子指定传授位子。《庄子·天下》谓墨者"以巨子为圣人，皆愿为之尸，冀得为其后世"。墨子死后，墨家分为三派，即相里氏、相夫氏、邓陵氏。《韩非子·显学》也称，墨子死后，"墨离为三"。

墨家成员必须服从团体的规定，按教义行事，否则将被斥退。有余财须供给团体使用。墨家成员都很勇敢："墨子服役者百八十人，皆可使赴火蹈刃，死不还踵。"（《淮南子·泰族训》）墨者生活都很艰苦，"多以裘褐为衣，以跂𫏋为服，日夜不休，以自苦为极"（《庄子·天下》）。虽然其主张的生活为常人所不堪，但墨者"枯槁不舍也"，连《庄子·天下》的作者都赞叹他们是"才士"。

墨子（约前475—前396），名翟。关于他墨子的"墨"字，有的学者认为是姓，有的学者则认为是表明学术，钱穆则认为是一种墨刑。《史记》说墨子是宋人，也有学者说他是鲁国人。关于他的师承，除了史角以外，还有一种说法，《淮南子·要略》载："学儒者之业，受孔子之术，以为其礼烦扰而不悦，厚葬靡财而贫民，久服伤生而害事。故背周道而用夏政。"墨家比较推崇大禹，《庄子·天下》中有详细的论述。

关于墨学的背景，梁启超认为有四点：一、周末文盛，流弊日

①钱穆：《国学概论》，商务印书馆1997年版，第45页。
②钱穆：《国学概论》，第45页。
③冯友兰：《中国哲学简史》，涂又光译，第62页。

重。墨子的《节用》《节葬》《非乐》即针对此。二、墨子时代社会不统一。《尚同》《尚贤》所由立也。三、墨子时各国之间的竞争日趋激烈，列国篡杀攻伐日益增多。此《兼爱》《非攻》所以立也。四、墨子时代宗教与哲学冲突。孔子、老子代表哲学的突破，墨子则维护传统的宗教潮流。此《天志》《明鬼》所由立也。[①]

《墨子》一书的主旨主要在兼爱、非攻、尚贤、尚同、天志、明鬼、节用、节葬、非命、非乐等十义；在方法论上，墨子有三表法；在整体理论形态上，则表现为功利主义。

所谓三表法，是墨子评价一切言谈理论的三条标准：

> 故言必有三表。何谓三表？子墨子言曰：有本之者，有原之者，有用之者。于何本之？上本之于古者圣王之事。于何原之？下原察百姓耳目之实。于何用之？废以为刑政，观其中国家百姓人民之利。此所谓言有三表也。（《墨子·非命上》）

墨子用这一方法来衡量一切学说、言论的真伪及其价值。第一条是诉诸历史经验，包括圣王之事、圣王之书。第二条诉诸百姓的感官经验。第三条，就是看在政治上的实际效果，即是否对国家、百姓人民有利。《墨子》全书基本都在使用这三种方法立论。

墨子的学说，可以说是一种功利主义或实用主义。与儒家相比，墨子比较强调道德行为的实际效果，而相对忽视动机。在评价什么是善时，墨子说："用而不可，虽我亦将非之。且焉有善而不可用者？"（《墨子·兼爱下》）也就是说，善就是有用。所谓实际的效果，在墨子那里就是利，梁启超说："则'利'之一字，实墨子学说全体之纲领也。"[②]当然墨子所言利，不是个人之利，而主要是"国家百姓人民之利"，即三表法中的第三表。有时，可能还涉及对天、鬼是否有利。墨子"非命"的一个理由是："故命上不利于天，中不利于鬼，下不利于人。"（《墨子·非命上》）墨子"尚贤"也是因

---

① 参见梁启超：《子墨子学说》，汤志钧、汤仁泽编：《梁启超全集》（第4集），中国人民大学出版社2018年版，第354—355页。
② 梁启超：《子墨子学说》，汤志钧、汤仁泽编：《梁启超全集》（第4集），第370页。

为："尚贤者，天鬼百姓之利。"（《墨子·尚贤下》）"天志"的内容也是"下欲中国家百姓之利"（《墨子·天志下》）。"明鬼"也是为了"兴天下之利，除天下之害"（《墨子·明鬼下》）。"兼爱"的目的是"交相利"或"求天下之大利"（《墨子·兼爱下》）。"非攻"则是因为攻伐他国，上不利天、中不利鬼、下不利人（参见《墨子·天志下》）。"尚同"的目的也是为国家百姓"兴利除害"。其他"节用""节葬""非乐"也无不以"国家人民之利"（有时说天鬼之利，但最终仍归结为国家百姓人民之利）为评判标准。总之，墨子的一切主张，都以是否有利为标准。而所谓的利主要是指国家、百姓的现实利益，包括政治稳定、物质财富增加、人口的增长等，但基本上不包括精神生活。这也许跟墨家成员主要来自社会下层有关：在那个诸侯兼并、横征暴敛的时代，对下层民众而言，最重要的是如何增加生产、解决温饱，精神生活则属于奢侈品。

在墨子思想十义中，最核心的是兼爱。孟子对墨家，除了批评其功利主义外，就是批评其"兼爱"思想。墨子认为当时天下的大害就在于国家相互攻伐，人民相互贼杀。造成上述情况的根本原因在于不相爱，只爱自己不爱别人，故贼人以利己。墨子认为解决的办法就是用"兼相爱""交相利"来代替"别相害""交相贼"。具体来说就是："视人之国，若视其国。视人之家，若视其家。视人之身，若视其身。"（《墨子·兼爱中》）当然墨子主张兼爱，主要是从功利上进行论证，他认为一个人只有爱人、利人，别人才能爱己、利己。这与儒家将爱人看作无条件的道德义务不同。

尽管在时间上，先有侵略战争，然后才有兼爱的提出，而实际上，《墨子·兼爱中》就包含反对不义的战争，所以墨子要提倡非攻。墨子不是反对一切形式的战争，而是反对侵略战争，认为它会给人民的生命财产带来巨大损失，对战争发起者来说也得不偿失。墨家"非攻"有一套实行的办法，他们都善于守城、防御。《墨子》一书后面十一篇就是讲求备御之法。《墨子·公输》中就记载了一个墨子"非攻"的故事：墨子听说楚国要攻打宋国，就从鲁国紧急赶往楚国，劝说楚王放弃这一想法。但是公输般（即鲁班）已经为楚国制造好了攻城器械。墨子与公输般就在楚王面前模拟攻守的情形，最后以墨子占上风告终。公输般告诉墨子，有办法破他的防御，墨子回答说，我知道你的方法就是杀死我，但我已经预先派弟子禽滑釐带领300

人在宋城上布置好守城的器械等待楚军。最后楚王只好打消了攻打宋国的念头。

墨子设想了一个人格的、有意志的天，高高在上，可以赏善罚恶。"顺天意者，兼相爱，交相利，必得赏。反天意者，别相恶，交相贼，必得罚。"（《墨子·天志上》）因此，"天志"实际上是为了确保兼爱而设置的神学权威。梁启超认为："所谓道德者何？兼爱主义是已。所谓幸福者何？实利主义是已。而所以能调和之者，惟恃天志。吾故以此三者为墨学之总纲。而宗教思想又为彼二纲之纲也。"[①]"明鬼"的目的也与兼爱有关：墨子认为，天下大乱，人们之间相互攻伐、贼害，根本原因在于认为鬼神不存在。墨子指出，鬼神是存在的，并且可以赏善罚恶，鬼神可以胜过任何强大的武力及聪明才智。

与儒家一样，墨子也尚贤，在这方面他很少批评儒家。不过，墨子的尚贤与儒家不同：儒家的尚贤是建立在亲亲的基础之上，而墨子则主张不分亲疏远近，"以德就列，以官服事，以劳殿赏，量功而分禄。……有能则举之，无能则下之"（《墨子·尚贤上》）。墨子认为，尚贤也是"取法于天"："天亦不辩贫富贵贱，远迩亲疏，贤者举而尚之，不肖者抑而废之。"（《墨子·尚贤中》）可以看出，天志是尚贤的保障。

"尚同"是墨子的另一个重要原则。墨子设想人类社会的原初状态是无政府状态，人各自私自利，自是相非，没有统一的标准，故互相贼害，天下大乱，如同禽兽一般。"是以一人则一义，二人则二义，十人则十义。其人兹众，其所谓义者亦兹众。是以人是其义，以非人之义，故交相非也……天下之乱，若禽兽然。"（《墨子·尚同上》）为了确保全体的生存，人们不得已相互妥协，推选出贤良、圣知、辩慧之人立为天子，来统一天下的标准。由此形成从天子到三公、诸侯国君、左右将军、大夫、乡里之长的层级式的行政系统。这一层级制度确立之后，皆要层层服从上级，做到"上同而不下比"。最终天下都上同于天子，天子上同于天。天鬼均可以对天子行政好坏

---

① 梁启超：《子墨子学说》，汤志钧、汤仁泽编：《梁启超全集》（第4集），第363页。

给予赏罚，当然，天鬼的意志是为天下"兴利除害"。可以看出，尚同以尚贤为基础。墨家组织严密，所有成员都要服从巨子的命令，就是尚同的具体表现。

墨子之所以非命，是因为持有命之说（一切皆命定，努力也是徒劳），会使人将一切委之于命运，百姓和诸侯就会懒惰懈怠，不去努力从事生产、治国，如此物质财富就会匮乏，政治也将会混乱。"今用执有命者之言，则上不听治，下不从事。上不听治，则刑政乱；下不从事，则财用不足。"（《墨子·非命上》）这样当然对天、鬼、人都不利。墨子要求百姓诸侯努力从事生产、治国，即"强"从事：对王公大人而言，"彼以为强必治，不强必乱，强必宁，不强必危，故不敢怠倦"；对卿大夫而言，"彼以为强必贵，不强必贱。强必荣，不强必辱，故不敢怠倦"；对农夫而言，"彼以为强必富，不强必贫，强必饱，不强必饥，故不敢怠倦"；对妇人而言，"彼以为强必富，不强必贫，强必暖，不强必寒，故不敢怠倦"。（《墨子·非命下》）强本在于勤勉，而要鼓励人勤勉，则必须反对命定说。墨徒大都"日夜不休""摩顶放踵以利天下"，真能做到勤勉。

墨家作为下层民众，很重视节俭，所以提倡节用。在墨子看来，为政的目的在于去除无用的费用，增加社会的物质财富，促进人口繁衍。物质的生产是以满足人民的基本物质需求为原则，凡是超出人民实用目的的各种器物，圣王弗为。"诸加费不加于民利者，圣王弗为。"（《墨子·节用中》）"节葬"是"节用"的具体表现：墨子认为，天下的要务在于财富的增加、人口的增长、国家的治理。厚葬久丧对上述三方面均有害无益。另外，小国因厚葬久丧，从而疏于储备防御，会招致大国的攻伐。厚葬久丧还会导致国家贫穷，人口减少，从而对上帝鬼神的祭祀也相应减少，上帝鬼神也不会高兴。所以墨子反对三年之丧，反对厚葬。墨家主张实行三月之丧，丧礼简便、棺材普通。墨子"非乐"的目的同样很简单：一方面是因为他认为音乐没有用处，另一方面是因为他认为奏乐需要消耗大量财物，会侵夺百姓衣食。最主要的是，听音乐会妨碍生产劳动、国家治理，使国家贫穷、政治混乱。"节葬""非乐"都是针对儒家。

以上十义，概括而言，"墨子之政治思想既以利害为起点，亦立为尚同、天志、明鬼诸义，以保障兼爱之施行。尚同者，盖墨子中之政治制裁，而天志、明鬼则其宗教制裁也"①。

墨学在汉代以后就中绝了，一个重要原因就是，墨家所主张的生活太苦、太没有趣味。墨徒虽然能够坚持其主义，但其他人则难以接受这种劳苦的生活。《庄子·天下》说："其生也勤，其死也薄，其道大觳；使人忧，使人悲，其行难为也。恐其不可以为圣人之道，反天下之心，天下不堪。"荀子也批评墨子"上功用，大俭约"（《荀子·非十二子》），"蔽于用而不知文"（《荀子·解蔽》）。另外一个原因是，秦汉以后政治大一统，具有侠客传统的墨家团体没有活动的空间了。不过也有的学者认为，墨家的精神仍保存在底层的社会组织中。

四、名家<small>附后期墨家</small>

按照胡适在《中国哲学史大纲》上卷的看法，"名学"即先秦各家的方法论（或称逻辑学），如孔子有正名，墨子有"三表法"，庄子有《齐物论》，公孙龙有《名实论》，荀子有《正名篇》，尹文子有《刑名》之论。实际上无所谓专门的"名家"，名家的名称是汉人所定。②不过胡适的说法也值得商榷，"名家"之名虽无，但在先秦哲学中，荀子在《非十二子》中批评邓析、惠施"好治怪说，玩琦辞"。《庄子·天下》列举了当时辩者的许多著名奇谈怪论之后，提到惠施、桓团、公孙龙的名字。"《吕氏春秋》也说邓析、公孙龙是'言意相离''言心相离'之辈（《审应览·离谓》），以其悖论而闻名于世。"③这说明，这些人具有相似的学术特点，当时或后来的人也是把他们当作一派来批评的，并不能因为其他家也讲方法论，从而认为辩者就不能构成一个独立学派。在先秦时期，这派人多数时候被称为"辩者"。"名家"的名称是司马谈在《论六家要旨》中提出的。冯先生在《中国哲学简史》中进一步指出，名家与西方的智者、诡辩家、辩证家相类似，但亦不完全相同，它主要是讨论名实关系。

①萧公权：《中国政治思想史》，辽宁教育出版社1998年版，第127页。
②胡适：《中国哲学史大纲》（上卷），耿云志等导读，上海古籍出版社1997年版，第136—137页。
③参见冯友兰：《中国哲学简史》，涂又光译，第98页。

桓团的思想，除《庄子·天下》外，没有史料记载，无从进一步了解。邓析则与郑国著名的子产同时，据说他是个著名的讼师，专门替人打官司，后因为与子产作对，被子产杀掉。《吕氏春秋》说："子产治郑，邓析务难之。与民之有狱者约，大狱一衣，小狱襦裤。民之献衣、襦裤而学讼者，不可胜数。以非为是，以是为非，是非无度，而可与不可日变。"（《审应览·离谓》）他没有著作传下来，今本《邓析子》是伪书。

名家最有名的两位代表是惠施、公孙龙。这两个人思想的主旨一个可以概括为"合同异"，一个可以概括为"离坚白"。根据冯友兰的分析，惠施侧重强调实的相对性，公孙龙强调名的绝对性、独立性。"惠施之观点注重于个体的物，故曰'万物毕同毕异'，而归结于'泛爱万物，天地一体也'。……公孙龙之观点，则注重于共相，故'离坚白'而归结于'天下皆独而正'。"①

惠施（前370—前310），宋国人。据说他做过魏惠王的相，和庄子是好朋友，曾经与庄子在濠梁之上讨论"鱼之乐"是否可知。惠施死后，庄子很伤心。当然庄子对他也有很严厉的批评，说他"骀荡而不得，逐万物而不反"（《庄子·天下》）。据说他很博学，《庄子·天下》说："惠施多方，其书五车。"有个南方怪人黄缭曾经问他天地所以不陷不坠等原因，"惠施不辞而应，不虑而对，遍为万物说。说而不休，多而无已"。《庄子·天下》记载有惠施的"历物"十事，是目前仅存的有关惠施思想的史料：

> 至大无外，谓之大一；至小无内，谓之小一。
> 无厚不可积也，其大千里。
> 天与地卑，山与泽平。
> 日方中方睨，物方生方死。
> 大同而与小同异；此之谓小同异。万物毕同毕异；此之谓大同异。
> 南方无穷而有穷。
> 今日适越而昔来。

---

① 冯友兰：《中国哲学小史》，中国人民大学出版社2005年版，第27页。

连环可解也。

我知天下之中央，燕之北、越之南是也。

泛爱万物，天地一体也。

有些命题，我们今天已经不知道惠施当时是如何论证的，只能猜测其意义。不过可以肯定，惠施是强调一切事物都是相对的，可以相互转化的。其中三个命题比较有哲学意义："至大无外，谓之大一；至小无内，谓之小一。"这可以说是哲学意义上的大小，而不是指具体事物的大小。大一是指宇宙大全，小一是指物质的最小单位。"大同而与小同异；此之谓小同异。万物毕同毕异；此之谓大同异。"根据冯友兰先生的解释：就事物而言，一切事物皆是有，这就是大同。每一个事物都与其他事物相异，这就是大异。这种同异即"大同异"。处于这二者之间的物类之间的异同，则是"小同异"。这个命题的意义是，同异都是相对的，没有严格的界限，即万物从一方面看可以说同，从另一方面却可以说又不同。当然，他的主要目的是强调万物同的一面。"泛爱万物，天地一体也。"这个命题是惠施的伦理政治命题：惠施通过强调事物之间界限的相对性、可转化性，最后得出万物一体的结论，从而强调要爱一切物。

公孙龙（前320—前250），战国时赵国人。他最有名的理论是"白马非马"和"离坚白"的理论。他是有名的辩者，《吕氏春秋·审应览·淫辞》记载，秦国和赵国缔结盟约，要求相互帮助。盟约的内容是："自今以来，秦之所欲为，赵助之；赵之所欲为，秦助之。"不久，秦国发兵攻打魏国，赵国派人解救，秦国派使者谴责赵王。赵王告诉平原君秦国的责难，平原君不知该如何答复秦国使者，公孙龙告诉平原君可以这样回答秦国使者："赵国要救魏国，秦国却违背赵国的愿望去攻打魏国，这也是违背盟约。"从中可以看出公孙龙辩论的风格了。据说他有一次骑白马过关，关吏不让他的马过，他回答说"白马非马"，边说边扬长而去。

他的著作是《公孙龙子》，《白马论》是其中著名的一篇，其具体论证可以分三点：第一点是："马者，所以命形也；白者，所以命色也。命色者非命形也。故曰：白马非马。"冯友兰先生用逻辑学的知识解释这个命题，认为马的内涵是指形体，白的内涵是指颜色，表示形体的东西与表示颜色的东西不同，所以"白马不是马"。①

第二点是："求马，黄黑马皆可致。求白马，黄黑马不可致。……故黄黑马一也，而可以应有马，而不可以应有白马，是白马之非马审矣。""马者，无去取于色，故黄黑皆所以应。白马者有去取于色，黄黑马皆所以色去，故唯白马独可以应耳。无去者，非有去也。故曰：白马非马。"这一点是从逻辑上外延的不同来论证。马的外延是一切马，白马的外延只是白马，二者外延不同，所以白马不是马。

第三点是："马固有色，故有白马。使马无色，有马如己耳。安取白马？故白者非马也。白马者，马与白也，马与白马也。故曰：白马非马也。"这一条冯友兰先生用共相来解释：马的共相不包含白色，白的共相与马的共相也不同，白马则包含马和白两种共相，包含两种共相的白马与包含一种共相的马当然不同。另外，《白马论》中还说："白者不定所白，忘之而可也。白马者言白，定所白也。定所白者，非白也。"白是个独立的概念，它可以离开具体的事物存在，故而可以忘记它，这时候我们只说马。但是白马中的白却是与固定的事物结合的，这两种白一个固定，一个不固定，二者并不相同，仅从这一点推理：也可以说白马不是马。

《公孙龙子》另有一篇《坚白论》。其主要命题是"离坚白"。"坚、白、石：三，可乎？曰：不可。曰：二，可乎？曰：可。曰：何哉？曰：无坚得白，其举也二；无白得坚，其举也二。""视不得其所坚而得其所白者，无坚也。拊不得其所白而得其所坚者，无白也。"公孙龙是就感官认识的不同进行论证的，他认为一块坚白石包含三个概念，即坚、白、石。眼睛只能感觉白色，但感觉不到坚硬；手只能感觉坚硬，但感觉不到白色。所以坚、白、石三者不能同时出现，只有坚石和白石，没有坚白石。这就是"离坚白"。

公孙龙还有一篇《指物论》，主要讨论概念是有其独立的存在。冯友兰指出，公孙龙的指，有时指个体事物，但主要是指客观存在的概念，与柏拉图的共相相似，而不同于贝克莱和休谟的主观观念。公孙龙认为概念是有独立存在的，如坚和白都可以脱离具体的物而存

---

① 参见冯友兰：《中国哲学简史》，涂又光译，第106页。

在，当然也存在与具体物结合的坚、白，不过这两种坚白并不相同。在未与具体事物结合时，或人感觉不到它们时，坚白也并非不存在，只是"藏"起来而已。这种"藏"，不是别的东西把它藏起来，而是自己不显现而已。《坚白论》说："有自藏也，非藏而藏也。"不独坚白可以离开具体事物而独立自存，一切的概念皆各自分离，独立存在，即"离也者，天下故独而正"（《坚白论》）。

惠施、公孙龙对于名词、概念的分析，与西方的逻辑学有相通之处。但中国思想的主流比较强调实用理性，比较关注现实政治和身心修养，很多思想家对于名家这一套"专决于名"的概念思辨不以为然。荀子在《正名》中就批评名家的很多命题导致了名实混乱。在《儒效》中，荀子批评辩者："若夫充虚之相施易也，坚白同异之分隔也，是聪耳之所不能听也，明目之所不能见也，辩士之所不能言也，虽有圣人之知（智）未能偻指也。"他要求人们对于"无用之辩，不急之察，弃而不治"（《荀子·天论》）。另外，名家虽然热衷于概念辨析，但并非纯然出于理论的兴趣，他们也有政治关怀，如惠施思想的最终目标是"泛爱万物，天地一体"，公孙龙也"欲推是辩以正名实，而化天下焉"（《公孙龙子·迹府》）他们在这么做时，有时故意违反常识，务以胜人，所以引起很多人反感。《庄子·天下》说惠施"欲以胜人为名，是以与众不适也"，"能胜人之口，不能服人之心"。司马谈在《论六家之要旨》中也说："名家苛察缴绕，使人不得反其意。"名家在汉代之后中绝不是没有原因的。

在《墨子》一书的后面有《经》上下、《经说》上下、《大取》、《小取》六篇文字，很多学者认为是后期墨家的作品。孙诒让说："经四篇皆名家言，又有算术及光学、重学。《大取》《小取》二篇盖《墨经》之余论。"[1]胡适认为这一部分属于科学的墨学，不同于墨子的宗教的墨学。[2]《墨经》中也包含很多名学思想。荀子在《正名篇》中即将其与惠施公孙龙放在一起批判，说明后期墨家与名家关系很密切。

后期墨家有比较完整的知识论。冯友兰先生认为后期墨家是用他

---

①刘咸炘：《刘咸炘学术论集·子学编》，黄曙辉编校，第90页。
②胡适：《中国哲学史大纲》（上卷），第133页。

们的知识论来反对名家的理论。其内容如下①：1.《经上》说："知，材也。"指主观的认识能力。2.《经上》："知，接也。"即感官与外物接触产生感觉。3.《经上》"恕，明也。"《经说上》："恕，恕也者。"以其知论物而其知之也著。指心的理性能力。这三者必须在时间和空间条件下才能共同形成认识：《经上》："久，弥异时也"，"宇，弥异所也"。《经上》《经说》上也批判了"离坚白"的理论，其中认为：我们都有记忆能力（志）。时间使我们认识到刚才所触坚物就是现在所见白物，空间使我们知道坚和白是在一起的（坚白相盈）。因此，坚、白、石三者可以合一。

《墨经》讨论了名（名词）的作用，认为名就是用来指称实际对象的。（《小取》："名以举实。"）名有三类：达、类、私。（《经上》）达名，即最普遍的名字，如"物"；类名，即一类事物之名；私名，即个体事物之名。

《墨经》讨论了知识的来源：闻、说、亲。（《经上》）闻是传闻，说是推理，亲是亲身经历。

《墨经》还讨论了辩论的问题。《小取》说："夫辩者，将以明是非之分，审治乱之纪，明同异之处，察名实之理，处利害，决嫌疑焉，摹略万物之然，论求群言之比。以名举实，以辞抒意，以说出故，以类取，以类予。"即讨论了辩论的目的和方法。在辩论中，目的明确后，要研究万物的所以然之理，广泛比较各种言论。在辩论时，要讲究方法，要明确名实关系（以名举实），然后用语言表达自己的观点（以辞抒意），陈述自己立论的根据（以说出故），进行举例、下论断的时候必须合乎类，不是同类的东西不能牵合在一起（以类取，以类予）。"故"分两种，"大故"和"小故"。"小故"相当于逻辑学中的必要条件。"小故，有之不必然，无之必不然。""大故"相当于逻辑学中的"充分必要条件"。"大故，有之必然，无之必不然。"（《经说上》）

《小取》篇还介绍了辩论的七种方法。"或也者，不尽也。假者，今不然也。效者，为之法也。所效者，所以为之法也。故中效，则是也；不中效，则非也；此效。辟也者，举他物而以明之也。侔

---

①引用《墨经》，原文主要据胡适《中国哲学史大纲》上卷校正，下同。

也者，比辞而俱行也。援也者，曰：子然，我奚独不可以然也？推也者，以其所不取之同于其所取者予之也。是犹谓也者同也；吾岂谓也者异也。"（最后两句的"也"字，胡适校作"他"。）冯友兰解释说：

> "或"表示特称命题。"尽"表示全称命题。"假"表示假言命题，假设一种现在还没有发生的情况。"效"就是取法。所效的，就是取以为法的。若原因与效相合，就是真的原因；若原因与效不合，就不是真的原因。这是效的方法。"辟（譬）"的方法是用一事物解释另一事物。"侔"的方法是系统而详尽地对比两个系列的命题。"援"的方法是说："你可以这样，为什么我独独不可以这样？""推"的方法是将相同的东西，像归于已知者那样，归于未知者。已经说彼〔与此〕同，我岂能说它异吗？①

"效"，胡适在《中国哲学史大纲》中也解释成逻辑中的"演绎法"，即由通则推到个体，由类推到私的方法。②"推"就是现代逻辑中的归纳法。③可见，墨家中的辩论方法，有些与西方的逻辑方法有相通之处，可惜墨学传统中断太早。

墨家特别是后期墨家的名学思想包含丰富的逻辑思想和科学精神，胡适先生特别从方法论方面对其进行了高度的评价："总而言之，古代哲学的方法论，莫如墨家的完密，墨子的实用主义和三表法，已是极重要的方法论（详见第六篇）。后来的墨者论'辩'的各法，比墨子更为精密，更为完全。从此以后，无论哪一派的哲学，都受这种方法论的影响。"④"墨家的名学在世界的名学史上，应该占一个重要的位置。"⑤

名家的这套理论，中断了两千年，却在清末民初引起了广泛重视。在西方的冲击下，中国人认识到中国在近代以来物质文明落后的原因是缺乏科学精神，而其根本原因又在于缺乏逻辑思维，不注重概

---

① 冯友兰：《中国哲学简史》，涂又光译，第145—146页。
② 胡适：《中国哲学史大纲》（上卷），第154页。
③ 胡适：《中国哲学史大纲》（上卷），第156页。
④ 胡适：《中国哲学史大纲》（上卷），第163页。
⑤ 胡适：《中国哲学史大纲》（上卷），第161页。

念世界的探讨。在翻译介绍西方逻辑思想、哲学思想、科学方法时，名家的价值才为人们重新发现，并通过与西方逻辑、科学方法、哲学方法的比较，才逐渐被学者读懂，从而焕发出新的光彩。

五、法家

法家之学，渊源应该与刑罚有关。《汉书·艺文志》说："法家者流，盖出于理官。信赏必罚，以辅礼制。"这个看法应该是没问题的。据胡适在《中国哲学史大纲》中的看法，中国古代有两个"法"字，一个写作"𠈌"，是模范、标准之义；另外一个写作"灋"，是刑罚之义。这两重意思到后期墨家时代才统一成一个字，即"法"字。[①]

众所周知，西周春秋时期，礼是整合社会的主要手段。在宗法制度尚未崩坏的情况下，各级贵族都有自己的封地，相互之间都是建立在血缘、姻亲关系之上，社会相对简单，靠礼就可以维系。春秋末期，宗法制度开始崩溃，单纯靠礼已经无法维持社会秩序。这时候，一些现实的政治家开始公布成文法，如郑国的子产在公元前536年，即率先铸刑书（为了便于流布，郑国后来又将刑书刻在竹子上），曾经引起了晋国叔向的批评。不过，仅仅过了20多年，晋国的范宣子也将刑书铸在鼎上。随着这些成文法的公布，才可能产生"法理学"。"盖当时所谓国家社会，范围既小，组织又简单。故人与人之关系，无论其为君臣主奴，皆是直接的。故贵族对于贵族，有礼即可维持其应有之关系……及乎贵族政治渐破坏，一方面一国之君权渐重，故各国旧君，或一二贵族，渐集政权于一国之中央，一方面人民渐独立自由，国家社会之范围既广，组织又日趋复杂，人与人之关系，亦日趋疏远。则以前'以人治人'之方法，行之自有困难。故当时诸国，逐渐颁布法律。"[②]

进入战国时期，诸侯国之间的兼并更趋激烈，诸侯国出于侵略与自卫的考虑，纷纷追求富国强兵。另一方面，由于权臣柄政、窃国的

---

①胡适：《中国哲学史大纲》（上卷），第263页。
②冯友兰：《中国哲学史》（上），生活·读书·新知三联书店2009年版，第348页。

现象越来越普遍，贵族日趋没落，兼并导致国家规模越来越大，在这种情况下，中央集权与尊君就成为不可避免的现象。法家强调"势"（即君主权威）客观上顺应了这一历史潮流。同时，诸国之间的兼并更造就了大批权臣，弑君专权的现象时有发生。另外，列国出于富国强兵、攻伐兼并的目的而大量养士，产生了大量游士，很多游士成了各国的新兴贵族。在这种情况下，如何防止权臣窥测君位，如何识别、控制这些流动的"游士"，也成为必要。法家强调"术"，主要是如何控制臣下的手段，就是为了适应这种需要。

先秦没有"法家"的名称，更多使用"法术之士"的称呼。这一派的代表人物有李悝、商鞅、申不害、慎到、韩非。关于他们的著作，《汉志》有著录：《李子》三十二篇，《申子》六篇，《处子》九篇，《慎子》四十二篇，《韩子》五十五篇，《游棣子》一篇等。现存法家书《商君书》《慎子》都有阙疑，目前保存最完整且能反映法家精义的是《韩非子》。另外《管子》一书中也有不少法家言论。

与儒墨言必称先王的复古主义传统不同，法家持历史进化的观点，商鞅认为治国应根据具体历史情况采取与时俱进的策略，"治世不一道，便国不必法古"（《商君书·更法》）。韩非子也认为"圣人不期修古，不法常可。论世之事，因为之备"（《韩非子·五蠹》）。著名的"守株待兔"寓言就来自《韩非子》，韩非子用它来讽刺那些食古不化的复古主义者。他认为法律与政治应该根据时势转移，时势已变，而治国方略不变，就会导致混乱。儒墨两家都推尊尧舜，韩非批评到，尧舜已经是两三千年前的死人，我们如何知道儒墨所说的尧舜是真的尧舜？空谈法先王，拿不出明确的证据，就是愚蠢、诬妄的行为，应该被抛弃。

韩非（前280—前233），据《史记》记载，他是韩国的公子，学刑名法术之学，而归本于黄老。韩非为人口吃，但是善于著书。他和李斯一起跟随荀子学习，据说李斯自愧弗如。韩非见韩国日益削弱，屡次上书韩王，但是韩王都没采纳。韩非郁郁不得志，遂著《孤愤》《五蠹》《内储》《外储》《说林》《说难》等篇，秦王嬴政看到他写的《孤愤》《五蠹》，很是欣赏。李斯告诉秦王，这是韩非所著。秦王于是派兵攻打韩国，索要韩非，韩王不得已派韩非出使秦国，劝说秦王罢兵。韩非于是留在秦国，但秦王始终没重用他。李斯嫉妒韩非，告诉秦王韩非是韩国公子，终有异心，不如将他除掉，以免后患。秦王听从李斯谗言，将韩非投入狱中，李斯又派人送去毒酒，让韩非自杀。后来秦王后悔，但为时已晚。

韩非之前，法家中有三派：一重势，一重术，一重法。慎到重势，申不害重术，商鞅重法。韩非则集三家之大成。

所谓"法"就是指国家的法律体系。法家认为治理国家必须有客观的标准，这个标准就是法律。《管子·明法解》说："法者，天下之程式也，万事之仪表也。"法律是由君主制定的成文法，官吏是执行者，百姓是守法者。《韩非子·难三》曰："法者，编著之图籍，设之于官府，而布之于百姓者也。"君主用法律约束臣下，臣下的活动不能超出法律规定的范围。"故明主使其群臣，不游意于法之外，不为惠于法之内，动无非法。"（《韩非子·有度》）

有了这个标准，中等资质的君主都可以将国家治理好。反之，离开法律而强调君主的道德心术，"尧不能正一国"。（《韩非子·用人》）另外，法律是禁止人民为非的手段，不是教人行善的工具。在韩非看来，社会上真正有道德自觉的人很少，他举例说："夫必恃自直之箭，百世无矢；恃自圆之木，千世无轮矣。自直之箭，自圆之木，百世无有一。"（《韩非子·显学》）如果靠人的道德自觉，很难使国家得到有效治理，而通过法律，却可以统一整个社会的行动，实现国家的治理，所以韩非反对德治，主张法治。

有了法律，还要能够使其执行下去，执行的工具就是赏罚。"明主之所导制其臣者，二柄而已矣。二柄者，刑德也。何谓刑德？曰：杀戮之谓刑，庆赏之谓德。"（《韩非子·二柄》）赏罚是建立在人情的好恶上，韩非认为人情自然好赏恶罚、趋利避害，故可以用赏罚来整齐他们的行为，让其守法。"凡治天下，必因人情。人情者，有好恶，故赏罚可用。"（《韩非子·八经》）

韩非的这套法律理论是建立在性恶的基础上的，他认为人与人之间毫无恩义可言，人和人之间处处都在算计利害，韩非举例说：当时很多人家，生男孩就有亲友来道贺，生女孩就将其杀死，无非是考虑以后养老。"故父母之于子也，犹用计算之心以相待也。而况无父子之泽乎？"（《韩非子·六反》）另外一个例子是：田主给租客好吃好喝，工钱也给得很多，不是因为爱租客，而是为了让租客好好给他们干活；租客努力为主人种地，也不是因为爱主人，而是因为不这样做，主人就不会好好招待他们，不会给他们丰厚的工钱。所以利害是人交往的根本原则："故人行事施予，以利之为心，则越人易和；以害之为心，则父子离且怨。"（《韩非子·外储说左上》）韩非的法术思想都是建立在这一套人性观上。刘咸炘批评韩非说："申、商所无而为非一人大罪者在全以不肖待人，如非之论，几无恩之可言，此由荀卿性恶之说出也。"[1]

有了法律，而且有了赏罚作为行使法律的工具，并不一定就能够保证法律真正实行。因为法律的颁布和遵守必须建立在君主的权威之上，如果君主没有权威，法律就是一纸空文。君主的权威就是"势"，更具体地说就是"权位"。权位是君主治国的重要凭借，君主失去权位，就难以贯彻政令，在《难势》中，他引用慎到的观点说：就像龙蛇失去了云雾，最终和蚯蚓没有区别。"尧为匹夫，不能治三人。而桀为天子，能乱天下。吾以此知势位之足恃，而贤智之不足慕也。"君主能够控制天下，不在于他是否贤智，而在于他处在天子的权位之上。在《功名》中，他也说："桀为天子，能制天下，非贤也，势重也；尧为匹夫，不能正三家，非不肖也，位卑也。"

韩非指出，他所以强调势与法，是针对中等资质的君主而言。在他看来，尧舜和桀纣这些极端贤明与昏庸的君主，在现实中很少，对于整个人类历史来说，他们出现的时间很短。大部分时间，统治国家的是中主。中主只要具备足够的权威，并倚靠完善的法律，就可以将国家治理好，否则国家就会陷入混乱。"世之治者不绝于中，吾所以为言势者，中也。中者，上不及尧舜，而下亦不为桀纣。抱法处势则治，背法去势则乱。"（《韩非子·难势》）

君主有了权威，还要防止大权旁落，辨别臣子是否忠诚，是否贤能，即要有一套驾驭臣下的方法，这就是"术"。"术者，因任而授官，循名而责实，操杀生之柄，课群臣之能者也。此人主之所执也。"（《韩非子·定法》）韩非认为，君主与臣下的利益是根本对立的，"上下一日百战"，所以君主不能轻易让臣子了解自己的想法和计划，"明主其务在周密"（《韩非子·内储说》）。《韩非子》中有很多内容是讲述臣下如何为奸、行乱，如"八奸""六微""六乱"，读之令人毛骨悚然。举个例子，如"八奸"中的"同床"：

---

[1]刘咸炘：《刘咸炘学术论集·子学编》，黄曙辉编校，第118页。

"何谓同床？曰：贵夫人，爱孺子，便僻好色，此人主之所惑也。托于燕处之虞，乘醉饱之时，而求其所欲，此必听之术也。为人臣者内事之以金玉，使惑其主，此之谓'同床'。"（《韩非子·八奸》）总之，君主对任何人都不能信任，包括自己的父母、妻子、儿女，否则就会被蒙蔽，甚至有生命危险。如何洞察臣下的意图并驾驭臣下？《韩非子》中也提供了很多方法，《内储说上》中说：

> 主之所用也七术，所察也六微。七术：一曰众端参观，二曰必罚明威，三曰信赏尽能，四曰一听责下，五曰疑诏诡使，六曰挟知而问，七曰倒言反事。此七者，主之所用也。

针对每一项，韩非都列举了例子。这里仅举"疑诏诡使"中一例以见端倪：有一次，韩昭侯偷偷派手下人去察看下面一个县官吏的为政情况，使者回来报告说，南门外有黄牛犊在道旁吃庄稼苗，韩昭侯告诉手下人不能将自己的行动泄露出去。然后下令："庄稼苗在生长的时候，我曾下令禁止牛羊进入农田，但是官吏们都不放在心上。让官吏们赶快把各地进入农田的牛羊数目给我报上来！"官吏于是慌忙把数目报上来之后，韩昭侯说："不对，还有漏报的，就在南门外。"官吏们一看果然还有，认为韩昭侯真是明察秋毫，都非常害怕，再也不敢做不法的事了。

韩非的这套法家理论，实际上将商鞅、申不害、慎到的理论都集中了起来：法是公布出来让臣民遵守的；术是驾驭臣下的方法和技术；势是君主的权势和地位。这三个方面结合起来使用，才能确保君主有效地用法律来统治整个国家。他批评申不害只知道用术，不知道统一国家的法令，即使君主再有政治手腕，奸臣仍有借口；商鞅只知道使用严刑峻法，国家虽然富强了，但是最后都为大臣所窃取，"战胜则大臣尊，益地则私封立"（《韩非子·定法》）。

韩非重视用法律治理国家，这在当时有进步意义，但是其思想中也包含专制的成分。为了实现富国强兵的目的，他也像商鞅一样主张耕战，此外一切与此无关的人，都被视为社会的"蠹虫"。在《五蠹》篇中，韩非列举了五种人："学者""言古者""患御者""带剑者""商工之民"。韩非认为他们是"邦之五蠹"，号召人主除此"五蠹之民"。韩非理想的社会是："故明主之国，无书简之文，以法为教；无先王之语，以吏为师；无私剑之捍，以斩首为勇。是境内之民，其言谈者必轨于法，动作者归之于功，为勇者尽之于军。是故无事则国富，有事则兵强，此之谓王资。"（《韩非子·五蠹》）萧公权评价说："然商韩之重耕战，几乎欲举一国之学术文化而摧毁扫荡之，使政治社会成为一斯巴达式之战斗团体。"[1]韩非的这套理论后来被秦始皇在秦国施行，导致了焚书坑儒的暴行。秦始皇下令："欲有学法令，以吏为师"，"有敢偶语《诗》《书》者弃市，以古非今者族"。（《史记·秦始皇本纪》）

六、阴阳家

阴阳在中国思想中是指构成宇宙的两种势力和原理，阳代表主动、伸展、刚健、明亮的方面，阴代表被动、收缩、柔顺、阴暗的方面。不过，这是就成熟形态的阴阳观念说的。事实上，在中国思想史上，阴阳观念的发展，也有一个过程。阴阳的观念，按照徐复观的考证，最初是指与日光有关的两种天气现象，如山南水北为阳，山北水南为阴。《诗经》中的阴字主要是就天气而言，或引申为阴暗意；阳字指日光之意，或引申为明朗、舒展自得之意。《春秋》时期"阴阳"主要是指"阴阳风雨晦明"六气中的二气，还是可以感觉的具体存在，并不是后来作为宇宙构成要素的抽象存在。但在有些例子中，已经从"六气"中突出出来，试图和更多的事物发生联系。《国语·周语上》中，在伯阳父论地震的对话中，阴阳已经成为天地之气，用来解释地震发生的原因。至战国末期，《易传》才用阴阳之气建构起了一个宇宙论系统。不过，《易传》中的宇宙发生过程是由阴阳到四时到万物，与五行无关。[2]

在中国思想中，五行是指金、木、水、火、土，是构成宇宙的五种元素、力量、活动或能力。这也是指五行理论的成熟形态而言，五行观念的发展也有一个过程。"五行"在春秋时期，一直是指人民生活必需的地上的五种物质材料。如《左传·文公七年》的"水、火、金、木、土、谷"谓之"六府"，《左传·襄公二十七年》的"天生

---

①萧公权：《中国政治思想史》，第220页。
②徐复观：《中国人性论史先秦篇·附录二》，李维武编：《徐复观文集》，湖北人民出版社2009年版，第277—282、301—306页。

五材，民并用之"，《左传·昭公二十五年》的"生其六气，用其五行"，《左传·昭公三十二年》的"天有三辰，地有五行"，《国语·周语下》的"地有五行，金木水火土也"。"总结地说，通过《左传》《国语》，来看春秋时代的所谓五行，皆指生活中不可缺少的五种实用材料而言，决无后来所说的五行的意义。"①《尚书·甘誓》记载了夏禹伐有扈氏的誓词，其中有"威侮五行"的说法，屈万里认为这篇文字是邹衍之后的人伪造，其中"五行"的观念受邹衍影响。徐复观对此表示质疑，他认为这里的"五行"指"五行之官"和"五行之政"。②《尚书·洪范》中有"五行"的说法："五行，一曰水，二曰火，三曰木，四曰金，五曰土。水曰润下，火曰炎上，木曰曲直，金曰从革，土爰稼穑。"不过从内容上看，五行主要是5种物质材料，而不是构成事物的5种基本元素。《荀子·非十二子》中批评子思、孟轲"案往旧造说，谓之五行"，根据郭店楚简《五行篇》的内容，这里的"五行"是指"仁义礼智圣"。至于子思、孟子造说所根据的"五行"是否已经具备事物"基本元素"或"五种力量"的意义，尚无法肯定。

　　阴阳五行这两个系统，在战国末期之前是独立的系统，直到以邹衍为代表的阴阳家才将它们融合起来。

　　阴阳家，《汉书·艺文志》六种术数中有"五行"类，"其法亦起五德终始，推其极则无不至"。冯先生根据这条材料推测，阴阳家出于"方士"。不过，刘咸炘认为："古阴阳家盖非止术数，《七略》以诸子与兵书、术数、方技各为一略，盖兵书等三者皆实用之数，而九流则持一原理以贯诸事，阴阳家列于九流不入术数略，术数虽本于阴阳，而阴阳之言则不止于术数也。"③这个说法很有见地，《汉志》中所记"五行"类，盖起于"五德终始"，并加以推衍，可以说术数中的五行类是从阴阳家发展出来的，却不能反过来说，阴阳家出于术数，并由此断定阴阳家出于"方士"。

---

①徐复观：《中国人性论史先秦篇·附录二》，李维武编：《徐复观文集》，第284页。
②徐复观：《中国人性论史先秦篇·附录二》，李维武编：《徐复观文集》，第288—291页。
③刘咸炘：《刘咸炘学术论集·子学编》，黄曙辉编校，第124页。

邹衍（约前305—前240），据《史记·孟子荀卿列传》记载，他是齐国人，稍后于孟子。《史记》说他作"《终始》《大圣》之篇，十余万言"，《汉书·艺文志》著录《邹子》四十九篇、《邹子终始》五十六篇，大概《邹子终始》就是《史记·孟子荀卿列传》所说的《终始》。可惜他的书都亡佚了。他的"终始"之说，《文选》注引邹子五德从所不胜，土德后是木德，金德次之，火德次之，水德又次之。这就是《史记》所说的"五德转移，治各有宜"思想。《文选·齐故安陆昭王碑文》中有更具体的说明：虞土德，夏木德，殷金德，周火德。所谓"从所不胜"就是五行相克，木克土，金克木，火克金，水克火，土又克水，循环往复，终而又始，这大概就是"终始"的意思。

他的学说大概包含两方面，一方面是讲纵的历史，从当世向上追溯到学者所共同宗主的黄帝，将黄帝以来的历史时期分成几个盛衰的阶段，记载其中的灾异祥瑞。用类似的方法向上推求，一直到天地未形成之前而止。邹衍再将天地形成之后的历史时期按照五德转移的方法，加以分期，而且都有符瑞作为征兆。据《汉书·律历志》载："丞相属宝、长安单安国、安陵梧育治《终始》，言黄帝以来三千六百二十九岁。"这个说法与宋代邵雍的《皇极经世书》有些类似。也许，邹衍有一套推算历史年代的方法，但现在已经不得而知。

这套五德转移的理论，《吕氏春秋·应同》中有所表现：

> 凡帝王者之将兴也，天必先见祥乎下民。黄帝之时。天先见大蚓大蝼。黄帝曰："土气胜。"土气胜，故其色尚黄，其事则土。
>
> 及禹之时，天先见草木秋冬不杀。禹曰："木气胜。"木气胜，故其色尚青，其事则木。
>
> 及汤之时，天先见金刃生于水。汤曰："金气胜。"金气胜，故其色尚白，其事则金。
>
> 及文王之时，天先见火，赤乌衔丹书集于周社。文王曰："火气胜。"火气胜，故其色尚赤，其事则火。
>
> 代火者必将水。天且先见水气胜。水气胜，故其色尚黑，其事则水。水气至而不知，数备，将徙于土。

这段引文就是从黄帝开始讲起，讲五德转移，而且将五行看作五种气，这也许就是用五气来讲"阴阳消息"，将阴阳与五行结合了起来。五气中的每种气支配一个朝代，按照五行相克的原理相互转换。而且五德之间在转换时，都有相应的祥瑞出现。《吕氏春秋》中的这套理论非常符合《史记》对邹衍理论的描述，很可能是邹衍的遗说。

从横的空间地理方面说，邹衍先从中国开始向外推，一直推到海外人所不见的地方。根据他推的结果，他说天下有八十一州，中国只是其中一个州，名赤县神州。大禹所序的九州不能算作州数。中国之外像中国这样的州（包括中国）共有九个，组成一个区，其外有裨海环绕。裨海之外，类似的区（包括该区）还有九个，有大瀛海环绕，那才是天地的尽头。这就是他的"大九州"说。邹衍的地理想象，在今天看来还是颇有道理的。

邹子的这套理论听起来的确是"迂大而闳辩"（《史记·孟子荀卿列传》），据《盐铁论·论儒》说："邹子以儒术干世主，不用，即以变化始终之论，卒以显名。"他大概因为眼见当时的诸侯王生活荒淫奢侈，不修身尚德，关心民众生活，于是创造出一套"闳大不经"的理论，希望以此引起诸侯王的注意。不过，其最终目的是要劝诸侯王"仁义节俭"以及行"君臣上下六亲之施"（《史记·孟子荀卿列传》）。据说，诸侯王初次听到他这套理论，都心存恐惧，但最终也不能施行。但是，至少他因此受到诸侯贵族（燕昭王、平原君等）的尊礼。

他的这套理论，很快为秦始皇接受，秦始皇统一全国后"推终始五德之传，以为周得火德。秦代周德，从所不胜，方今水德之始"，其色尚黑，其事则水，改黄河名为"德水"。"以为水德之始。刚毅戾深，事皆决于法，刻削毋仁恩和义，然后合五德之数。"（《史记·秦始皇本纪》）汉朝取代秦朝之后，关于汉究竟属什么德一直有争论，有的人认为应该继续秦朝从水德，有的人则认为秦朝太短命，算不上一德，应该接周朝属火德。

邹衍的阴阳五行理论，在汉代得到了极大的发挥，汉人将其发展为一套涵盖天道、人事的无所不包的系统。这套系统直到今天仍是中医理论和其他思想的重要骨架。在广大民众中，仍有不少人信仰者，甚至被有些西方人看作"中国思想之原始的和典型的表述"，"有人从中辨认出了具有中国特色荣格学派的集体无意识之类的学说"。①

七、诸子百家思想的结束

公元前221年，秦始皇吞并六国，建立了中国历史上第一个中央集权制的封建国家。各诸侯国的灭亡，使得诸子百家失去了政治活动的舞台与空间。另一方面，秦始皇为统一思想，焚书坑儒，"以法为教，以吏为师"，实行法家的专制统治。也使得法家之外的诸子思想受到了某种程度的摧残。这是诸子思想衰竭的政治原因。

实际上早在战国末期，伴随诸侯的争霸，在思想界已经出现了对于诸子各执一端、互相攻讦、上说下教的不满。《庄子》《荀子》《韩非》一书中都有对于诸子的系统批判。《庄子·齐物论》就试图从道的立场上超越儒、墨、辩者的各种是非争论。《庄子·天下》更认为百家是"道术将为天下裂"的结果，各家都是"不该不遍，一曲之士"。《荀子·解蔽》则认为诸子"蔽于一曲而暗于大理"，"诸侯异政，百家异说，则必或是或非，或治或乱。……是以与治虽走而是己不辍也。……内以自乱，外以惑人。上以蔽下，下以蔽上。此蔽塞之祸也"。荀子认为诸子百家的偏见导致了思想与政治的混乱，所以他以礼义为标准来号召统治者，将各种与礼义无关的思想言论置之不理："凡言不合先王，不顺礼义，谓之奸言；虽辩，君子不听。"（《荀子·非相》）"无用之辩，不急之察，弃而不治。"（《荀子·天论》）他认为，辩说的兴起是因为天下大乱，君子既无权威，又无刑罚对他们加以禁止，言外之意，他是希望将这些无用的辩说都用强制手段加以制止。荀子的这些看法如果真正实行起来，极有可能导致思想专制。在这一点上，他的学生韩非，走得更远。韩非极端厌恶各种游士，认为他们要么私自非议君主制定的法令，要么不事耕战，靠侍奉诸侯为生，对国家富强毫无用处，韩非将他们视为蠹虫。他呼吁诸侯王"以法为教，以吏为师"，将这些游士除掉。刘咸炘说："重法必严刑赏，严刑赏必尊主威，恐法之不行，必禁私行私

---

① ［美］本杰明·史华兹：《古代中国的思想世界》，程钢译，江苏人民出版社2004年版，第363—364页。

学。"①由法家走向思想专制乃必然结果。

此外，在秦即将统一六国时，还出现了集合各种学说、试图将他们融合起来的《吕氏春秋》。《吕氏春秋》中集合了儒、道、名、法、兵、农各家思想，《史记·吕不韦列传》记载吕不韦：书成，"布咸阳市门，悬千金其上，延诸侯游士宾客，有能增损一字者予千金"。杂家的出现，说明思想界开始厌倦纷争，试图融合各家，建立一个无所不包的体系。这样，从西周以来，中国政治，由周室衰微而诸侯异政，由诸侯异政而相互兼并，进而由秦国并吞六国，重新统一，完成了一次循环。与此相应，学术方面，也由王官之学衰而诸子之学兴，诸子人执一说，相互辩难，进而厌倦门户，废然思返，谋求融合，故以杂家终。学术与政治，不约而同地表现了类似的节奏。

---

① 刘咸炘：《刘咸炘学术论集·子学编》，黄曙辉编校，第117页。

第四章 汉代学术

中国人中绝大多数的族群都认同自己是汉人，汉人的名称从汉朝而来，因此汉朝对中国的意义便不只是一个政治上的朝代，而是将各种不同来源、背景的中国人融铸成一个大家共有的身份认同。

——许倬云《汉之为汉——中国人自称汉人的文化意蕴》

一、汉代思想

汉朝在整个中华文明的发展中具有较为特殊的地位。秦始皇统一六国，建立了中国历史上第一个实行郡县制的大一统国家，结束了春秋以来几百年的分裂局面。但是，秦朝仅仅完成了政治上的统一，在文化统一上也只实现了"书同文"，没有更进一步的整合，秦帝国也因之崩塌。汉朝在实现政治统一之后，同样面临"拨乱反正"、实现文化统一的历史使命。经汉代的各种努力，先秦发展出来的各种文化在这一时期得到整合，统一的多民族国家格局初步形成。许倬云指出："中国人中绝大多数的族群都认同自己是汉人，汉人的名称从汉朝而来，因此汉朝对中国的意义便不只是一个政治上的朝代，而是将各种不同来源、背景的中国人融铸成一个大家共有的身份认同。"[1]在这一时期，中华民族的基本价值观、世界观、历史观得以初步奠定。

秦朝结束了战国的分裂，在政治上实现了统一，并希望把秦法推行到旧的东方各国，完成文化统一。但是由于东西区域文化的差异，尤其是楚俗与秦法的冲突，秦帝国迅速瓦解，其文化统一的历史使命没有完成。秦朝在推行秦法以实现文化统一的过程当中，采取了一些极端的做法，例如"焚书坑儒"，先秦的文化在一定程度上遭到了破坏，其中儒家经书损失尤其严重。

在汉初的几十年里，学术环境较秦代宽松，特别是惠帝以后废除了《挟书令》和《妖言令》，经典的讲习得以延续。例如，秦始皇焚书坑儒时，《尚书》是被禁的对象之一。济南人伏生在彼时将自己的《尚书》藏在墙壁当中。后来，秦末战乱，他又逃亡他乡。汉初，天下安定，伏生回到故乡寻找所藏《尚书》，只剩下二十九篇，丢掉了几十篇，他就据此在齐鲁一带讲学。汉文帝时，朝廷还派晁错专门去伏生那里学习《尚书》。除此以外，其他经典的传承讲习也陆续恢复。

汉初儒家的代表主要有陆贾和贾谊。他们从儒家的立场出发，反思秦政，并对汉初的一些做法提出批评。陆贾认为，刘邦可以马上

---

[1] 许倬云：《汉之为汉——中国人自称汉人的文化意蕴》，《许倬云观世变》，广西师范大学出版社2008年版，第223页。

得天下，但是却不能马上守天下，如果秦朝能够在得天下之后实行仁义，就不会灭亡。这也就是他所讲的"逆取顺守"。针对当时的实际情况，他还认为，秦朝之弊在于奢侈，汉朝继承这一局面，则应该尚俭，做到"笃于义而薄于利"。贾谊主要生活在汉文帝时期，他最为著名的文章当属《治安策》与《过秦论》。在《过秦论》中，贾谊总结了秦朝灭亡的原因，提出"仁义不施而攻守之势异也"的观点。《治安策》则对汉初的政治形势系统地总结，认为汉朝继承秦的政策，"废礼义，捐廉耻"，天下已经有了很严重的问题，他希望文帝的思路能从"取天下"转变为"治天下"，而"治天下"则需要用德教取代承秦的单一的法治，"仁义恩厚，此人主之芒刃也；权势法制，此人主之斤斧也"（《新书·制不定》），德法二者都是人主应该采取的治理手段。他认为，礼在治理上位置重要，"夫礼者，禁于将然之前；而法者，禁于已然之后"（《汉书·贾谊传》），礼对于克服秦以来的弊俗有着重要意义。

但是汉初主要选取道家学说作为统治思想。汉初几十年间，黄老之学受到当时朝廷的尊崇。黄老之学的经典是《黄帝书》和《老子》。汉初黄老学派的主要代表有盖公和曹参。汉文帝、窦太后以及汉景帝都尊崇黄老之术。其中最能体现黄老之学在政治上的特征的故事当属"萧规曹随"。《史记·曹相国世家》记载，曹参年轻时和萧何交好，但等二人官至将相之后却产生了一些矛盾。等到萧何将要去世时，反而推荐曹参代替自己为相。而曹参也知道萧何会推荐自己，任命还未下来就让手下打点行囊。等到曹参为相，凡是萧何定下的政策，都不做更改，一切遵循萧何生前定下的规矩。这样的做法背后，就是黄老之学所主张的"无为"思想，也就是强调"不折腾"，轻徭薄赋，让老百姓能安心从事产业，这种政策，在短时期内可以刺激生产，提高人民的生产积极性，恢复生产，平复长期战争带来的创伤。

需要指出的是，汉初在国家治理上的主导思想是黄老，但具体操作上则"汉承秦制"，继承秦朝的法制，并有步骤地从关中向关东推行。

汉初继承秦朝法制，而黄老无为之术则被用来抵消或缓解秦法传统的负面影响。但是，随着汉法向东方的推行，导致与秦帝国推行法治相似的矛盾再次出现。在这样的背景下，儒术兴起，为汉帝国实现文化统一提供了出路。

汉代崇尚儒术，与汉武帝、董仲舒关系密切。汉武帝即位之初就下诏举贤良，但受到崇尚黄老的窦太后的反对。建元六年窦太后去世，次年汉武帝再次下诏举贤良，董仲舒入朝。

董仲舒（约前179—约前104），广川（今河北景县）人，汉代哲学家，今文经学大师，治公羊学。汉武帝此次举贤良，关心的主要问题为：如何长治久安？天命与人为有什么关系？性情之中包含什么道理？第一个属于政治问题，后两个属于哲学问题。董仲舒以公羊学的观点逐一回答，形成了后世著名的《天人三策》。在《天人三策》中，董仲舒认为"《春秋》大一统者，天地之常经，古今之通谊也"（《汉书·董仲舒传》），也就是说，《春秋》以一统为大，是因为统一是天地间永恒的法则，也是人类历史发展的要求。而要实现国家的统一，则要重视文化的统一，董仲舒进一步说，"诸不在六艺之科、孔子之术者，皆绝其道，勿使并进"，即提出著名的"罢黜百家，独尊儒术"的观点，在他看来，只有"邪辟之说灭息，然后统纪可一，而法度可明，民知所从矣"（《汉书·董仲舒传》）。在哲学上，董仲舒把"阴阳"看成是"天"的两种基本要素；德、仁爱、生育等都是"天"阳的方面的表现；刑、杀等则是"天"阴的方面的表现。上天之意欲生不欲杀，这表现出"天"之仁爱之心。君主应当上法于天，为政当以"德化为本"，因此应该"任德不任刑"。他建议，汉朝应该放弃之前的黄老之学，同时从法治转向德治，走以德化民的道路，只有这样才能实现汉朝的长治久安。董仲舒的见解得到汉武帝的认可，汉武帝尊崇儒术，采取的是以公羊家为代表的、主张"以德化民"的那一派儒家的观点。在朝廷的提倡下，儒生获得了参与和改善政治的机会，儒家思想开始纳入"汉道"之中。冯友兰先生指出，"在汉朝，《春秋》仿佛是一部宪法。凡有政治上和法律上的重大问题，都引《春秋》解决"①，而这一受尊崇的《春秋》的具体内容，在汉代主要是指公羊家所阐释的思想。

除了《天人三策》，最能代表董仲舒思想的著作当属《春秋繁露》，而其中最为重要的哲学观点，当属"天人感应"。在董仲舒看来，世界上的一切存在物都可以归类，而凡是同类的事物都可以相互

---

① 冯友兰：《中国哲学史新编》（中卷），人民出版社1998年版，第59—60页。

感应，落实到具体的政治行为上，则体现为"帝王之将兴也，其美祥亦先见；其将亡也，妖孽亦先见"（《春秋繁露·同类相动》），也就是说君主治理得好就会有祥瑞出现，反之则会有妖孽出现。他认为，天人相互交感之际应该谨慎，尤其是君主的一言一行，上天都会通过一定的自然现象反映出对他的态度，如果君主有失德的做法，上天就会降下灾异。因此，君主为政，不能任意妄为，而应该"法天"。"法天"在哲学上的重要根据是"人副天数"的思想。在他看来，"人之人，本于天，天亦人之曾祖父也"（《春秋繁露·为人者天》），天是人的根本。从形体说，人有骨节，天有时数，"天以终岁之数成人之身，故小节三百六十六，副日数也；大节十二分，副月数也"（《春秋繁露·人副天数》），人分为十二大节是体现天有十二个月，分为三百六十六小节是体现一年有三百六十六天；此外，人有五脏，天有五行；人有四肢，天有四时；人有视（醒）瞑（睡眠），天有昼夜；从人的感情意识来说，人有好恶，天有暖晴；人有喜怒，天有寒暑；同时，人的道德品质，更是"天意""天志"的体现。董仲舒的思想可以看作是古代"天人合一"思想的一种模式。董仲舒希望用这样的思想对郡县制大一统帝国君主的行为进行限制，用灾异等现象威慑君主，防止君主恣意妄为。因此，董仲舒特别强调"屈君而伸天"，他一方面将天作为君主权力的来源，一方面也将天视为限制君主权力的武器。

此外，董仲舒还提出了他关于人性的看法，他的观点既不同于孟子所讲的"性善"，也不同于荀子所讲的"性恶"，而是认为"性三品"。他把人性分为上、中、下三等，即圣人之性、中民之性和斗筲之性。在他看来，圣人之性是天生的善，斗筲之性是天生的恶，都是不可改变的，也就是《论语·阳货》所讲的"唯上知与下愚不移"，因此，这两种人性也可以不叫作性。只有中民之性，可以经过教化成为善性，可以叫作性。同时，他认为人性虽包含了善的因素，但不经过教化还不能成为善，他说："禾虽出米而禾未可谓米也，性虽出善而性未可谓善也。"（《春秋繁露·实性》）性和善并不是完全等同的，性与善的关系就像禾与米的关系，要达到性善，必须经过圣王的教育，就像禾经过一定的加工才成为米，他特别强调"性待教而为善"，强调社会教化对于人的重要性，而君主对于人民的教化有不可逃避的责任。董仲舒还谈到了性与情的关系，在他看来，"身之有性情也，若天之有阴阳也。言人之质而无其情，犹言天之阳而无其阴也"（《春秋繁露·深察名号》），性情对于人来讲都是不可少的。相对于可以成善、成仁的性来说，情则体现了人"贪"的一面，因此要成就性之善就要注意克服贪情。

除董仲舒之外，两汉儒学的另一代表人物是扬雄，他对于儒学的弘扬也有一定的贡献。扬雄（前53—后18），字子云，蜀郡成都人。他仿照《周易》作《太玄》，仿照《论语》作《法言》，在这两部书中较为详细地阐述了自己的哲学思想，此外还有记述西汉各地方言的《方言》一书以及一些文、赋等文学作品。在人性论方面，扬雄也有自己的独特观点，他不同意董仲舒的人性理论，认为"人之性也，善恶混"，也就是说每个现成的人，他的人性里既有善的成分，也有恶的成分，"修其善则为善人，修其恶则为恶人"（《法言·修身》），发挥了其中善的部分最终就成为善人，反之亦然。而无论人最初善恶相混是何种情况，人总是可以通过后天的努力改变最初的状态，改变的基础则是"学"。他讲："学者，所以修性也。视、听、言、貌、思，性所有也。学则正，否则邪。"（《法言·学行》）而修性的目的则是为了成为君子。除了学，他也强调自省、朋友间的砥砺、社会制度等对"修性"的意义，强调要通过一个一以贯之的过程，最终成为君子。在政治上，扬雄也有自己的主张，他的一些"赋"主要就是政治讽谏作品，表达他对当时君主的劝诫。在《法言》中，他则较为明确地提出了自己的政治思想。在扬雄看来，治国需要"立政"，而"政之本"则是"身"，只有立身才能立政，最后达到国治，只有先修身，才能从事政治，这是他对《大学》"修齐治平"逻辑的应用。在扬雄那里，为政并不是为了人民的服从，为政者首先要考虑的不是如何统治人民，而是要关心人民的基本需求，要有"民本"的思想，做到"老人老，孤人孤，病者养，死者葬，男子亩，妇人桑"（《法言·先知》），这点可以看作是他对《孟子》思想的发挥。为政者要关心人民的基本物质需求，在此基础之上，则要关心对人民的教化，做到"为政日新"，教化人民过有德性的生活，使人民能够"利其仁，乐其义"，"引之以美"，将仁义作为人民的价值观。在具体的施政上，他强调统治者要做到实事求是，君臣各司其职，履行其职责具体规定的要求，审查核实官员是否履行自己职分的要求，只有这样才能保证以上各点的落实，而不出现暴政。除此之外，仿《周易》而作的《太玄》则反映了扬雄的宇宙论和世界观。《周易》以"卦"为基本单位，《太玄》则用"首"作基本单位；《周易》以二相生，《太玄》则以三相生；《周易》有六十四卦（八乘八），《太玄》有八十一首（九乘九）；《周易》有"爻"，则《太玄》为"赞"；《周易》有"六爻"，《太玄》则为"九赞"。此外，他还仿《象传》作《首辞》，仿《爻辞》作《赞辞》，仿《象辞》作《玄测》，仿《序卦》作《玄冲》，仿《杂卦》作《玄错》，仿《文言》作《玄文》，仿《说卦》作《玄数》，仿《系辞》作《玄莹》《玄告》。《太玄》的八十一首与当时的天文历法有对应关系。同时八十一首还可对应天下的三方、九州、二十七部、八十一家，这就对应了《礼记·王制》所讲的官制与相应的地理思想。在《太玄》中，扬雄用"气"勾画出宇宙的运行图景，在一年的循环中，阳生于子（十一月，冬至），极盛于巳（四月），极盛之时也就开始衰微，此时阴气就开始发挥作用，阴生于午（五月，夏至），盛于亥（十月），阴气衰微时，阳气又重新发挥作用。而这样一个阴阳运化的过程，都可以对应到《太玄》八十一首之上。扬雄在《太玄》一书中，基本上融合了当时天文、地理、官制、阴阳五行等诸多思想，整合成一套全新的宇宙世界体系。

汉武帝之后儒学兴盛，但随着思想的发展，汉代也出现了一些与儒学气质不完全相同的思想家，他们对当时的主流思想提出批评，并发展出一套自己的完整哲学体系，王充就是其中的代表。

王充（27—约97），字仲任，会稽上虞（今属浙江绍兴）人。其主要代表作为《论衡》。王充的思想在汉代十分具有批判精神，他首先批判的就是在汉代特别流行的谶纬思想。谶是指方士制作的一种隐语或语言，纬则是方士化的儒生编造的附会儒家经典的一些著作，其中也有所谓的隐语和语言。汉代谶纬流行，特别是两汉之际，统治者利用谶纬作为政治工具，以期获得政治权力。王莽就伪造了大量的谶语符命，一步步地篡夺了汉室天下。光武帝刘秀也利用了《河图赤伏符》所讲的"刘秀发兵捕不道"，证明自己是天命所归。刘秀称帝后，还"宣布图谶于天下"，从官方的角度肯定谶纬的地位。王充则反对谶纬，认为谶纬所讲都是荒诞不经的谣言。在他看来，祥瑞的出现仅仅是偶然巧合，所谓的瑞应之说违反天道规律。谶纬思想在哲学上以感应论为支撑，王充对此批评很多。他以儒家圣人的例子质疑董仲舒的天人感应，他指出，儒家经典中曾记录，汤有七年之旱，汤为此专门自责而代民祈祷，为何汤这样的圣人还会遭遇旱灾呢？汤难道有什么劣迹吗？按照董仲舒的理论，君主做了不对的事才会引起灾异，而汤这样的圣王，按照儒家的记载，应该是没有董仲舒所讲的暴政的。同时，《论语》中还记载孔子"祷之久矣"，孔子也会生病，这又是为什么呢？王充以这些例子来质疑，进而破除感应论，同时也破除善恶动机和人的福祸境遇的关系，认为福祸际遇都出于偶然，否定了道德行为的报应机制。王充甚至怀疑儒家经典的真实性，认为"儒者说五经多失其实"，"五经皆多失实之说"（《论衡·正说》）。王充对于当时流行的儒学作了很多批判。

王充批判谶纬与天人感应的基础则是他以"气"为基础建构的哲学体系。首先，在他看来，天不是董仲舒所讲的有人格、有意志的天，而是天文学中所讲的天（天是一个物质实体）。他说"天地，含气之自然"（《论衡·谈天》），天和地都是由气构成的物质实体，天地之间充满元气，而元气产生万物。"天地合气，万物自生"（《论衡·自然》），"人，物也，万物之中有知（智）慧者也；其受命于天，禀气于元，与物无异"（《论衡·辨祟》），"人之生，其犹冰也，水凝而为冰，气积而为人；冰极一冬而释，人竟百岁而死"（《论衡·道虚》），人和物都是禀得天地之气而生，人的生与死没有什么神秘可言。王充还说："人之所以生者，精气也，死而精气灭，能为精气者，血脉也。人死血脉竭，竭而精气灭，灭而形体朽，朽而成灰土，何用为鬼？"（《论衡·论死》）因此，也就没有什么人死为鬼。天地既然是气构成的，那么天地的运行也就是自然如此，并不是有什么目的，天地没有什么口目、利欲，也就不像董仲舒所说有什么"人副天数"。同时，天的运动虽然产生万物，但万物只是禀气自然而生，并不是天有目的地创造了人物，不是像董仲舒所讲天有目的地生出了人，并生出万物为人服务。王充特别强调天的自然与无为，这些都与董仲舒形成对立。

在人性论上，王充同样用气来解说，用元气说明人性善恶。在他看来，人在初生的时候，禀受的元气有厚有薄，有多有少，因此人的性也有贤愚、善恶。王充也认为人性是可以因教育和环境而改变的，他否认人是一成不变的。

二、两汉经学

战国时期，儒家传承六经的重要方式是通过为六经作传、序、记来解释六经的义理，并通过此种对经典的发挥来发展儒家思想。如《易传》《礼记》《诗序》《书序》《春秋传》等，这些战国时代的解经著述到汉代便开始被归入五经的体系之中了，如《易传》十翼到汉代已附经而成为《周易》一书的必要部分了。孔子之后，七十子及其后学在解释经典上产生了一定差异，到了汉代，差异尤其明显，《汉书·艺文志》讲"《春秋》分为五，《诗》分为四，《易》有数家之传"。《春秋》的五家指公羊、穀梁、左氏、邹氏、夹氏（邹氏、夹氏到汉代已经没有传承）；《诗》的四家指鲁诗、齐诗、韩诗、毛诗；《易》则有施雠、孟喜、梁丘贺、京房、费氏等家；此外，《尚书》有欧阳、大小夏侯（夏侯胜、夏侯建）等家，《仪礼》有戴德、戴圣、庆普等家。

汉武帝尊崇儒术之后，西汉官方形态的儒学主要是以公羊学为代表的今文经学。汉代的经学有今古文的差异，最直观的差异体现在文字上。今文，主要指的是用隶书所写的经书，隶书是汉代的通行文字，所以谓之"今文"。古文，指秦朝统一前东方各国通行的文字，很多古文经书是在汉代重新被发现的，其中较为著名的即"孔壁古文"——据《汉书》记载，汉景帝时，鲁恭王毁坏孔子的旧宅以扩大自己的宫殿，在毁坏过程中，在孔府的墙壁里发现了一批用秦以前文字写成的经书，后世称为"孔壁古文"。

今古文的分别，与孔子之后儒家传经分为多家有直接关系。如前所述《春秋》各家中，公羊、穀梁为今文，左氏为古文；《诗》各家中，鲁、齐、韩为今文，毛诗为古文。今古文争论最大、持续时间最久的则当属《尚书》，《尚书》今古文之争也是经学史上的一桩千年公案。今文《尚书》有29篇，由隶书写成，为伏生所传；古文《尚书》较今文《尚书》多出16篇，于孔壁中发现，除此之外又有河间献王获得的古文《尚书》。汉成帝时，东莱张霸曾伪撰《尚书》102篇，这是古文《尚书》第一次伪本，但其书旋生旋灭，没有流传。孔壁古文《尚书》之中，东汉建武之际，《武成》一篇已经亡佚，晋永嘉之乱，其余15篇也都亡佚。直至东晋元帝时，豫章内史梅赜奏上《古文尚书传》58篇，并说是汉代孔安国所作的《传》，比伏生所传《尚书》经文多出25篇。关于这部古文《尚书》的真伪，历史上一直聚讼纷纭，清代考据学兴起，大量学者投入到辨伪工作之中，直到今天，这一问题还纷争不断。

今古文除了文字上的差别之外，义理上也有所不同。概括起来说，今文经学更重视"微言大义"，而古文经学则强调"以礼为治"，政治上要求重新制礼作乐。今文经学注重思想，发挥政治哲学和历史哲学，强调通经致用，但弊病是与当时的谶纬结合而流于神秘，尤其是把经书附会上阴阳灾异。古文经学关注文本的章句训诂和对典章名物的解释，突出还原历史和文化传承，学术性贡献良多，弊病是流于烦琐的文献考证而僵化思维和脱离现实。汉代今古文义理与政治上的纷争，尤其体现在《春秋》三家的争论之上。

汉代沿袭六国、秦的做法，有所谓博士制度，汉文帝时就有诗学博士，开始时为申公，后改为韩婴。汉武帝尊儒后，设立五经博士，《诗》《书》《礼》《易》《春秋》均立博士，职责为教授、课试经典，也参与朝政的讨论。五经博士的设立标志着五经成为国家政治、法理、意识形态的根据。在国家制度的层面确立中华文明经典的地位，保证其传习，欲使之永久不变，客观上为中华文化的传承建立了体制的保障。这也就确立了儒家经学在中国学术体系中的核心地位，经学于是迅速发展起来，成为汉代学术的主流形态。汉武帝所立五经博士均为今文家，《书》为欧阳，《礼》为后，《易》为杨，《春秋》为公羊，《诗》则延续前代所立的鲁、齐、韩三家。汉宣帝时增置博士为十二类：《易》为施、孟、梁丘；《书》为欧阳、大、小夏侯；《诗》为齐、鲁、韩；《礼》为后氏；《春秋》为公羊、穀梁。这些也都是今文家。[1]

至西汉末哀帝时，刘歆继承其父刘向，负责总校朝廷藏书。刘歆本人倾向于以左氏学为代表的古文经学，争立《毛诗》、古文《尚书》、逸《礼》、《春秋左氏传》博士。在刘歆争立古文博士之前，所立的博士全属今文，事实上当时也没有今古之别，今古文之别全自刘歆此次争立而起。但刘歆争立未果。东汉还有三次古文经书争立博士事件，但古文学均不占上风。古文学在汉代的流传主要在民间。

---

[1] 参见叶纯芳：《中国经学史大纲》，北京大学出版社2016年版，第132—133页。

这里还需要说明，汉代今古文二者之间的对立其实并不严格：

> 即使在当时，兼治今古文的经师也不在少数，如西汉的翟方进、刘歆兼治《穀梁》《左氏》；东汉的孙期并习京氏《易》、古文《尚书》；张驯能诵《左氏》、大夏侯《尚书》；尹敏兼通《欧阳尚书》、古文《尚书》、《毛诗》、《穀梁》、《左氏》；郑兴并治《公羊》《左氏》等。①

这些都足以说明当时今古学派间并非不能相容。

汉代经学的一个特点是重师法、家法。师法、家法指的是经学传承中具体学派的一定成规，讲求老师、弟子之间的学术传承，弟子在讲经时注意发挥师说。具体说来，西汉叫师法，东汉叫家法。师法、家法的形成，与博士制度有直接关系。由于所师不同、家法有别，因此虽然可能同属某一经的传承，各家也经常存在差异，再由差异衍生出许多的派别。甚至有的虽出自同一师门，也会因个人体会不同，造成观点分歧。

汉代经学还有一个特点，就是"章句之学"发达，即解释经文的专家之学，所谓"通经达旨，分明章句"。章句之学的产生，与秦火之后经典之意不明有关，经学家为了传经的需要，对经典的意涵需要一定的解释，以便学说的传承。章句一般来说会解释经典一章的宗旨，并对字词进行辨析、解释，同时广泛征引各家观点。章句体的特点是老师、弟子之间在传承过程中一方面因循前说、谨守师法，另一方面又不断增加、修饰证据，扩大论证，逐渐形成纯粹专门之学。章句学发展到西汉末，特别是到了东汉，其自身矛盾、冲突的特点愈来愈明显，逐渐走向繁琐、曲说。如今文《尚书》学者秦恭，"增师法至百万言"，仅注《尧典》篇目二字的意义竟至十余万字。

汉代由于经学成为国家意识形态，经学研究风气盛行，对于经义以及经学上的问题难免会因见解的不同而有所争执。这些争执的产生一定程度上与汉代经学重家法、师法有关。当时为了解决这些问题，曾经举行过两次公开的经学会议，第一次在西汉宣帝甘露三年（前51），即所谓石渠阁经议；第二次在东汉章帝建初四年（79），即所

---

① 叶纯芳：《中国经学史大纲》，第155页。

谓白虎观经议。这种学术讨论可以反映当时的经学概况，学者借由这样的会议可以了解各家观点，进而解决具体的经学问题。

石渠阁位于长安未央宫以北，是西汉藏书所在。朝廷十分重视这次会议，汉宣帝"亲称制临决"，参加讨论的有施雠、戴圣等经学大师，仲裁官是萧望之。

白虎观是未央宫中的一座宫殿。东汉章帝时下诏，令"太常、将、大夫、博士、议郎、郎官及诸生、诸儒会白虎观"（《后汉书·肃宗孝章帝纪》），要求大家议论各家经义的是非，以求得出统一的看法，会议期间由魏应负责传达皇帝提出的应该讨论的问题，然后由淳于恭将各家的看法、讨论的情形、最后的结论上奏章帝，有些议论不决的问题，则由章帝作出最后的决断，仿照石渠阁会议汉宣帝的做法。会后，将当时的奏章及皇帝的批答编辑成《白虎议奏》，这是白虎观会议较原始的材料，班固依据这些原始材料，将议论产生的统一看法、皇帝的决断等集中编写成书，就称为《白虎通义》，也叫《白虎通》。

这两次会议通过朝廷的组织、皇帝的参与，对一些学术问题展开讨论，在一定程度上促进了当时经学的发展。

汉代经学发展至东汉末年，最终实现了经学的统一，这一统一在郑玄手中完成。郑玄（127—200），字康成，北海高密（今山东高密）人。郑玄好读书，师事京兆第五元先，通《京氏易》《公羊春秋》《九章算术》《三统历》；又从东郡张恭祖学习《周官》《礼记》《左氏春秋》《韩诗》《古文尚书》；通过卢植的介绍，又拜关西通儒马融为师。郑玄博通群经，尤其擅长礼学，由于他本身兼习今古文经学，因此融合今古文经说，完成《周礼注》《仪礼注》《礼记注》等礼学著作。郑玄的三礼注解逐渐取代其他经师的注解，成为至今唯一通行的汉代注本。

三、《史记》《汉书》

梁启超指出："史学在世界各国中，惟中国为最发达。"[1]中国文

---

①梁启超：《中国历史研究法（外二种）》，河北教育出版社2000年版，第16页。

化富于历史观念，汉代的两部史学名著《史记》《汉书》充分体现了这一点。

司马迁（前145或前135—？），字子长，左冯翊夏阳（今陕西韩城）人，继承父亲司马谈为太史令，作《史记》。为著史，司马迁早年就开始云游天下，搜集史料；同时他还纵览秘府典籍，遍观秦汉文档，对不同的材料加以选择整理。对一些不能弄清楚的问题，或者采用阙疑的态度，或者记载各种不同的说法。《史记》一书取材广泛，修史态度严肃认真。

司马迁著《史记》，"网罗天下放失旧闻，略考其行事，综其终始，稽其成败兴坏之纪"（《报任安书》），其宗旨，按司马迁本人所说为"欲以究天人之际，通古今之变，成一家之言"（《报任安书》）。所谓"究天人之际"，是指探求宇宙变化的规律，并思考宇宙变化与人类社会的关系；"通古今之变"是指认识历史变化的规律。这些是为了探讨"兴坏之纪"，也就是历史盛衰背后的根据。司马迁所讲的这些确立了中国史学的理想目标，奠定了中国史家的根本精神。

《史记》体例为历代效仿。它分十二本纪、十表、八书、三十世家、七十列传，共一百三十卷，初名《太史公书》，东汉桓帝、灵帝时，开始用"史记"之名。"本纪"记载历朝兴亡演变的大事（如《五帝本纪》记载传说中的三皇五帝的事迹，为研究中国上古史的重要材料）；"表"记载阶段性大事，以图表形式展现（如《秦楚之际月表》记载秦末至汉朝建立之间的史事）；"书"则记载天文历法、典章制度、财政、经济文化等专门事类的演变状况（如《天官》记天文星相，《平准》记汉武帝时财政经济政策，先述汉初发展，再述汉武繁荣，并及汉武帝之"功业"以致与民"争利"）；具体人物经历生平则"世家""列传"并用，"世家"侧重有影响的家族历史，主要是侯王家世的传记（特别注意的是《孔子世家》与《陈涉世家》，孔子非诸侯，而司马迁以世家记孔子，强调孔子的影响；陈胜以平民而起义，司马迁同样推重其首难反秦）；"列传"则为一般人物的传记（列传以《伯夷列传》为首，表彰伯夷之精神；《货殖列传》则为古代商人作传，叙述古今商业发展及商业人物）。有些地方，司马迁还用"太史公曰"评价历史事件与人物，发表自己对于历史的看法。如《孔子世家》有：

太史公曰：《诗》有之："高山仰止，景行行止。"虽不能至，然心乡往之。余读孔氏书，想见其为人。适鲁，观仲尼庙堂车服礼器，诸生以时习礼其家，余只回留之不能去云。天下君王至于贤人众矣，当时则荣，没则已焉。孔子布衣，传十余世，学者宗之。自天子王侯，中国言六艺者折中于夫子，可谓至圣矣！

这段话充分表达了司马迁对孔子的敬仰和对孔子地位的历史评价。

《史记》还为当时的少数民族作传，叙述少数民族的历史，并以"天下一家"的观点叙事。如《匈奴列传》言"匈奴，其先祖夏后氏之苗裔也"，《朝鲜列传》言"朝鲜王满者，故燕人也"。

司马迁对于他所处的时代发生的一些事情也如实记载并发表意见。如对汉朝开国皇帝刘邦的一些无礼行为予以记载，对于汉武帝一些好大喜功、寻访神仙的事迹也如实记录。

《史记》是中国第一部纪传体通史。鲁迅先生在他的《汉文学史纲要》一书中称赞《史记》是"史家之绝唱，无韵之离骚"①。《史记》当中很多表述今天已经成为我们常用的经典名句，如《项羽本纪》言"人方为刀俎，我为鱼肉"，《留侯世家》言"忠言逆耳利于行，毒药苦口利于病"。

班固（32—92），字孟坚，扶风安陵（今陕西咸阳）人。其父班彪，对褚少孙、刘向、刘歆、冯商、扬雄等近20人续作《史记》不满意，自己写成《史记后传》65篇，今本《汉书》之《元帝纪》《成帝纪》《韦贤传》《翟方进传》《元后传》等皆出于其手。班固幼年博览群书，班彪去世后他回乡修《汉书》，后因私修国史入狱，因其弟班超之努力，汉明帝赦免班固，并令其作光武帝、云台功臣、两汉之际群雄传，成为《东观汉记》最早的部分。后班固为兰台令史，续作《汉书》，武帝以前部分依《史记》，但材料取舍标准上也有一定的不同，对《史记》有所增删，太初以后部分则自己草就。后班固因朝廷斗争而死，其妹班昭以及马续续作"八表"和《天文志》。经两代人之手，最终完成《汉书》。

---

① 鲁迅：《鲁迅全集》（第9卷），人民文学出版社2005年版，第435页。

《汉书》为中国第一部断代史，记叙西汉一代历史，开断代史先河。它继承《史记》的体例并有所创新，废除"世家"，而增加《刑法志》《地理志》《艺文志》《五行志》等内容，其中《艺文志》考证了各种学术派别的源流，记录了当时存世的书籍，是我国现存最早的图书目录；《古今人表》《百官公卿表》尤其出色，为后人推崇，《百官公卿表》讲述了秦汉分官设职的情况以及各种官职的权限和俸禄的数量，用分为十四级、三十四官格的简表记录汉代公卿大臣的升降迁免，篇幅虽然不多，却把当时的官僚制度和官僚的变迁、贬谪清楚地展现在我们面前；《古今人表》在二十四史中绝无仅有，人物按九品分九栏，按照从上智到下愚的顺序排列九栏，每栏按时间先后排布人物；同时，《汉书》各人物传记又以时代先后为序，有助于通盘了解西汉人物行事。同时，不少原始史料，班固都是全文录入，因此比《史记》显得更有史料价值。此外，《汉书》对于边疆各民族叙述增加较多，尤其因为班超经营西域，故对西域叙述较为详细。同时，在修《汉书》过程中，还吸收了褚少孙等人的研究成果。史学家刘知幾评价说《汉书》"言皆精炼，事甚该密"（《史通·六家》），这充分反映了《汉书》的特点。

史学是中国学术最稳定的部分，而其他学术部分的纷争则往往要通过归向史学来解决，史学渐渐成为中国学术的骨干。就古代文化而言，中国古代史学内容的丰富、形式的多样、制度的完备、理论的精善，是同时期世界历史所仅见的。

四、《尔雅》《说文》

两汉时与六经成书的时代相隔已久，经书中的语词多不易理解，加上流传中文字的变易需要说明，西汉已经有了最早的训诂词典——《尔雅》，后来被列入十三经。

《尔雅》可以说是古代治经的工具。之所以叫作"尔雅"，是因为在古代"雅"是"夏"的假借，"尔"表示当代语言，"尔雅"就是古代华夏族的通用语言的现代解释，也就是用当代语解释古语的意思。《尔雅》主要是作为一部词典，供当时的治经者用来查验。

按照文字学专家的看法，《尔雅》的价值首先在"存古"，其中保存了很多先秦材料，很多制度为周代制度。

今存《尔雅》共19篇，全书收词语4300多个，分为2091个条目。前三篇解释语词，从《释亲》开始按照物类进行分类，也就是按照客观事物分类。这主要可以分为五大类，分别是语言类（为古代文献词语解释的汇编）、人文关系类、建筑器物类、天文地理类、植物动物类。《尔雅》可以帮助我们了解古代自然和社会状况，了解古代的词义。

《尔雅》是古代纂集类训诂最早的代表作。由于《尔雅》在文字训诂学方面的巨大贡献，它以后的训诂学、音韵学、词源学、文字学著作都基本遵循了它的体例。《尔雅》与《毛诗诂训传》是中国训诂学的始祖。

汉代的字书还有许多，如西汉专门教授文字的课本《急就篇》。东汉有班固续扬雄的《训纂篇》、杜林的《仓颉故》等。其中最为重要的当属许慎的《说文解字》。《说文解字》标志着汉字学的创立，是我国历史上第一部系统的汉文字学著作，是秦汉以来在文字学方面具有总结性的著作，为后来的文字学奠定了很好的基础。

许慎（约58—约147），字叔重，汝南召陵（今属河南漯河）人，为古文经学家。《说文解字》的诞生与汉代经学的发展有密切关系，许慎本人也十分精通经学，时人称"五经无双许叔重"。许慎认为当时人对五经的解释很混乱，于是自己写成了《五经异义》，后来又写《说文解字》。这两部书的写作都与当时经学上的纷争有关，在他看来，今文经学随意解说文字，导致很多经典解释错误，需要纠正。许慎认为文字是"经艺之本，王政之始"（《说文解字·叙》），"《说文》的创作受到秦汉文化的整体风气和以古文经学为主体的两汉经学的影响。自经学而言，《说文》继承了古文经学的理念与成果，并对今文经学进行了扬弃。自小学而言，《说文》形义统一的释字理念源自儒家的正名思想，受到了秦汉字书、字说的影响"①。

《说文》一书以秦篆为主，并结合古文与籀文，上承金文与战国古文，下启隶书。在保存秦汉全部小篆的同时，保存了部分先秦的古文字，为后世研究先秦古文字提供了重要依据。全书共14卷，又叙目一卷，分为540部，共收9353个字，每字都作了字形、字义和字音的解

---

① 参见孟琢：《〈说文解字〉经学渊源考论》，2011年北京师范大学博士学位论文。

释和说明，创造了从字体结构中考察音义的体系。《说文解字·叙》叙述了中国文字发展的历史，对研究中国古代文字发展有着重要意义。

《说文解字》总结发展了六书理论，为中国文字学的创立和发展奠定了坚实基础，并将六书理论运用于对具体文字的说解上，达到很高成就。所谓的"六书"指象形、指事、会意、形声、转注、假借，是关于汉字构造的系统理论。按照许慎在《说文解字·叙》中的解释，"指事者，视而可识，察而见意"，他所举的例子为"上、下"二字，也就是用象征性符号表明意思；"象形者，画成其物，随体诘诎"，所举例为"日、月"二字，也就是用图形表明意思；"形声者，以事为名，取譬相成"，所举例为"江、河"二字，"氵"为形旁，表征意义，"工""可"为声旁；"会意者，比类合谊，以见指㧑"，所举例为"武、信"二字，即用两个或以上有单独意涵的字，构成新的意涵，止戈为武，人言为信；"转注者，建类一首，同意相受"，所举例为"考、老"，考和老可以互相解释，后世对转注的解释不太一致；"假借者，本无其字，依声托事"，所举例为"令、长"，也就是由于声音相同，故用这个字来表示本无其字的意涵。

《说文解字》创造了汉字部首编纂法，从汉字中抽取部首，再用部首统摄汉字，这种用偏旁部首立部汇集汉字的方法是一项伟大的创举。《说文》共540个部首，根据形体上的联系归为14类。它"以部首为枢纽，根据儒家经典中的语言材料和历史文化内涵对汉字形义进行重新整合，将其组构为严密而有序的构意体系"[①]，《说文》中的分类已经超越了单纯的字书的意涵，具有哲学上的意义。

《尔雅》学和《说文》学后来成为中国学术的重要部分。

五、《七略》《艺文志》

先秦的典籍，到战国末期已经相当可观。但经秦代的焚书与战乱，毁亡不少。汉代初年便搜求散失的典籍书册，汉武帝之前，汉朝

---

① 参见孟琢：《〈说文解字〉经学渊源考论》，2011年北京师范大学博士学位论文。

广开献书之路，很多秦代被禁的书因之解禁；武帝时则开始建专门的藏书场所，并委派官员整理。到了成帝、哀帝时，朝廷藏书已经很多，这时就有了刘向、刘歆父子对当时所存图书的专门整理。

当时，陈农负责搜书，刘向负责校六艺、诸子、诗赋等图书，任宏负责校兵书，尹咸校数术类图书，李柱国校方技类图书。刘向校书时，每一书都作提要，这也就是《别录》。刘歆则对《别录》中的提要进行分类简化，成《七略》，分为辑略、六艺略、诸子略、诗赋略、兵书略、术数略、方技略7个部分，共著录书籍13269卷，其中多为先秦典籍，也有汉人的著书，由此可见当时中国学术文化之规模。

六艺即经学，分为九类，可以归纳为三组，分别是六经、传记、小学。《论语》和《孝经》在汉代的地位高于诸子，故不在诸子略，而在六艺略当中的传记部分，《国语》《史记》等古今史书则附在《春秋类》之后；诸子即子学，亦即诸子百家之学，分为九流十家，为儒、道、阴阳、法、名、墨、纵横、农、杂、小说，所收诸子书，一人一书；诗赋主要是战国与汉代的诗赋，诗主要是汉诗，赋则包括少数战国和秦的作品，主体为西汉的赋；这三类是群书的主体。后三类兵书、术数、方技包括科技层面的文化创造，以兵书为先，是技术类的第一种；术数以天文历数为主，方技以医经病方为主，两类可以视作中国早期自然科学书籍的汇总。《七略》是中国学术的最早分类体系。

需要指出的是，《七略》的排序是有贵贱之分的，其中以"六艺"为最高，这体现了当时的意识形态。

班固作《汉书·艺文志》，本于《七略》，并把《七略》裁合省并，《艺文志》中的议论性文字也大多出自刘歆，体现了古文经学家的观点。《艺文志》不仅是一部目录学著作，也是一部学术史著作。《艺文志》开头有一段总论，简要地叙述了先秦以降的学术史，后面各类图书也都有大序、小序，讲明源流，也可以看作是学术史叙述。

中国学术经过汉代之演进，先秦以来的各种成果得到吸收。儒家思想在汉代成为国家意识形态，一切公私生活都受到儒家学说的影响，法典成为儒家学说的具体体现，这些成为儒家对后代历史的主要影响。汉代对于中华民族的主要贡献还在于中华民族的主体汉族在这一时期得以形成，汉朝在实现国家的政治统一之后实现了文化统一，把不同的种族、部落、部族融合起来，成为一个统一的民族，称为汉族，汉族的形成是中华民族形成的第一阶段。经过两汉，中国人基本上确定了精神生活的基本取向，儒家成为国家意识形态，道教产生并兴起，佛教传入中国。此外，共同的世界观，如天人合一等，也在这一时期深入人心，中国人生活的一些基本伦理原则也在这一时期确立，尤其突出的是"孝"的阐扬。最为重要的是，中华民族的共同历史意识也在这一时期得到奠定，大一统的历史观念为一般中国人所认同。汉代对于中国文化的特殊贡献由此可见。

第五章 魏晋南北朝时期的玄学与道教

魏晋黜天道而究本体，以寡御众，而归于玄极；忘象得意，而游于物外。

——汤用彤《魏晋玄学论稿》

魏晋南北朝时期，王朝更迭，割据政权林立，从八王之乱到五胡十六国，政权骤兴旋亡。南北各族接踵而至，大规模的边疆民族入据中原，带来了前所未有的矛盾与冲突。局势动荡不安，社会发生非常深刻的变化。

无疑，这也是中华文明的一大转折时期。魏晋南北朝时，佛教传入中国，与中国固有文化儒家、道教不断地冲突与融合。同时，丰富、多元的民族文化与汉文化逐渐融合，如北魏孝文帝推行的"汉化"改革，便是典型的例子。西晋王朝灭亡，晋室南渡，北方世族过江避乱，中原文化与江南文化结合，终于孕育出"永明文学"这一奇葩。同时，士人从中央向地方扩散，世家大族兴起，学术中心从官学转向私学，名士辈出，思想解放带来个性的解放与学术的自由，"玄学"便是这一时期最具活力的思潮。最后，道教在东汉末年创立，经过魏晋南北朝时期的转型与成熟，成为我国固有的传统宗教。

一、魏晋南北朝的玄学思潮

汉末魏初，东汉的经学已经流入烦琐的境地；随着汉朝的衰亡，经学一统天下的局面被打破。人们的思想和精神获得解放，沉寂多时的各家思想又活跃起来，再一次出现"百家争鸣"的局面。其中，《老子》《庄子》《周易》等三部经典，成为当时人们思想与观念的来源，称为"三玄"。当时思想家通过注释、发挥"三玄"来表达自己的思想主张，故后世称魏晋学术为"魏晋玄学"。"魏晋玄学"是以老庄思想为主体而兼蓄道儒的学术思想体系，其讨论的中心课题是"有无本末"，亦即天地万物存在的根据和作用，实际上是要为政治人伦找一形而上学的根据；即用思辨的方法来讨论有关天地万物存在的根据的问题，也就是说表现为远离"事务"和"事物"形而上学本体论的问题。同时，玄学是对两汉经学的继承与蜕变：两汉经学是宇宙论或宇宙构成论，而玄学是本体论；汉学认为万有之外、之后另有实体，而玄学则认为体外无用，用外无体，本体不是万物之外的另一实体，而是作为最高秩序的宇宙全体。玄学把讨论天地万物存在的根据的问题作为中心课题。

从社会现实来说，玄学是汉末魏初士人清议和清谈的产物。清议产生于东汉末年，士人以儒家伦理道德来品核人物，根据德行评定人物高下。魏晋之际，政权内部纷争激烈，名士们为了逃避乱争，开始崇尚"清谈""言及玄远"的玄学。因此，从品核人物转向对评价人物的标准，如才性、性情、形神，以及理想人格的构想；从"综核名实"转向辨名析理，对有无、本末等抽象概念和命题进行讨论。从清议转向清谈，其原因有三：一、正始之后，学术兼接汉代道家之绪，老子思想的影响逐渐显著。二、清谈发展到一定阶段，便会从具体人事上升至抽象玄理，这也是学问本身演进的必然规律。三、魏晋时政治多动荡，士大夫为避免灾祸，不讨论时事，转而臧否人物，谈及玄远义理。

玄学的发展可以归纳为以下四个分期：一、正始时期，由于魏晋为少有的乱世，哲人转向形而上的思考，希望以思辨逃避现世苦难，以精神自由弥补现实生活上所经受的束缚。此时《周易》《老子》思想颇盛，以何晏、王弼为代表。二、竹林时期，以阮籍、嵇康为代表的"竹林七贤"，主张"越名教而任自然"，推崇《庄子》思想，但其放浪形骸也遭到名士的批评。三、永嘉时期，向秀、郭象等人以"寄言出意"的方法，调和儒道，提出"独化于玄冥之境"，统一自然与名教的矛盾。四、东晋时期，佛学盛行，受佛学影响，玄佛合流，蔚成风尚。

（一）正始玄学

曹魏正始年间（240—249），何晏（约190—249）、王弼（226—249）以理性驱除迷信，以简易取代烦琐，学术气象变化一新，他们是玄学的奠基人。

何晏，少有异才，善谈《老》《庄》，著有《论语集解》。王弼是"建安七子"之一的王粲的侄孙，十余岁时，喜好《老子》，精通义理，善辩能言。后被何晏发现，向曹爽推荐，任命王弼为台郎。司马懿控制曹魏政权后，王弼被免职。王弼的论著有《老子注》《老子指略》《周易注》《周易略例》《论语释疑》等。

王弼站在抽象思维的哲学理论高度，去探索万物之真、万物之本和万物之性，这就使他不羁囿于宇宙万物的生成过程，而是着眼于宇宙万物的本体根据，从而提出"以无为本"的观点，建立了以"无"为最高范畴的玄学本体论。他说："天下之物，皆以有为生。有之所始，以无为本。将欲全有，必反于无也。"（《老子注》第四十章）在王弼看来，任何具体的东西（"有"），都不能作为另外一个具体东西的本体，更不能是整个宇宙的本体。因为具体的东西总有其规定性，是方的就不能又是圆的，是温的就不能又是凉的。因为有其规定性，就不能成为万有共同存在的依据，所以万有的本体只能是无形无象的"无"。他曾这样形容"无"："欲言无邪？而物由以成。欲言有邪？而不见其形。"（《老子注》第十四章）因此，王弼所讲的"无"并不是空无，而是世界万物的无形无象的本体。

同时，王弼把"无"与"有"的关系看作是"体"和"用"。他说："虽贵以无为用，不能舍无以为体也。"（《老子注》第三十八章）作为有形有象的现象世界的"万物"并不是独立的实体，必须以"无"为体，"无"才是万物生存发展的根据，万物表现了"无"的作用。由于体（无、太极）用（天地、万物）一体，因此太极与天地非时间上的孕育先后，而是逻辑上的内外，太极规定了宇宙的自然秩序。

王弼把"无"与"有"的关系也视为"本"和"末"的关系。他说："《老子》之书，其几乎可一言以蔽之，噫！崇本息末而已矣。观其所由，寻其所归，言不远宗，事不失主。"（《老子指略》）他又说："母，本也；子，末也。得本以知末，不舍本以逐末也。"（《老子注》第五十二章）因此，王弼提出"崇本息末""守母存子"的观点，将老子的宇宙生成论提升为本体论，并且将此作为治国的根本。

王弼从"贵无论"出发，提出万物运动变化"起于静"，而又归于"虚静"，"虚静"是万物运动变化的根本。他说："复者，反本之谓也。天地以本为心者也。凡动息则静，静非对动者也；语息则默，默非对语者也。然则天地虽大，富有万物，雷动风行，运化万变，寂然至无，是其本矣。"（《周易注·上经·复》）世界万物是千变万化的，变化是相对的，不变才是绝对的，所谓"动""语"不过是"静""默"的变态，终究要归于静默。因此，人们应在"动"的现象中看到本体的常静，于动中求静，这叫作"反本"。

王弼这种以静为动本、以静制动的形而上学的动静观，导出了"静为躁君，安为动主"（《周易注·下经·恒》）的政治原则，即"自然无为"的思想。他强调"名教本于自然"；他认为，"无为"是推行礼义之治的根本，如果"名教"根据它来建立，就能更好地发挥作用。他说："仁德之厚，非用仁之所能也；行义之正，非用义之所成也；礼敬之清，非用礼之所济也。"（《老子注》第三十八章）他认为，以"无为"为本，仁义的作用才会真正地显示出来，礼法的作用才会真正地发挥出来。

从"自然无为"出发，王弼提倡"圣人有情"。汉魏之间学界，如何晏、钟会强调"圣人无情"，因为圣人纯然至善，不容杂糅，不可以言有情；其次在于圣人以道配天，自从王充、扬雄破除了阴阳五行家人格化的"意志之天"之后，汉魏的天道观念转为"自然之天"，苍天流转，寂寞无言，因此圣人也必须无情。何劭《王弼传》说："何晏以为圣人无喜怒哀乐，其论甚精，钟会等述之。弼与不同，以为圣人茂于人者，神明也；同于人者，五情也。神明茂，故能体冲和以通无；五情同，故不能无哀乐以应物。然则圣人之情，应物而无累于物者也。今以其无累，便谓不复应物，失之多矣。"王弼认为人性必须出于天成，人情归于自然，因此圣人循天而动，也必须有情。但是，圣人的神明不同于常人，则又必须有情无累。

最后，王弼在认识论上阐释"得意忘言"，主张从圣人的经典中去体认本体的原则，他从意（卦意）、象（卦象）、言（卦名、卦辞、爻辞）三者关系中提出"得意在忘象""得象在忘言"。他说：

> 夫象者，出意者也。言者，明象者也。尽意莫若象，尽象莫若言。言生于象，故可寻言以观象；象生于意，故可寻象以观意。意以象尽，象以言著。故言者所以明象，得象而忘言；象者所以存意，得意而忘象。（《周易略例·明象》）

玄学的方法论特征是谈论天道时不仅谈质料，还谈本体；谈论人事时，不仅拘泥于外在的行迹，更注重内在的神理。而这些都可以被概括成"言"与"意"的差别。人的行为迹象以及构成天道的质料，都是可以清楚表达的"言"；而本体或是人的内在精神，则是超出语言描述之外的，凭借"意会"才能触及、感知的。

王弼深受老庄思想影响，也采取了与道家语言观相近的观点。他空前重视超越于语言和形象之上的"意"，"意"不仅仅是物之理，更是认识主体通过卦言与卦象所表达的物理中所包含的主体的启发和感悟，或称其为"意理"。在这种认识中，也包含了主体对物我关系的把握与价值判断。王弼的"意"的超越性正是道家学说中"道"的超越性，都"无名无形"（超越形象、超绝语言）。形象语言都由于有限性，而无法诠释终极、无限、全体的道。由于"名必有所分，称必有所由"（《老子指略》），所以对于无限的道，有限的语言和形都是无能为力的。王弼所推崇的"意理"，也是一种人生境界和个体的至高体验，是一种整体，不能通过分析性的语言来表达。而且语言只能用来说明事物的某个方面的属性，对于事物本体论上的存在是无能为力的。王弼的"言意之辨"的焦点并非像西方哲学的语言学转向一样，语言不是人与意理打交道的方式，对"道"的体悟最终要求人们越过语言与世界之间的鸿沟，人与物直接共处，达到最终物我交融的境界。

言意之辨在玄学中的运用有四个方面：一、用于解经。汉代的经学烦琐拘泥，治理不通。而魏晋人往往更注重意思的表达而不拘泥于文字，以"寄言出意"的方法解读经籍，使得言论较为自由，学术思想也更加融通简要。二、用于建构形而上学。言意之别就是本体论意义上的体用之辨，玄学上的"贵无"是将"得意忘言"作为自己论证的证据。三、用于会通儒道两家的思想。玄学中的不少代表人物都曾注解研究儒家经典，他们并未完全批判儒家思想，然而其眼光视角与汉儒也大不相同。儒道有着根本的差异：孔子重仁义，老庄崇道德；儒经言人事，道书谈玄虚；儒学贵名教，道家尚自然。二者冲突全面而深刻，玄学以两种方式调和：其一，圣人体无而不得不用有；其二，以虚无为本体，教化为末，致用以言教，本体依靠言象。玄学依靠"寄言出意"的方法，调和儒道在语言描述上的冲突，认为儒家圣人的"体无"本就是道家的"道"。然而儒道两家也并非等量齐观，在调和过程中，由于对"言不及意"的强调，玄学实际上是崇道抑儒。四、用于为名士建构人生哲学和立身行事的指导。尽管玄学贵尚玄远，但并非于现实无所观照。玄学仍继承了中国思想重实践、重实用的传统。汤用彤在《魏晋玄学论稿》中指出："学贵自然，行尚放达，一切学行，无不由此演出。"魏晋名士的具体行为虽各异，但其得意忘形、超然物外的精神气质却别无二致，而放浪形骸也不必要是玄学家唯一的行为表现。

（二）竹林玄学

竹林玄学的代表人物号称"竹林七贤"，他们是嵇康、阮籍、山涛、向秀、阮咸、王戎、刘伶七人。《世说新语·任诞》记载："七人常集于竹林之下，肆意酣畅，故世谓竹林七贤。"《晋书·嵇康传》记载："（嵇康）所与神交者惟陈留阮籍、河内山涛，豫其流者河内向秀、沛国刘伶、籍兄子咸、琅邪王戎，遂为竹林之游，世所谓竹林七贤也。"他们聚会的地点是竹林（竹子虚心硬节），时间跨度是魏晋交替的正始之末，而当时人誉称他们为"贤"，更给他们涂抹上一层气节高烈的色彩。

在"竹林七贤"中，嵇康（223—262）、阮籍（210—263）是主要代表，阮籍担任过尚书郎、关内侯、散骑常侍等，最后降为步兵校尉；嵇康虽然娶曹魏宗室女长乐亭主为妻，但仍然是中散大夫。因此，阮、嵇等都是位卑而名高的真正名士，在他们遇到以标榜名教而借口排除异己的司马氏集团后，原先对自然与名教相结合的理想信念濒于破灭，从而由理想与现实的矛盾转向名教与自然的对立。如《晋书·阮籍传》："阮籍，字嗣宗，陈留尉氏人也……籍容貌瑰杰，志气宏放，傲然独得，任性不羁，而喜怒不形于色。或闭户视书，累月不出；或登临山水，经日忘归。博览群籍，尤好《庄》《老》。嗜酒能啸，善弹琴。当其得意，忽忘形骸，时人多谓之痴。"阮籍虽然有济世之志，但又不得不"不与世事"，只好隐遁山林追求"仙真"。他们在一起切磋"三玄"，相互标榜，啸傲山水，以示清高，以老子的无为之论作为处世哲学的借口，以庄子的适意逍遥缓解内心的不安。《晋书·嵇康传》说："嵇康，字叔夜，谯国铚人也……康早孤，有奇才，远迈不群。身长七尺八寸，美词气，有风仪，而土木形骸，不自藻饰，人以为龙章凤姿，天质自然。恬静寡欲，含垢匿瑕，宽简有大量。学不师受，博览无不该通，长好《老》《庄》。"嵇康因拒绝与司马氏集团合作，后来被司马昭以"言论放荡，非毁典谟"之名加害，年仅40岁。

魏晋南北朝政治动荡，礼教处于崩溃边缘，名教异化，由此产生了反儒崇道的思想。阮籍、嵇康意识到名教异化的根源不能简单地归于统治者的错误决策，而应归于君主制本身，因而他们集中抨击这种君主制度，从而把玄学的理想推进到了无君论的高度。如阮籍《大人先生传》说："汝君子之礼法，诚天下残贼、乱危、死亡之术耳；而乃目以为美行不易之道，不亦过乎！"名教礼法虚伪、无耻，是束缚人、残害人的工具，成为"乱危、死亡之术"，造成名教与自然的严重对立。因此，他强调说："故至人无宅，天地为客；至人无主，天地为所；至人无事，天地为故；无是非之别，无善恶之异，故天下被其泽，而万物所以炽也。"（《大人先生传》）阮籍强调"大人"超然世外，上与造物同体，下与天地万物齐一，徘徊于终极，无宅、无主、无事，超越是非、善恶，就是《庄子》中摆脱一切羁绊、游于无何有之乡自由自在的"至人""神人"。

嵇康主张"越名教而任自然"，甚至"非汤武而薄周孔"，弃经学而尚老庄，具有鲜明的道家特色。嵇康《释私论》说：

> 夫称君子者，心无措乎是非，而行不违乎道者也。何以言之？
> 夫气静神虚者，心不存于矜尚；体亮心达者，情不系于所欲。矜尚不存乎心，故能越名教而任自然；情不系于所欲，故能审贵贱而通物情。物情顺通，故大道无违；越名任心，故是非无措也。

君子要按照自己的自然本性生活，不能让是非观念束缚自己的心灵，从而获得身体和心灵的自由，即"无措乎是非""越名任心"。同时，也要摆脱自己的是非利害成见，"情不系于所欲"，于是心不乱，顺通物情，将外物完整地呈现在自己的面前。尽己、成己和尽物、成物，本是儒家的理想，而嵇康强调"无措乎是非""情不系于所欲"，则是用庄子思想阐释儒家的"君子"理想人格。

（三）元康玄学

在竹林玄学名士们的影响下，一批后继者开始模仿其举止，如戴逵《放达非道论》所说："竹林之为放，有疾而为颦者也，元康之为放，无德而折巾者也。"甚至把放达、任自然作为纵欲的借口，"矜高浮诞，遂成风俗"（《晋书·王衍传》），从而造成"风教陵迟"，儒学不振。于是，重视儒家立场的思想家，如裴頠、郭象等则提出"崇有论"以反对"贵无论"，提出"名教中自有乐地"以反对蔑弃礼法。向秀、郭象合著《庄子注》，以"万物皆自生"说反对把"无"作为世界的根源，调和"贵无"和"崇有"，而倡导"游外以冥内，无心以顺有"的"任自然"的精神境界，成为魏晋玄学的高峰。

裴頠（267—300），为人弘雅有远识，博古通今，是司空裴秀的儿子，又是司徒王戎的女婿，屡迁国子祭酒、侍中、尚书左仆射。《晋书·裴頠传》说："深患时俗放荡，不尊儒术……乃著'崇有'之论，以释其蔽。"因此，裴頠著《崇有论》是从政治角度匡时救弊。在这一时期，裴頠肩负着两个不同的历史任务：一方面要纠正玄学的偏差，维护儒学的正统地位；另一方面又要根据玄学的内圣外王之道来解除儒学的危机。虽然因为种种原因未能凭借一篇《崇有论》而扭转一时风气，但亦有其积极的社会价值和学术意义。

他在《崇有论》开篇即说："夫总混群本，宗极之道也。方以族异，庶类之品也。形象著分，有生之体也。化感错综，理迹之原也。"在这里他提出了"道—品—体—原"四个不断渐进的概念，总结出"本—异—分—综"的演化进程，认为混沌未分的"群有"本身才是终极的道，而非虚无；根据万物不同的属性，可将其分为不同类别；万物有着具体形象，皆处于相互交感之关系中。他认为世界上各种有形有象的具体存在物，都是各自有生之物的本体，因而各有不同的性质和明显的区别。他指出："夫品而为族，则所禀者偏，偏无自足，故凭乎外资。是以生而可寻，所谓理也。理之所体，所谓有也。有之所须，所谓资也。资有攸合，所谓宜也。择乎厥宜，所谓情也。"（《崇有论》）裴𬱃提出"以有为体"，当万物产生之后，借外部条件才能生存发展，但是外部条件绝不是"无"，而必须是"有"。他说："夫至无者，无以能生，故始生者，自生也。自生而必体有，则有遗而生亏矣。生以有为己分，则虚无是有之所谓遗者也。故养既化之有，非无用之所能全也；理既有之众，非无为之所能循也。"（《崇有论》）他强调"自生必体有"，强调成济万有的，并不在万物之外，而是万有之间的互济。因此，他说：

> 心非事也，而制事必由于心，然不可以制事以非事，谓心为无也。匠非器也，而制器必须于匠，然不可以制器以非器，谓匠非有也。是以欲收重泉之鳞，非偃息之所能获也；陨高墉之禽，非静拱之所能捷也；审投弦饵之用，非无知之所能览也。由此而观，济有者皆有也，虚无奚益于已有之群生哉！（《崇有论》）

做事必须用心思考，"心"决不能是无；制作器物需要工匠，虽然工匠并不是器物，但工匠也决不能是无。裴𬱃虽然赞成崇有，但他理论的核心其实是"中庸之道"，体现为一个"宜"字。他认为不能过于陷入极端，偏执于"无"或"有"，而应当做到"存大善""收流遁"和"反澄正"，以守天理之真，以举静一之义。实际上，在整篇《崇有论》中，既能看到裴𬱃对老子的学说契合《周易》的《损》《艮》之道的认可，也能看到他受儒家影响而对礼义制度的尊崇

（"理既有之众，非无为之所能循"），认为在二者之间把握尺度才是君子行事的关键。所以，裴頠的"崇有"思想从本体论上充分肯定万有的作用和价值，但是其"有"是有形有象的具体存在物，而不是哲学上的物质范畴。裴頠为了纠正虚无放诞之风以维护名教，崇儒而反道，虽然承认了现实，却失落了超越的理想。

嵇康反对名教，裴頠维护名教，二人皆不免惨死，说明崇儒反道或崇道反儒都走不通，因此元康年间学者们又走回了儒道会通的老路。郭象总结了"贵无"与"崇有"等内部争议，吸收了当时《庄子》研究的思想成果。郭象《庄子注》是在向秀作注的基础上完成的。郭象提倡儒、道是一种圆融无滞、体用相即的关系，在更高程度上回到玄学的起点，也标志着魏晋玄学思潮发展到了最高阶段。

郭象否定了"万物生于有、有生于无"的观点，他说："夫庄老之所以屡称无者，何哉？明生物者无物，而物自生耳。"（《在宥注》）无不能生有，有也不能生物，万物都是自生的，都是自然而然。他说："非唯无不得化而为有也，有亦不得化而为无矣。是以夫有之为物，虽千变万化，而不得一为无也。"（《知北游注》）万物没有外在的本质和根据，都是"物皆自然，无使物然也"（《齐物论注》）。因此，郭象的"独化论"首先是"崇有论"，否定了"无中生有"。"有"就是运动变化，但是变化的根源在哪里？"夫死者，独化而死耳；非夫生者，生此死也。生者亦独化而生耳，独化而足，死与生各自成一体。"（《知北游注》）事物运动是"无故而自尔"，生者自生，死者自死，方者自方，圆者自圆，即"独化"。万物"自尔""自足"无所待，但是彼此之间又存在着普遍的联系，即"彼此相因"。郭象说："相因之功，莫若独化之至也。"（《大宗师注》）"相因"是互相为"缘"，而非所待之"故"，这种联系是无形的"玄合"。"独化"的观点把个体的和谐与整体的和谐联系在一起，提出了更为合理的整体观。郭象吸收了"崇有论"中物之自生、自有的观念，然而认为万物不是在有中得到统一，而是在玄冥之境中得到统一的。他提出"自为而相因"，在各个具体事物的自为之中，自然而然产生了相因的作用。

郭象的"独化论"尊重个体和多元，尊重客观规律和发挥主观能动性。就每个个体而言，是多元的、对立的，郭象在《齐物论注》中说：

> 苟各足于其性，则秋豪不独小其小，而大山不独大其大矣。

> 性各有分，故知者守知以待终，而愚者抱愚以至死，岂有能中易其性者也？

万物各足其性，燕雀栖于蓬蒿之间，而大鹏则非冥海不足以运其身，非扶摇而上九万里不足以负其翼，这些都是燕雀、大鹏的性分决定的。"夫物未尝以大欲小，而必以小羡大，故举小大之殊各有定分，非羡欲所及，则羡欲之累可以绝矣。"（《逍遥游注》）万物以自我的性分为轴心而自为，自成一个封闭的和谐的小系统。然而凭借相互之间自为而相因的协同作用，最终"道通为一"，整个社会的大系统自然趋于和谐。这是独化而又相因的宇宙，郭象称为"玄冥"。

"玄冥"是《庄子》书中原有的一个术语，用以描述一种混沌不分的状态或一种不知不觉、不分是非、不分彼此的精神境界。郭象对"玄冥"的解释与《庄子》有所不同，他说："玄冥者，所以名无而非无也。"（《大宗师注》）"是以涉有物之域，虽复罔两，未有不独化于玄冥者也。故造物者无主而物各自造。物各自造而无所待焉，此天地之正也。"（《齐物论注》）"玄冥之境"是保持自己的主体性，又与天地万物融为一体的精神境界。郭象在《人间世注》中说：

> 知不可奈何者命也，而安之则无哀无乐，何易施之有哉？故冥然以所遇为命，而不施心于其间；泯然与至当为一，而无休戚于其中。

因此，"玄冥之境"汇集必然性和偶然性，从而陷入命定论的神秘主义倾向。

从"独化论"出发，郭象提出"名教与自然同"。他在《齐物论注》中说："故知君臣上下，手足内外，乃天理自然。"贤愚、贵贱、君臣上下是出于自然，由每人的性分决定。"夫仁义自是人之情性，但当任之耳。恐仁义非人情而忧之者，真可谓多忧也。"（《骈拇注》）仁义是人的天性，任自然就是贵贱、君臣等各得其所，各尽其分，守名教即是任自然，就是各适其性，逍遥自由。

总之，玄学作为以道家为主的学术思潮，极大地发展了老庄思想的精神层面，对生命、心灵、精神的自由的追求，对自然的向往，拓展了中国人精神的空间和深度，使老庄思想更深地影响到艺术、文学。玄学的思维水平和精神境界高于经学，但在与民族文化核心价值的结合程度上低于经学，主要是因为玄学过于追求玄远，与人伦日用相脱离。

（四）东晋玄佛合流

佛教的传入是中国文化史上的一件大事。自汉武帝开辟与西域的交通以来，西域各国与中原在政治、经济、文化等各方面的往来十分频繁和便利，从而为印度佛教传入汉族地区提供了条件。同时，佛教在传入中原之前，已经在西域地区流行很长的时间了。

佛教不同教派的佛典又因种种不同的机缘，交相混杂传入中国。这样，佛典翻译就反映不出佛学思想自身的演变轨迹，也增加了阅读、理解和翻译上的困难。同时，佛典的翻译也为佛教渗入中国思想提供了契机，因为参与译事的中国僧人都受过儒学和道学的教育，受到固有文化的深刻影响，他们原有的传统思想、价值观念和思维方式极大地左右着对外来佛教的理解和翻译，以致部分印度佛教哲学思想的某些根本性变化。

为了广泛传播佛教，使中国民众接受佛教思想，中国佛教学者还采取讲习经义的方式。讲经人对经文的理解直接受个人的文化水平、传承关系及其原有的思想倾向的影响，他们都是根据自己所学所知讲解的。而听经人也多半受过中国固有文化的熏陶，是借助于自己原有的中国文化思想素养去理解和接受经义的。所以，讲经和听经，实际上是中国文化思想与印度佛教教义的比较对照、融合会通的过程。

东晋初期，讲习经义主要采用固定格义和自由发挥两种不同的方式。所谓"格义"，《高僧传·竺法雅传》记载："以经中事数，拟配外书，为生解之例。"即把佛典中"事数"（即名象）和中国《老》《庄》《易》等典籍的相关概念进行比配，把相近的固定下来，作为理解、讲习佛教事数的规范。这样，就把佛教的名词、概念、范畴判定为中国固有的与之近似的名词、概念、范畴，形成了统一的格式。但格义方法的运用，常常会导致人们对经义的理解与印度佛教原有义理相违。

玄学是东晋的主流思想，名士竞谈玄理，而当时佛教已经被名士们所欣赏，形成了"玄佛合流"的现象。于是，东晋时期的"六家七宗"对般若思想形成不同的理解。这些学说中最重要的是三家：一是本无说，以道安为代表人物，认为无（空）为万化之始，万物之本；

二是即色说，以支道林为代表人物，主张"即色是空"，物质现象本身就是空的；三是心无说，以竺法温为代表，强调主观的心不能执着外物，外物不一定是空无的。这些学说以魏晋玄学的本末思维方式来理解《般若经》，提倡"以无为本"，把非实体的般若学改造为本体实有的本无说，从而极大地改变了印度佛教哲学的方向，改造了印度佛教哲学的内容。随着佛教思想与中国固有观念冲突的激化，形成了多彩而又丰富的中国佛教哲学。

僧肇（374或384—414）批判当时佛玄合流的思潮，阐发鸠摩罗什所传的龙树中观学说，先后撰《不真空论》《般若无知论》《物不迁论》等，以《般若经》《维摩诘经》《中论》等经论为基础，吸收道家的语言、思想而论证"般若""性空"等思想。

慧远（334—416）在魏晋玄学、儒家思想的基础上，综合般若学与毗昙学，著《明报应论》和《三报论》阐明具有中国色彩的因果报应说。慧远在《沙门不敬王者论》中，运用历来的薪火之喻，强调"薪"生灭无常，"火"则永恒不灭，以论证人死而神永恒存在，论证神不灭；同时，他在该论中提出"内外之道可合而明"的重要方法论原则，并确立了佛教与儒家"出处诚异，终期则同"的思想，强调佛教道德与儒家伦理纲常是一致的。慧远与鸠摩罗什的讨论，后来被编入《大乘大义章》，主要是有关大乘思想与小乘有部思想对成佛、法身等理解的不同。慧远调和佛、儒两家的原则和立场，标志了东汉以来佛教义理由主要和道家结合转向主要和儒家结合的重大思想转折，并且成为后来中国佛教主流所遵循的思想阐释途径之一。

南北朝时期，随着佛经翻译的增多，讲习经论的风气盛行。义学的兴盛，导致南北各大寺院大开讲堂，如《续高僧传·靖嵩传》记载："属高齐之盛，佛教中兴，都下大寺，略计四千；见住僧尼，仅将八万；讲席相距，二百有余；在众常听，出过一万。"而且，僧侣自由地游历讲堂，遍听各大法师的讲经，无疑开阔了义学僧的视野。同时，讲肆之间的竞争势必非常激烈，谈宗论义，带动不同思想之间的论争，促进佛教学派的兴起。不同经师、论师各立门户，重视师传，形成了涅槃、智论、成实、毗昙、地论、摄论等诸多不同的学派。各派都着力宣传本派的哲学，并由此产生了佛教内外不同观点的争论。

魏晋时期思想活跃开放，在玄学之外也出现了一批子学论著，如

《物理论》《言尽意论》《神灭论》等。魏晋南北朝300余年间学术称盛，科学、文学、艺术也得到很大发展。魏晋南北朝时期，由于长期分裂隔绝，南北文化的地域特征明显分化：南人学问清通简要，北人学问渊综广博。《隋书·儒林传序》："大抵南人约简，得其英华；北学深芜，穷其枝叶。"隋唐时南北经学学术已趋统一，但南北的学风始终有所不同，这也在相当程度上增益了中国学术发展的丰富性。

二、道教的产生与南北朝道教的发展

道教是中国土生土长的宗教，是中国社会发展到汉代的历史产物。道教是以我国古代社会的鬼神崇拜为基础，以神仙存在、神仙可求论诱使人们用方术修持以追求长生不死、登仙享乐和用祭祀醮仪以祈福免灾为主体内容和特征，又文饰以道家、阴阳五行家、儒家谶纬学说中的神秘主义成分为神学内容，带有浓厚的万物有灵论和泛神论性质的宗教。道教文化是中国传统文化的重要组成部分，它对于我国古代社会的政治、经济、哲学、文学、艺术、化学、医学、天文学以及社会习俗、民族特征等方面都有深刻的影响。

（一）道教的形成

汉代是宗教勃兴的时代。儒学宗教化、道教诞生、佛教传入，都发生在汉代。这表明汉代社会有对宗教的急切需要，并具有产生宗教或引进外来宗教的适宜气候和土壤。就道教来说，当时崇尚黄老的社会思潮，与传统的鬼神崇拜、神仙思想、阴阳数术逐渐合流，则为道教的形成准备了必要的条件。

道教在东汉年间开始创教，一直至现代，绵延2000多年。学术界以四个时期概括道教的产生、发展与演变：一、从张陵创教开始，到魏晋南北朝为止，属于道教的创建和改造时期；二、隋唐至北宋，为道教的发展和兴盛时期；三、南宋以后至明代中叶，为道教的宗派纷起和继续发展时期；四、明中叶以后，为道教的逐渐衰落时期。但是，新中国成立以后的道教获得了新的发展机会。

东汉张陵创立的五斗米道和张角创立的太平道，都是早期比较原始的民间道教派别，主要是在下层群众中流传。后来与农民起义相结合，遭到镇压后，一直在民间流传。

东汉顺帝时（125—144），张陵于蜀郡鹤鸣山（今四川大邑县境内，亦作"鹄鸣山"）创立了五斗米道。张陵闻蜀地多名山，民风淳厚，易于教化，于是携弟子入蜀，居住在鹤鸣山修道。精思炼志数年，著作道书二十四篇，命为天师。于是，张陵以鹤鸣山为中心设二十四治，是"正一盟威道"的基层组织与活动中心。初设二十四治，主要集中在蜀汉地区，后为与二十八宿相配，乃增至二十八治，其中阳平治是五斗米道的总部。传太上正一盟威之道，奉老子为教祖，尊称太上老君，以《老子五千文》为主要经典，创立了道教。

《三国志·张鲁传》记载：

> 祖父陵，客蜀，学道鹄鸣山中，造作道书，以惑百姓。从受道者，出五斗米，故世号米贼。陵死，子衡行其道。衡死，鲁复行之。……鲁遂据汉中，以鬼道教民，自号师君。其来学道者，初皆名鬼卒，受本道已信，号祭酒，各领部众，多者为治头大祭酒。皆教以诚信不欺诈，有病自首其过，大都与黄巾相似。

张陵初创的五斗米道，其主要经典有《老子五千文》《太平洞极经》等。其主要宗教活动是：诵习五千文、有罪首过、符水治病、用章表与鬼神为誓约。其组织制度主要是：各治置祭酒，以领道民，并规定按时"付天仓"及"三会"。付天仓，即奉道者于十月一日向天师、祭酒交纳信米五斗；三会，即奉道者一年三次（正月七日、七月七日、十月五日）朝会天师治。

五斗米道具有政教合一的特点。张陵死后，其子张衡、孙张鲁先后承袭其道，对五斗米道进行一些改革。建安二十年（215），曹操率军攻占汉中，张鲁归顺曹操，被拜为镇南将军，封阆中侯。因此，五斗米道取得合法地位，得以公开传播，并随移民北迁而传往北方地区，成为后世的正统道教。

东汉灵帝年间（168—189），河北巨鹿又有太平道的崛起。其组织者为巨鹿（今河北平乡西南）人张角（？—184）。张角组织的太平道，其基本思想渊源于《太平经》。此经来源与甘忠可、于吉有关。

西汉成帝时（前33—前7），方士齐人甘忠可将当时流行的黄老道与儒家谶纬学说的具体内容相结合，著作了《天官历包元太平经》12卷。张角得到《太平经》后，利用其中的宗教政治思想，再次广泛传播太平道。张角自称"大贤良师"奉事黄老道，收养弟子，手持九节杖，以符水咒法为人治病，并教人叩头思过，时或病愈，百姓神而事之。张角还遣弟子传教于四方，十余年间，教徒发展至数十万之众，形成了一个信徒众多、声势浩大、影响广泛的民间宗教集团。

灵帝中平元年（184）三月五日，张角发动农民起义，即黄巾军起义。黄巾军起义失败后，太平道即为统治者所禁止，太平道信众中有相当部分被曹操改编为自己的精锐之旅（主要是青州兵），使得曹操的军事实力明显增强；还有一部分太平道信徒后来归入五斗米道。

东汉道士于吉编成的《太平清领书》是今本《太平经》的重要底本之一。《太平经》是代"天"而谈的"神书"，原书卷次按照甲、乙、丙、丁、戊、己、庚、辛、壬、癸十天干的顺序排列，说明传统的"天神"信仰在其中依然存在。《后汉书·襄楷传》记载襄楷在上疏中这样评论《太平经》："专以奉天地顺五行为本，亦有兴国广嗣之术。其文易晓，参同经典，而顺帝不行，故国胤不兴。"《太平经》说：

> 起书而记之，聚于一间处，众贤共视古今文章，竟都录出之，以类聚之，各从其家，去中复重，因次其要文字而编之，即已究竟，深知古今天地人万物之精意矣。止因以为文，成天经矣。

《太平经》集各家而成一经，并且从"征验"的角度具体审察各家之言而"成天经"，这实际上就是以"天法"为准则来考察人之所言是否符合"天"之"精意"。由于"皇天不言"，只能通过各家之学说为之代言。

作为心声的语言能否与"天心""神祇"相应，这是判断是非的根本点。《太平经》说："相应者，乃当内究于心，外应于神祇，远近相动，以占事覆下，则应者是也；不相应者，说皆非也。……故言者，当内究于人情心，乃后且外洽，究于神祇也。"人心具有究于"神祇"而厘定天文，调定阴阳的能力。神祇的信仰来自对天地常法的规律性的信仰，《太平经》说："知天常行也，分明洞达，阴阳之理也。"如果人的行为符合天地常法，则神祇自然大喜。因为"天"就是神祇，同时又是众神之主，而它之所以"能使神"，是因为它们之间"同形同理"，而且只有"天上文书"才能"与真神吏相应"，获得"十十相应"的真验实效。所以，《太平经》中的"神"代表并传递着"先人"的历史用度，其对世界的看法，即"古意"或"古道"。

《太平经》继承了《老子》中宇宙生成论的思想，并且用神秘的方法加以表达。在《太平经》里，通过"生成"思想，道、神、天、气、阴阳、五行等概念的意蕴其实是相通的，表现出与汉代宇宙论的本质相一致的特征。从"生成"思想来看，万物皆归本于"道"。如《太平经》说："元气行道，以生万物，天地大小，无不由道而生者也。"同时，《太平经》把"道法自然"进一步强调为"道畏自然"，经中说："天畏道，道畏自然"，"道"的主要功能是"主"，"自然"的主要功能是"成"，天地、阴阳、万物之法度皆受其"制命"，故不得不"畏"，于是通过神学化的方式试图建立"道"与"自然"的信仰。文中反复强调"畏"的思想，反映了早期道教对大自然无限尊重的心理。

基于修炼成仙的追求，《太平经》注重人自身形体与精神的认识，包含了丰富的医学养生思想。同时，又体现黄老道家注重政治伦理的特色，主张把治身与治国统一起来。《太平经》所要实现的社会太平，除了政治伦理上要求君、臣、民"三合相通，并力同心"，还要求在家庭伦理上父、母、子"三人相通，并力同心，共治一家"，要求做到"父慈、母爱、子孝、兄良、弟顺、夫妇同计，不相贼伤"。同时，《太平经》在善恶观念上提出"承负"说，指出："力行善反得恶者，是承负先人之过，流灾前后积来害此人也。其行恶反得善者，是先人深有积畜大功，来流及此人也。"所谓"承负"，就是指善恶报应即使没有发生在当事人身上，也会在后代子孙那里得到应验。或者说，今人的善恶报应，有些可能是由于先人的功过所导致。

《太平经》在继承老子的思想和传统的天神信仰的基础上，遵循"天人合一"的传统哲学理路，重新构筑了早期道教的神学思想体系。《太平经》以实现"太平"理想为号召，把政治伦理与家庭伦理相互贯通，倡导人与人之间的和睦相处，人与自然和谐相通，论述了"三合相通"的重要性，体现了早期道教以"和"为宗的基本精神。

（二）魏晋南北朝的道教发展

曹操有鉴于"黄巾起义"的教训，一方面对早期道教进行限制或镇压，另一方面进行利用和改造。很多门阀士族加入道教，遂促使道教发生了分化。从曹魏时期开始，道教逐渐分化为上层"神仙道教"和下层"符箓派道教"两个较大的层次。随着五斗米道在门阀士族中的逐渐传播，其地位日益提高，人们逐渐改称五斗米道为"天师道"。魏晋南北朝道教最重要的人物有葛洪、寇谦之、陆修静、陶弘景等。北魏寇谦之改革五斗米道，建立了"北天师道"；南朝刘宋陆修静吸收佛教仪式，创立斋戒仪范，建立了"南天师道"。陶弘景吸收儒、释思想，构造了道教神仙谱系，明确了道教的传教系统。

葛洪（约281—341），字稚川，号抱朴子，是东晋著名的道教理论家、炼丹家、医药学家。他一生著述不辍，养生修道，以丹鼎生涯终老。葛洪最有代表的著作是《抱朴子》一书，全书分为《内篇》和《外篇》。《内篇》讲神仙方药、鬼怪变化、养生延年、禳邪却祸，阐述了神仙方术理论，发展充实了道教的内容，是神仙道教的集大成著作；《外篇》言人间得失、世事臧否，属于儒家。

葛洪神仙道教的主旨是通过服食药物以求得长生不死，为消除人们对成仙的疑虑，葛洪对长生成仙的可能性进行阐释与论证。他在《抱朴子·内篇》中，提出了以"玄""道""一"为宇宙本体的理论，他说："玄者，自然之始祖，而万殊之大宗也。"认为"玄"是超自然的存在，是宇宙万物总根源。对于这个高不可登、深不可测的"玄道"，只能"得之于内"，通过内心的冥思苦想去探索，并且认为"其唯玄道，可与为永"。因此"玄道"作为其神仙信仰和方术理论的哲学基础，长生之仙道正是力求拥有"玄""道"这一万物本原、世界本体的生命力和永恒性。葛洪把"一"具体化为人格化的存在，将它当作是既在人之外、又在人之中的有形的具体实在。他说："一在北极大渊之中，前有明堂，后有绛宫；巍巍华盖，金楼穹隆。"同时，"一"存在于人之丹田之中，是维护人生命存在的根本所在，因此长生必须"知一"和"守一"，从而将道家对形上本体的追求转化为通神的工夫，完成了道家本根思想向道教教理的转变。同时，葛洪从认识论的角度论证长生神仙的存在，人们看不见神仙不等于神仙不存在，因为人的感官认识能力有限、心智受蒙蔽，他说："虽有至明，而有形者不可毕见焉"，"暗昧滞乎心神，则不信有周孔于在昔矣。况告之以神仙之道乎？"最后，他强调人可以通过学习而成为神仙，他说："仙之可学致，如黍稷之可播种得，甚炳然耳。然未有不耕而获嘉禾，未有不勤而获长生度世也。"因此，可以通过以金丹为核心的修炼，而最终成为神仙。葛洪通过总结、辨析前代道教的思想文化，建立了一套包括精神修养与伦理实践在内的神仙道教体系。

继葛洪之后，又出现了传授经系而形成的上清、灵宝、三皇等道教经箓派。"上清派"是因尊奉、传授、修习"上清"系经法而逐渐凝聚成的道教团体。相信人身五脏六腑皆有神灵存在，并掌管着人的生死，以为人若能专注地存想它们，便可长生成仙，如《黄庭经》说："六腑五藏神体精，皆在心内运天经，昼夜存之自长生。"该派在修行上特重"存神"，并兼有服气、咽津等法；其经书很多，最受推崇的则是《上清大洞真经》和《黄庭经》两部。根据《茅山志》中的《上清品》记载，上清派第一代宗师为晋代女道士魏华存，第二代宗师为杨羲，第三代宗师为许谧，第四代宗师为许翙，第五代宗师为马朗，第六代宗师为马罕，第七代宗师为陆修静，第八代宗师为孙游岳，第九代宗师为陶弘景。至陶弘景时，该派以江苏茅山为活动中心而形成了"茅山宗"。从此以后，高道辈出、经论迭起，令其在齐梁至北宋年间产生了很大的社会影响，并且成为道教著名的"三山符箓"之一。

"灵宝派"是信奉《灵宝经》教义思想的道教派别。灵宝派认为经典是天所降的天书，天书由圣真加以训释之后，圣、真、仙、人依次相授，从天上一直传到人间。若追溯其始源，则一切传世的《灵宝经》最初都是玄奥难解的天书。《灵宝经》至刘宋初年有55卷，最重要的是《度人经》。后经陆修静的鉴别，认为属于可信者仍有30余卷。灵宝派的修炼方法，主要是符箓科教，同时又受到上清派的影响，也讲思神、诵经，对金丹、房中之术甚为轻视。灵宝派经过陆修静的发挥与增修，补充制定了各种斋戒仪轨，作为一个道派从而更加健全。魏晋初期，已有道经、符图257种，1179卷，后多亡佚。东晋中期以后道书继续作成，到南朝梁时阮孝绪统计，当时道教典籍已达425种、1138卷。南北朝时期（420—589），出现了众多的道教改革家、理论家，经过他们的努力，道教面貌焕然一新。这一时期，为道教日趋成熟的时期。

在北朝，北魏的著名道士寇谦之（365—448）对北方天师道（正一盟威道演变而来）进行改革。据《魏书·释老志》载，寇谦之"少修张鲁之术"，为正一盟威道教徒，后又师成公兴，随其入嵩山修炼，隐居石室，服食采药。至神瑞二年（415），感太上降临山顶，授天师之位，并赐《云中音诵新科之诫》20卷，命他"宣吾新科，清整道教"。寇谦之对道教进行改革的总原则是"以礼度为首",主要措施是"除去三张伪法,租米钱税及男女合气之术",使道教"专以礼度为首,而加以服食闭炼"。这时,诵习道经,亦改"直诵"为"乐诵",即诵经时用音乐伴奏。经过寇谦之改革后的北方天师道,被称为"新天师道"或"北天师道"。

南朝刘宋时期,庐山道士陆修静(406—477)对南方的天师道进行了改革。陆修静,字元德。他以士族身份皈依道门,精研道书,穷究奥旨。后来,居住在庐山简寂观修道,皇室朝廷大臣躬亲问道,执门徒之礼。陆修静改革、整顿天师道,提出了一系列的措施。整顿道教的组织,始创服饰规范,在《传授经戒仪注诀·衣服法第九》中规定道士须具有"葛巾、单衣、被、履、手板"。陆修静对天师道的改革,最重要的贡献是斋醮仪范的制定。他所制定的百余卷斋仪,其内容可分为"九斋十二法",包括灵宝斋九法、上清斋二法和三元涂炭斋法。陆修静《洞玄灵宝五感文》,记十二种斋法之灵宝斋为:金箓斋、黄箓斋、明真斋、三元斋、八节斋、自然斋、洞神三皇斋、太一斋、指教斋。宋明帝时(465—472),他将收集的道书(其中有上清、灵宝、三皇各派的经典),加以整理甄别,鉴定其中经戒、方药、符图等1228卷,分为"三洞"(即洞真、洞玄、洞神),首创了对后世道教影响深远的"三洞四辅十二类"分类法。泰始七年(471),又撰定了《三洞经书目录》,成为我国最早的道教经书总目,并奠定了后世纂修《道藏》的基础,并且由此构建起道教以"三洞宗元"为信仰的经教体系。"三洞宗元"宣称"道"气衍化为三元,三元变化为三气,再由三气化生万物。三元即混洞太无元、赤混太无元、冥寂玄通元,《道教义枢》卷七《混元义》引刘宋道经《太真科》说:"大罗生玄、元、始三炁,化为三清天也。一曰清微天玉清境,始气所成;二曰禹余天上清境,元气所成;三曰大赤天太清境,玄气所成。"因此,道教认为三洞宝经皆三清之上道,三清妙境乃三洞之根源,由此三洞信仰与三宝、三清信仰相贯通。道教认为三清仙境由玄、元、始三炁化成,三清仙境各有三清尊神治理,而三洞经的上清经、灵宝经、三皇经由三清分别演说,"三洞真经"的信仰成为道教"三清"信仰的重要组成部分。

经陆修静改革后的南方天师道被称为"南天师道",在南朝曾得到一定的发展。不过,它的发展很快被上清派和灵宝派的兴盛所遮掩，而逐渐不显于世了。稍后于陆修静，南朝又出了个博学多才的道教学者陶弘景，他对以前流行于南方的葛洪金丹道教、杨羲的上清经箓道教及陆修静的南天师道，进一步总结、充实和改革，开创了"茅山宗"。

陶弘景（456—536），南朝齐、梁时道教学者、炼丹家、医药学家，字通明，自号华阳隐居，谥贞白先生，是陆修静门徒孙游岳的弟子。他中年隐居修道于茅山，着手弘扬上清经法，除广泛收集整理上清经外，又撰写带有教派史性质的《真诰》，著有《登真隐诀》《真灵位业图》等重要道书，建立了较为系统、完善的神仙信仰体系。他是一位与国家政治有着密切联系的道士。他在梁武帝萧衍夺取齐王朝政权时，曾派弟子向萧衍进表支持，表中援引图谶，说明天下必归梁，得到萧衍的赏识。梁武帝即位后，每逢国家有征讨大事时，常派人去茅山向陶弘景咨询，因而陶弘景有"山中宰相"（《南史·陶弘景传》）之称。晋代至刘宋以来，到茅山修道的人很多，但并未把茅山发展成上清派的基地。陶弘景居茅山后，开设道馆，招收徒弟，弘扬上清经法，使茅山成为上清派的传道基地，并形成了"茅山宗"。该宗特点是以上清经箓为主，兼收并蓄各派道法及儒释思想。在茅山道观中，建有佛、道二堂，提倡佛、道双修。陶弘景在《真诰》一书中，构建了一套所谓"道者混然，是生元炁。元炁成，然后有太极。太极则天地之父母，道之奥也"（《真诰·甄命授第一》），即道生元气、生天地万物的宇宙生成论思想。陶弘景在《真灵位业图》一书中，按照儒家所倡导的世俗社会的等级秩序，建构了一套等级森严的神仙世界，将当时各种道经中所记载的近700名神仙以及中国历代许多著名的帝王将相和思想家也一起作为神灵，用七个等级排序，每一等级都有一位居中的主神，其他分别列于左位、右位、散仙位、女仙位。他说："虽同号真人，真品乃有数；俱目仙人，仙亦有等级千亿。"陶弘景将神明用"七阶"形式排定座次，其根据是《周易》"七日来复"，这既为当时比较杂乱的神仙谱系梳理出头绪，也反映了修道成仙的诚笃心境，为隋唐以来道教的神仙世界拓展了新的空间。

道教寓道于术，以术演道，所以道教方术非常发达。道教的各种内修外养术如外丹黄白术、导引、服气、存思、服食、房中、星占、堪舆诸术，都曾与中国古代的医学、药物学、化学、天文地理、算学、养生学等有着紧密的联系。魏晋时期，以葛洪为代表的道教金丹家从观察和实验所获得的经验知识中受到启发，得出物质运动变化是自然界的必然规律，具有朴素的辩证法思想。尤为可贵的是，道教金丹家深信可以运用实验手段等人工方法来制造新的物质，这一科学思想对于推动古代科学的发展有着非同寻常的意义。同时，道教从"仙道贵生"的立场出发，形成崇尚医药的传统。在中国本草学发展史上，陶弘景是贡献非常大的杰出人物，《本草经集注》即陶弘景医药学的代表作，这是他在长期从事采药、用药实践基础上完成的；其次，陶弘景又撰辑、编写道教养生著作《养性延命录》，在系统归纳前人养生经验的基础上，提出了一整套养生理念与方法，倡导养生即修道、"我命在我不在天"、"养生以不伤为本"等思想。

第六章 隋唐佛学与魏晋唐宋文学

佛法在世间，不离世间觉。离世觅菩提，恰如求兔角。

——慧能《坛经》

　　隋唐五代是指从581年隋立国，至960年北宋建立，共380年的历史时段。隋朝重新统一中国，为唐朝中央集权政治的巩固和社会经济的发展奠定了扎实的基础。唐王朝是统一富强的大国，军事强大，经济繁荣，文化开放，广泛交流与吸收中外优秀文化成果，创造了中古时代的文明巅峰。唐代经学持续发展，孔颖达的《五经正义》是汉魏以来经学研究的总结；唐代开科取士，帖经一道，是根据《易经》、《尚书》、《诗经》、"三传"（《春秋左传》《春秋公羊传》《春秋穀梁传》）、"三礼"（《周礼》《仪礼》《礼记》）、《论语》、《孝经》来命题的。韩愈推崇《孟子》，皮日休更是上书请求把《孟子》升为经典著作，与《论语》并列。到了北宋，"四书"成为经典中的初级教科书，"九经"仍然保持着经典中的高级教科书地位。在哲学思想方面，佛学是隋唐哲学的代表；唐代的诗歌文学是唐代文化的精华，也是整个中国古代文学宝库中最为璀璨绚丽的一颗明珠。同时，对外经济文化空前发展，东面和新罗、日本有着友好的往来；对南亚国家，有不少求法高僧或外交使节，翻越大山雪岭朝圣交聘，充任和平使者；西面和大食、拂菻（东罗马帝国）彼此不断派遣使节，互相访问。玄奘在五天竺时，可以在天竺国王的宫廷里听戒日王提及《秦王破阵乐》；通过丝绸之路，中国的绵帛可以一直运到今天土耳其的伊斯坦布尔（当时叫君士坦丁堡）和西欧各地。由此可见，隋唐时期的中外文明交流取得了非常高的成就。

一、隋唐佛学思想

　　佛教在中国生根、发展，在思想上要与中国固有的儒家、道教文化兼容，在信仰上要与"礼"文化融合，在制度上必须获得王权的接纳，在传播上必须得到社会的包容与护持，在经济上则要有蓬勃的经济发展作为支撑。从汉魏两晋南北朝至唐宋之间，这些条件使佛教成功地完成了中国化的历程。信仰层面的中国化，以传统宗法性宗教为参照，完成于南北朝末年，以梁武帝时期《梁皇忏》的产生为基础，以智颛创立天台忏法为标志；思想层面的中国化，以《周易》《老》《庄》思想为参照，以讲经注经为方法，以南北朝佛教学派为基础，以隋唐宗派佛教为标志；制度层面的中国化，以儒家伦理、"礼"文化为参照，以四分律宗的形成为基础，以唐宋时期清规的形成为标志。

隋唐盛世也是中国佛教信仰发展至鼎盛的时代，中国佛教哲学进入了繁荣巅峰的时期。隋唐佛教人才济济，自隋初迄至武则天时代，可以说全国第一流的思想家绝大多数都集中在佛学界。这些佛教学者循着组织异说、求同求通的趋势，纷纷创建佛教宗派。自隋代直至唐玄宗时，就形成了天台宗、三论宗、法相唯识宗、华严宗、律宗、净土宗、禅宗、密宗等，八宗争鸣，竞放异彩。以中国化佛教宗派的创立为标志，中国佛教具备了完全独立和成熟的形态，从而成为中国传统文化的有机组成部分。

（一）智𫖮与天台宗

天台宗是因为隋代智𫖮居住在浙江天台山，故称为"天台宗"，此宗崇奉《法华经》。天台宗学统自称龙树、慧文、慧思、智𫖮、灌顶、智威、慧威、玄朗、湛然九祖相承，而后一直传承至今未断。慧思（515—577）常诵《法华经》，又因阅读《妙胜定经》，开始修习禅观；后受业于慧文而得"观心"之法，并能终夜坐禅，结合《法华经》意，悟得"法华三昧"。梁代承圣二年（553），率众再向南行，到了光州，次年入住大苏山，在开岳寺、观邑寺讲《大品般若经》，信众日增，因此发愿写造金字《般若经》；44岁时，于光城县齐光寺实现了写金字经本并贮以宝函的心愿。慧思在陈光大二年（568）带领徒众40余人前往湖南，入住南岳，继续提倡修禅。陈地信众望风归附，陈主迎接他到建康，住栖玄寺，讲《大品般若》。他感慨于当时南地佛学界偏重理论，轻视禅观，于是双开定慧两门，日间谈理，夜间修禅，同时讲说禅波罗蜜，陈主尊他为大禅师，倾动一时。后又还住南岳，继续传授禅法。陈太建九年（577），他特从山顶下来，住半山道场，大集徒众，劝勉勤修"法华三昧""般舟三昧"，语极苦切，于是年六月卒于南岳。慧思的著作，有《诸法无诤三昧法门》二卷，《立誓愿文》《随自意三昧》《法华安乐行义》各一卷，《大乘止观法门》二卷等。

经过对慧思禅法、思想的弘扬，智𫖮汇合北方禅学和南方义学，提出定慧双开、止观并重的修行原则，建构了第一个原创形态的中国佛教哲学体系。智𫖮（538—597），祖籍颍川（今河南禹州），18岁出家，于陈文帝天嘉元年（560）往大苏山跟慧思修"法华三昧"，有所悟解，得到慧思的赞许。光大元年（567），智𫖮到达建康，后受请在瓦官寺开讲《法华经》题，并讲解《大智度论》，演说禅法（即现存《释禅波罗蜜次第法门》），并著《修习止观坐禅法要》（简称《小止观》）及《六妙门》等。他在瓦官寺前后数年，受到陈宣帝和群臣的礼敬。太建七年（575），他和弟子慧辩等20余人入天台山，居住10年。至德三年（585）应陈后主之请，重到建康。这时，他以《法华经》为宗要，以《大智度论》为指针，并参照诸经论，建构了自己的思想与观行体系。陈后主祯明元年（587），他在金陵光宅寺开讲《妙法莲华经》；隋文帝开皇十三、十四年（593、594）他在荆州玉泉寺演说《法华经玄义》和《摩诃止观》，都是由他口述，由弟子章安灌顶（561—632）笔录成书。智顗的主要著作有《法华玄义》《法华文句》和《摩诃止观》各20卷，合称"天台三大部"；《观音玄义》《观音义疏》和《金光明玄义》各2卷，加上《金光明文句》6卷及《观无量寿佛经疏》，世称"天台五小部"，共29部151卷。

唐代天台宗湛然（711—782）吸收华严宗和《大乘起信论》思想，提倡"无情有性"说，强调一切无情的草木、山石、砾尘等皆有真如佛性。湛然的主要著作有《法华玄义释签》20卷、《法华文句记》30卷、《摩诃止观辅行传弘决》40卷，注释3大部，阐明智顗教观的深旨；又有《金刚錍》1卷、《止观义例》2卷、《法华五百问论》3卷，建立自宗的正义，破斥他家的异解。

天台宗的主要理论是"一心三观""三谛圆融"和"一念三千"。智顗继承慧文和慧思的思想，确立自己的"一心三观"说，并在此基础上，创建"三谛圆融"说，阐明世界万物的实相是空、假、中的统一；进而又据性具学说提出"一念三千"，阐明一切事物相互包含、贯通一致的关系。"一念三千"是智顗学说体系的核心，代表天台哲学的最高成就。

智顗根据《法华经》"方便通经"的原则和《中论》"中道实相"的原理，将止观学说中的"观"门分作两个层次，即所谓"次第三观"和"一心三观"，以为"次第三观"是"可思议"的，而"一心三观"则是"不可思议"的。它们之间的不同，主要表现在"逗机"方面，前者逗引钝根人，后者适应利根者。所谓"三观"，空观是观一切法本性空，假观是观一切法唯是缘起假名，中观是观一切法非空非假，即此即是真实。空观是从本质一面来看现象世界，视之为空，无实有性；假观是从缘起表现为有相状有影响力来安立现象世界，视之为暂时的有、施设的有；中观是就圆融面来看现象世界，同时体得其本性与如幻如化的显现，不执取一边，而臻于较高的真理层面。智𫖮从"一心三观"出发，对《中论》所说的"因缘所生法，我说即是空；亦为是假名，亦是中道义"进行创造性解释，即是"三谛圆融"。《摩诃止观》卷五上说：

> 若一法一切法，即是因缘所生法，是为假名，假观也；若一切法即一法，我说即是空，空观也；若非一非一切者，即是中道观。一空一切空，无假中而不空，总空观也；一假一切假，无空中而不假，总假观也；一中一切中，无空假而不中，总中观也。即《中论》所说不可思议一心三观。

三观又可发展为二谛观、平等观与中道第一义谛观。"二谛观"又名"从假入空观"，现象的事物都在一相依相待的缘起关系中，因而无独立的自性，而为空，不执着种种法，而观其普遍的平等的空的本性。"平等观"又名"从空入假观"，对于作为否定的"空"仍不正面肯定之，却予以一再否定，而成否定的否定，即空空，这是有、妙有，由此而建立负责的有的世界。但对这假有的世界，仍不执着，仍就其本性之空而观其空，以空观假，又以假观空；以空破假，复又以假破空；破假后是空，破空后是假，故又为"平等观"。"二谛观"以空来否定现实世界的自性，实亦是肯定空；"平等观"以空空来否定空的世界，而还归于现实世界，还归于假，实即是肯定假。两者的综合，即是双照，这就是中道的境界。这三种观法都在肯定一心或主体性的作用，故为"一心三观"。"三观"是就主体而言，若依"一心三观"而观察现象和真理，所观的现象和真理即是"三谛"。空是非有，但空亦不能执着，必须连"空的自性"亦否定掉，此则是非空；非有非空，即是中道，亦是中谛。这是对诸法的普遍之理与其特殊相状的双重否定，任何事物皆具备空、假、中三义，故为"三谛圆融"。

"一心三观"和"圆融三谛"突出认识主体和观照对象的圆融统一性、无次第性和无前后性。《摩诃止观》卷一下说：

> 若谓即空即假即中者，虽三而一，虽一而三，不相妨碍。三种皆空者，言思道断故。三种皆假者，但有名字故；三种皆中者，即

是实相故。但以空为名，即具假中，悟空即悟假中。余亦如是。

　　智𫖮认为，观照对象具空、假、中三谛，三谛统一无碍；认识主体与之相应，同具空、假、中三谛，三谛统一无碍，所谓"以观观于境，则一境而三境；以境发于观，则一观而三观"。"不思议"和"不次第"的条件是绝对的圆融统一、无对待，这一特点是为突出圆教的地位而表现出来的。"圆融三谛"是圆教的特殊认识，别教等都无法达到这样的认识，它们往往作次第、前后之别，"以资成资于观照，观照开于真性"；"资成在前，观照居次，真性在后"，即把空、假、中视为认识的三个层次，将对中道实相第一义谛的认识置于对假谛、空谛的认识之后。因此，智𫖮明确指出，若从中道实相原理出发，即可显示事物的本质和真理性，认识上无先后次第之分。

　　天台宗所说的"一心"内涵丰富，常称为"一念无明法性心"。无明是十法界的差别相，法性则是空如之理。《法华玄义》卷五下说：

　　　　凡夫心一念即具十界，悉有恶业性相。只恶性相即善性相。由恶有善，离恶无善。翻于诸恶，即善资成。如竹中有火性，未即是火事，故有而不烧；遇缘事成，即能烧物。恶即善性，未即是事；遇缘成事，即能翻恶。如竹有火，火出还烧竹；恶中有善，善成还破恶。故即恶性相是善性相也。

　　以竹比喻恶，以火比喻善。竹在未燃时，已有可燃性，犹如恶中有善在；等因缘成熟时，火就在竹中烧起来，所燃烧者非别物，就是竹自身；这就像善从恶中生起，所破的非别物，就是恶自身。故法性不在别处，而在无明中；法性心生起，所破的仍然是无明心。法性心的生起，是以破无明念为条件。法性不能离无明而另有生起处。由于心、佛、众生原无差别，又由于无明即是法性，所以在理论上肯定了众生即佛，众生成佛，从而给众生以希望和光明。但也由于无明与法性存在着对待，从对待到平等有一个"破"和"显"的过程；破的是主体意识的"无明"和昏昧，显的是客体精神的法性和涅槃，这意味着众生之心当下并非法性，众生当下并非佛。

　　从"一念无明法性心"出发，智𫖮提出"一念三千"。"一念三千"是智𫖮晚年时成熟的思想，是他"观心"学说发展的终结，代表天台哲学的最高成就。"一念三千"是"一念心具三千世界"的略称。"一念"，即"一念心"，指心念活动的刹那时刻；"三千"，即"三千世间"，此三千并非实指，而是总括宇宙万有、整个世界。这一学说建立于《法华经》"十如是"实相说、《华严经》"十法界"说以及《大智度论》"三世间"说的基础上，是智顗晚年"性具实相"说的核心部分。"十如是"是指相、性、体、力、作、因、缘、果、报、本末究竟十种如是，"相"指事物的外貌，"性"指事物的内容，合内外为"体"，这一切事物中所含有的功能是"力"，有所作为便是"作"，能发生其他事物为"因"，加以扶助为"缘"，能够满足所有条件的是"果"，穷尽它的历数的是"报"，善法的开始为"本"，得着佛法的终极为"末"，最后晓了源极为"究竟"。"十法界"是指十种生命形态及境界，即地狱、饿鬼、畜生、阿修罗、人、天、声闻、缘觉、菩萨、佛。"三世间"是指五蕴、众生、国土三种世间；五蕴世间，此世间之众生能成之法，其色受想行识等五蕴各各差别；众生世间，又作假名世间，指五蕴所成之假名之众生各各差别；国土世间，是我们所居住的环境。《摩诃止观》卷五上说：

> 夫一心具十法界，一法界又具十法界、百法界。一界具三十种世间，百法界即具三千种世间，此三千在一念心。若无心而已，介尔有心，即具三千。

智顗"一念三千"学说的建立，充分依赖"十如是"说、"十法界"说和"三世间"说。人的当前一念识心，即含有三千种法的内容，以显宇宙的全体。"一念三千"的三千世间，其本质也是一实相。实相可以表现为纵横交错、处于普遍联系之中的三千诸法，这属于客体世界部分；与此相应的是属于主体部分的"一念"。心在迷时，含三千法，对之执着不舍；心在悟时，亦含三千法，但对之并不起执，而视为方便，视为性德。值得注意的是，"一念三千"的"一念"是一念无明识心、烦恼心、刹那心，由这一念妄心通往一念真心、法性心，需要止观的功夫。一念心为妄，这是智顗的原义，后来宋代天台宗山家派亦沿此意。山外派则以此一念为真心，这是受到了华严宗的影响，以华严思想来诠释天台。

智顗综合南北朝的思想与修行方法，经过创造性转化与创新性发展，形成第一个具有原创意义的中国佛教宗派。诸法实相是天台哲学思想的根本，"一念三千"是修证境界，即破即立、即立即破的方法是说法和组织教理的基本方法。其最大的思想特色就是圆融。智颉以诸法实相论为根据，提出以观心为主的止观法门，详细说明凡夫当下的一念妄心即具三千诸法的不可思议境，让诸法实相能够落到实处，论证凡夫成佛由理论上的可能性，经由止观修习而成为事实。

（二）玄奘与唯识宗

唯识宗又称法相宗、法相唯识宗或慈恩宗，乃依《解深密经·法相品》而立其宗；因以判断、分析现象界的法相而名为法相宗；又以阐发"万法唯识"理论而名唯识宗。在印度的佛学思想系统中，又称为"有宗"或"瑜伽行派"。唯识宗的创造者是无著，出生于北印度犍陀罗。无著的异母弟弟世亲原在小乘说一切有部出家，后来并以经量部义理与独到的批判能力建构了《俱舍论》。世亲有"千部论主"之称，融汇大小乘思想义理。世亲之后，护法论师集无著、世亲之大成，最后传承至那烂陀寺戒贤，戒贤教授玄奘，而玄奘将瑜伽行派传至中国。

玄奘（600或602—664）是中国佛教史上最主要的佛典翻译家之一，印度护法系唯识学在我国的主要奠基者，中印文化交流的实际推动者。玄奘俗姓陈，本名祎，洛州缑氏（今河南偃师）人。少时因为家境困难，跟着他二兄长捷住在洛阳净土寺学习佛经。11岁就熟习《法华》《维摩》。13岁时洛阳度僧，破格入选。后来，在洛阳、长安、成都参学，精通经论，穷尽各家学说，声誉大著。但是，玄奘觉得多年来在各地讲筵所闻，异说不一，特别是当时流行的《摄大乘论》《十地经论》两家有关法相之说不能统一，又很想得到总赅三乘学说的《瑜伽师地论》，以求会通一切，于是决心往印度求法。贞观三年（629），玄奘离开长安，开始西行求法的道路。贞观五年（631），玄奘到达印度那烂陀寺，依戒贤论师学习唯识论典。玄奘著《会宗论》，融汇瑜伽、中观两派的思想。应戒日王之请，述《制恶见论》，立"真唯识量"，获"解脱天""大乘天"之美誉。贞观十九年（645），玄奘回到长安，奏陈翻译，敕住弘福、慈恩等寺，译《瑜伽师地论》诸典。译《老子》《大乘起信论》为梵文，远传天竺。他所译经论，共有75部1335卷。他口述《大唐西域记》，详记西域、印度之风土习俗。玄奘被鲁迅誉为"中国的脊梁"，他架起中印文化友谊之桥梁。

唯识宗所依的经论，传统说法是"六经十一论"。六经是：《大方广佛华严经》、《解深密经》、《如来出现功德庄严经》（中土未译）、《大乘阿毗达磨经》（中土未译）、《楞伽经》、《厚严经》（中土未译）。十一论是：《瑜伽师地论》《显扬圣教论》《大乘庄严经论》《集量论》《摄大乘论》《十地经论》《分别瑜伽论》《辨中边论》《二十唯识论》《观所缘缘论》《阿毗达磨集论》。六经以《解深密经》为主依，十一论以《瑜伽师地论》为主依。唯识宗的思想主要是五位百法的法相分析、阿赖耶识缘起、唯识无境、三性三无性、转依。

唯识宗将一切事物分为"五位"。"心王"有8种，即眼识、耳识、鼻识、舌识、身识、意识、末那识、阿赖耶识等八识。"心所有法"有51种，这是心识的"相应行"法，也就是直接联系于"心"的作用之可分析而呈现的概念。色法有11种，即眼、耳、鼻、舌、身等五根，色、声、香、味、触等五境，及"法处所摄色"。五根是器官的知觉系统，五境是可观察的世界，"法处所摄色"是意识所可以统摄的综合时间、空间感受，也就是先天直觉能力的基础。"心不相应行法"有24种，即得、命根、众同分、异生性、无想定、灭尽定、无想报、名身、句身、文身、生、住、老、无常、流转、定异、相应、势速、次第、方、时、数、和合性、不和合性，这是指理性、知性、感性可掌握的知识范畴，但是不涉及意识与知觉构造，不与现象界直接关联。"无为法"有6种，即虚空无为、择灭无为、非择灭无为、不动无为、想受灭无为、真如无为，这是本体论层面的本真。因此，"五位百法"是运用分析知觉构造、身体构造、意识构造、现象的时空构造、本体论的六种层次，从而形成一个完整的意识哲学、存在论。

识的意义是指主体（心、意、识都是主体观念），原始佛教虽主无我，但不能不在经验的层面说明主体的活动，亦不能不交代生命的来源。于是，出现了阐述认知能力的六识和十二因缘的识支。部派佛教以后，对主体观念作深一步研究，发觉在生命流转的过程中，必须建立统一主体，否则无以交代记忆的保持问题、业果的承担问题和自我的责任问题；换言之，在道德的公平原则之下，必须预设自我的延续，作业者与果报者的统一，这也就是"业"的观念的要求；而

"无我"说无疑为这种统一带来困难。为了消除业与无我的观念的冲突，于是部派佛教提出了种种类似的主体观念，如说一切有部的"命根"观念、犊子部的"补特伽罗"、化地部的"穷生死蕴"、分别论者的"细心"说、上座部的"有分识"、大众部的"根本识"等。同时连带到知识的累积、记忆的保持、业力的传递等问题，于是又有无表色、无表业、不失坏、随眠、种子等观念产生以作中介。部派佛教在无我的观念下，成立一个特殊的主体观念及联结前因后果的媒介概念，以解决轮回主体及业力相续的问题。瑜伽行派的兴起，使这两个问题得到统一处理。唯识宗首先提出阿赖耶识的观念以作为轮回主体，又用种子学说来交代业力相续，但阿赖耶识与种子并非为不同的存在，而是一个整体。阿赖耶识是总名，它的内容就是种子，舍种子外，阿赖耶识并无内容，所以阿赖耶识别名"种子识"，它摄持一切种子。种子一方面是未来诸法生起的根据，另一方面又是过去经验活动熏生的结果。所以阿赖耶识的重要功能是贮存种子，以使过去的经验活动（业）不散失。同时，《解深密经》的阿陀那识从执持种子、根身，进一步说明了阿赖耶识逐渐成为主体。这样，后世发展出阿赖耶识的三个意义——能藏、所藏、执藏。这是沿着轮回问题、行为问题、因果问题、生命现象问题建立起来的阿赖耶识的主体观念，基本上是存在论及伦理学的进路，即"阿赖耶识缘起"。《成唯识论》卷二说：

> 此识行相所缘云何？谓不可知执受、处、了。了谓了别，即是行相，识以了别为行相故。处谓处所，即器世间，是诸有情所依处故。执受有二：谓诸种子及有根身。诸种子者，谓诸相名分别习气；有根身者，谓诸色根及根依处。此二皆是识所执受，摄为自体，同安危故。执受及处，俱是所缘。

阿赖耶识的三义，一切杂染法作为结果的状态，被内藏于阿赖耶识中，即"能藏"；同时，阿赖耶识作为原因的状态，被内藏于一切杂染法中，即"所藏"。执藏义，由于本识一类相续，恒常不断，成为体验流的统一，所以阿陀那识（即染污意）借其统觉的综合作用，把念念种子综合起来，将之认同，看成是同一的无数点，即执此同一的无数点为我。这是下意识中的事，我相仍未具体显现，到意识分别我执生起，我相即得其具体显现了。

唯识宗发现不能有离认知主体而独立存在的外境，一切作为对象，都是主体所提供的，于是产生识转化说，把一切存在都理解为识中种子所现行的表相或影像，只有表相或影像才是真实的存在，这就是"唯识无境"。《成唯识论》卷一说："变，谓识体转似二分，相、见俱依自证起故。依斯二分施设我法，彼二离此无所依故。"凡是认识必有所认识的境相——相分，能取相是见分，二者都是识所显现的。在能取所取时，有能知对境了解的识自体，也就是认识的结果。而认识结果的产生，是由于自证分的自知取境。

为了更好地分析存在与认识、存在与语言、存在与真理，唯识宗提倡"三性三无性"。遍计所执性是日常语言思量的世界，这是因为名言与意言互相的因果生成关系而引起，作为"言语"与"对象"而出现，引起"存在"的主观与客观之对立。因此，现实的日常经验世界，是非真实的假象世界，是从言语活动而引起的。而若欲实现从迷染的世界转化到清净、觉悟的世界，必须切断名言与意言的关系，或者说是断灭作为名称、对象存在以及存在层面的"主体""客体"，修入无相方便相。这时才能真正了解到存在的真实，认识到一切存在只是语言的分别，即"唯识性"，悟入"依他起性"。而如真正断除对语言的执着，直证法界，便实现了"转依"，即是悟入"圆成实性"。但是，从究竟真实来说，空性是最高的存在，任何存在都指向其归宿——空，因此唯识宗又提出"三无性"——相无性、生无性、胜义无性。

唯识宗以"三性"说作为依据，将身心净化的过程构筑在以止观为精髓的菩萨道修行体系中，这是从主体的"转换"过程——"转依"来诠释实践论。依唯识宗对"识"的价值判断，"识"是一种迷执烦恼的心理学的妄情妄识，是造成盲动的根源。从实践论来说，虚妄与清净不断"转换"的过程中，主体的心灵境界亦在不断变化。这就是通过无分别智断除二取随眠，从而成就无漏种子，证得真如，转八识成四智，转阿赖耶识为大圆镜智，转末那识为平等性智，转意识为妙观察智，转前五识为成所作智。所以，"转识成智"，对真实、清净的主体的肯认，是实现人生理想的实际生活方面的必然要求。唯有如此，一切自觉努力的修持行为才有旨归，其价值才能真正地被肯定。

（三）法藏与华严宗

华严宗是杜顺、智俨在陕西终南山一带，在继承地论学派思想的基础上，根据《华严经》进行创造性诠释而建立起来的佛教宗派，因提倡"法界缘起"，故或称为"法界宗"。《华严经》汉译有三种：一、东晋佛陀跋陀罗译，60卷34品，称《六十华严》；二、唐代实叉难陀译，80卷39品，称《八十华严》；三、唐代贞元年间，般若译，40卷，称《四十华严》，为经中《入法界品》的别译，全名《大方广佛华严经入不思议解脱境界普贤行愿品》。藏文大藏经《丹珠尔》中亦有《华严经》，共45品，原本来自于阗，译者胜友、智军，校者遍照。《华严经》的梵文本目前只发现《十地经》（相当于《十地品》）和《树严经》（相当于《入法界品》）。此宗的思想传承，主要有杜顺——智俨——法藏——澄观——宗密。

杜顺（557—640），原名法顺，雍州万年（今陕西西安）人，18岁出家，师事因圣寺僧珍，受持定业。后住终南山，宣扬《华严经》，教化道俗。著有《华严法界观门》《华严五教止观》各一卷。杜顺以弘扬《华严经》、实践普贤法门为中心，受唐太宗赐号"帝心"。

智俨（602—668），天水人，12岁从杜顺出家，受具足戒后，到处参学，后来跟随终南山至相寺智正听受《华严经》，又探讨地论学系慧光的经疏，领会《华严》别教一乘无尽缘起的要旨，更钻研《十地经论》中的六相义，著有《华严经搜玄记》10卷、《华严一乘十玄门》1卷、《华严五十要问答》2卷、《华严经内章门等杂孔目章》4卷等，并经常讲说《华严》。弟子有怀齐、法藏及义湘等。华严宗在智俨时期已经建构了理论基础，即"六相圆融""一乘十玄门""无尽缘起"等本体论思想。

义湘（625—702），新罗人，于唐龙朔年中（661—663），到终南山在智俨座下研习《华严经》，后来回国，敷讲《华严经》，著有《华严一乘法界图》等多种，阐明《华严经》的义例，有"海东华严初祖"之称。同时新罗高僧元晓（617—686）也是有名的华严学者。

法藏（643—712）的祖先是康居国人，他本人生于长安，17岁时，入山阅读大乘经典，继而从智俨听受《华严经》，精通玄妙的思想宗旨。28岁时，武则天叫他在太原寺讲《华严经》，自此广事讲说、著述并参加翻译。新《华严经》翻译后，他又在洛阳佛授记寺开讲，后来为武则天在宫中讲"六相""十玄"的义旨。前后讲新、旧《华严》30余遍，所著有《华严经探玄记》20卷、《华严一乘教义分齐章》4卷、《修华严奥旨妄尽还源观》1卷、《华严游心法界记》1卷、《华严经旨归》1卷、《华严经文义纲目》1卷、《华严策林》1卷、《华严经传记》5卷、《华严经问答》2卷等。他还吸收了玄奘所译经论中的一些教理，用以发挥《华严》圆融无碍的缘起学说。晚年撰《新译华严经略疏》，写到第19卷时圆寂。

唐代开元年间（713—741），有李通玄（635—730），太原人，当初研习《周易》，后来专攻佛典。刚好新《华严经》译成，李通玄认为新译的义理圆满具足，于是应用《周易》来解释《华严》，并主张从自己的身心中找佛，着意追求成佛的实践方法，造论阐明发挥《华严经》的义理，经历5年论成，名《新华严经论》，总共40卷。既而又作《华严经中卷卷大意略叙》1卷、《略释新华严经修行次第决疑论》4卷及《解迷显智成悲十明论》1卷。李通玄在智俨、法藏一系以外，别树一帜，对于华严宗的传统学说，有不少新义，但大体仍不出法界圆融的义旨。

澄观（738—839）还把华严宗终南山系和五台山系的学风结合起来，并开创了融合华严与禅的新风。他在智俨、法藏的唯心说基础上进一步强调万有即是一心，一心容万有，丰富了华严的唯心学说。澄观的重要著述现存有《大方广佛华严经疏》60卷、《大方广佛华严经随疏演义钞》90卷、《华严经行愿品疏》10卷、《大华严经略策》1卷、《新译华严经七处九会颂释章》1卷、《华严经入法界品十八问答》1卷、《三圣圆融观门》1卷。

宗密（780—841）继承澄观的思想和学风，更加强调禅教的一致，并调和佛与儒、道的关系。他还提出以灵知之心为宇宙万物本原的观点，给宋明理学以重大的影响。宗密的现存主要著述有《华严经行愿品疏钞》6卷、《注华严法界观门》1卷、《原人论》1卷、《华严心要法门注》1卷、《圆觉经大疏》12卷、《圆觉经大疏释义钞》13卷、《圆觉经略疏》4卷等。

华严宗主要在陕西终南山一带形成，最后在长安发扬光大。真正的创始人为法藏，他着重于建立庞大的华严学哲学体系。法藏华严宗哲学体系的中心是阐述佛所在的境界，强调佛境原为众生心地所具有，并指出观照佛境的方法。法藏的师父智俨首先以一与多（一切）相即相入的观点阐发成佛的境界——觉证的世界。法藏继承与发展师说，用"四法界""六相圆融""十玄门"等，阐明宇宙万物，相依相持，相即相入，圆融无碍，重重无尽，即世界万事万物大圆融、大调和、大统一的情景。

"四法界"指事法界、理法界、理事无碍法界、事事无碍法界。"事法界"是指千差万别、森罗历然的现象界，这是从现象的特殊性、差别性而立的。"理法界"是指空理的世界，谓一切现象都是因缘和合生起而都无自性，这是就一切现象的普遍性、同一性而言。"理事无碍法界"强调理为事的本体，事为理的显现，理和事相即相入，互不相碍，圆融统一。"事事无碍法界"阐明每一不同的特殊现象都显现同一的空理，事与事之间都通过此理而融通无碍。"四法界"说反映了华严宗学者对世界认识不断深化的辩证过程：由观现象（事）到观本体（理），即由观常识层面到观真理层面，再观两者的关系是统一而无矛盾，最后在综合理事统一的基础上，以理的同一，观照现象与现象之间的和谐与统一。这是华严宗对世界现象与本质之间关系的重要论说。

"六相圆融"理论是华严宗学者通过继承并发展地论师的理论而创立的。《十地经论》在解释《华严经·十地品》时立有一个凡例，即应用总、别、同、异、成、坏等"六相"以说明经文每种十句的关系和理解每种十句的内容。华严宗学者提出现象和现象之间的关系，也都是由六相体现的错综复杂的缘起关系。法藏《华严一乘教义分齐章》卷四说：

> 总相者，一含多德故；别相者，多德非一故，别依此（止）总，满彼总故；同相者，多义不相违，同成一总故；异相者，多义相望，各各异故；成相者，由此诸缘起成故；坏相者，诸义各住自法，不移动故。

缘起事物的全体是"总相"，是"一"；事物的各部分是"别相"，是"多"。事物的各部分虽形相各别而和合同成一体，是"同相"。事物的各部分虽同成一体，然又各不相同，是"异相"。事物的各部分和合成一体，则此事物成，是"成相"。事物的各部分不和合，各部分的本质不变，是"坏相"。法藏在《华严金师子章》中以金狮子为比喻，说金狮子是总相，眼、耳等不同部分是别相，眼、耳等同一缘起形成狮子是同相，眼、耳等彼此各不相同是异相，眼、耳等合成狮子是成相，眼、耳等各自独立而不和合为狮子是坏相。以上总、同、成三相，是就无差别方面而言，指全体、整体；别、异、坏三相，是从差别方面来说，指部分、片段。无差别与差别、整体与部分是自在相即，圆融无碍的。

"十玄门"是华严宗学者受《华严经》思想的启发而提出来的。智俨撰《华严一乘十玄门》，创立"十玄"说，宣传十玄妙法门。后来，法藏又发展了智俨的十玄说。智俨所立的为"古十玄"，法藏所立的为"新十玄"。新十玄与古十玄的主要不同是，新十玄将古十玄的"诸藏纯杂具德门"改为"广狭自在无碍门"，将"唯心回转善成门"改为"主伴圆明具德门"。其次是，两者的安排次序也不一致。"新十玄"的具体名目和含义是：

"同时具足相应门"，"同时"是指无时间先后之分，"具足"是指无所遗漏，"相应"是指不相妨碍。因缘和合而起的每一事物，都同时圆满具足而又彼此互相照应，映现宇宙的最高真实。宇宙万物同成一大缘起，全宇宙是万物和谐共存的统一体系。此门是事事无碍法界的总相，以下九门都是此门的别义和发挥。

"广狭自在无碍门"，"广"是广大，"狭"是狭小。至大之物与极小尘毛，互相包容。这一门是从空间范围方面来说的，尽管事物的广狭、大小各不相同，但都相即相容、圆融无碍。

"一多相容不同门"，"一"指个别事物，"多"指千差万别的种种事物，事物都是相对的，都能互为自他，一个事物与众多事物彼此有相容相摄的意义，"一"与"多"相容而不相混同。

"诸法相即自在门"，"相即"有异体相即和同体相即两类。"异体相即"指因需待外缘而得界，由此而与外缘相即。如一月当空，万川映影，月非影，影非月，然月影不离，相即无碍。"同体相即"是因不待外缘，而自身具足果德，如众生初发心作佛与成就佛果，即为同体相即。如此两种相即，自在成立，无障无碍，为诸法相即自在门。

"隐密显了俱成门"，"隐密"是隐覆，是里；"显"是显了，是表。这是说宇宙的一切事物是互相容摄的，若此物容受彼物，那此物是显而彼物是隐；若彼物摄受此物，则彼物是显而此物是隐。由于此物与彼物互为隐显，同具隐显两种形相，因此能同时成就。

"微细相容安立门"，任何一个事物都能容摄包含其他事物，即使是细微得不能再细微的事物，也能把极大的事物容摄进去，细微与极大相容安立，圆融无碍。法藏在《华严策林》中说："小时正大，芥子纳于须弥；大时正小，海水纳于毛孔。"大小相对，小入于大，大入于小，彼此相容，不碍安立，秩序井然。

"因陀罗网法界门"，"因陀罗网"是帝释天宫中的宝珠网，此网中的任何一珠，都可显现出其他珠的影像，珠珠映照，彼此互为隐显，以至于重重无尽。法藏以此比喻万物之间相即相入重重无尽的关系，这是十玄门中对"无尽缘起"说——事事无碍论的形象比喻和生动说明。

"托事显法生解门"，"显法"是显现一切事法，"生解"是产生事事无碍的悟解。随托举一事，便显现一切事物互为缘起的道理，产生事事无碍的胜解，悟见重重无尽的法界。

"十世隔法异成门"，"十世"指时间上的过去、现在、未来三世，三世又各有过去、现在、未来三世，合称"九世"；又九世相即相入，都不出当前一念，为一念所摄；一念为总相，九世为别相，总别相合为"十世"。"隔法"指十世前后事物的相隔不同。这十世相即相入，前后相隔而又交渗互含，浑融一体，既同时具足显现，又隔法异成。

"主伴圆明具德门"，以任何一法为主，此法以外的他法都处于伴随、从属的地位。为主的法，既以其余一切法为伴随、从属，也就涵摄其余一切法的功德于己身，事事圆融，互不相碍。

以上是从时间、空间、数量、容积、形态等方面说明事物与事物之间的相即相入、重重无碍的关系。《华严一乘教义分齐章》卷四说："然此十门，随一门中即摄余门，无不皆尽，应以六相方便而会通之。"十门之间，举一门都容摄其余九门，每门又都具有六相，六相遍于每一门。由此，十门与六相同时圆融，自在无碍，重重无尽，成为一大缘起，是为宇宙的真实图景，这是佛禅定时内心呈现出来的境界；众生若经过修持能悟此真实图景，也就达到了成佛的境界。 因此，"六相圆融""十玄门"是禅观的方法，以求于一念中圆满悟解宇宙万物的真实本相，达到佛的境界。华严宗用十玄解释"性起"理论，强调此心本来圆满具足一切功德，不假修成而随缘显现，发挥了"一切现成"的思想，从而为中国佛教信徒提供一条返本归源的内心修持之道。从世界理想来看，佛呈现的圆融无碍世界，是一种整体世界、慈悲世界。在这样的世界里个人的独立存在既被肯定，同时又强调与他人的关联，强调个人是社会的一员；个人的自性既得以最大限度地发挥，同时又与他人、与社会处于相即相入的统一环境中。华严宗学者这种包含于宗教理想中的美好社会理想，尤其是既重视个体的独立自性，又强调个体与社会的关联性思想，具有明显的现代价值。

（四）慧能与禅宗

禅肇始于印度的瑜伽智慧。禅的梵语是Dhyāna，意为观想、冥想，即将心集中在对象上，止息心的烦恼，而得到清明的智慧。佛陀出家后，放弃了6年的苦行，而在菩提树下冥想，终获得圆满的觉悟。禅的修行是佛教实践的基础与核心，传入中国后，与汉民族原有的观念结合，建立了具有独特风格的"中国禅"。

禅宗是唐以后中国佛教的主流，强调用参究的方法，彻见心性的本源，故又称"佛心宗"，尊奉相传在梁武帝时代来华传授禅法的菩提达摩为初祖。

梁普通年间（520—527），菩提达摩泛海来到广州，继而应梁武帝的邀请，到建康与梁武帝问答，机缘不相契合，于是渡江到洛阳，入嵩山少林寺，面壁而坐，终日默然。后来有僧名神光，往少林寺，得到菩提达摩的指点和器重。菩提达摩把他的名字改为慧可，付以正法眼藏，并授袈裟为法信。既而有一白衣谒慧可，问答相契，慧可为他剃度之后，取名僧璨（？—606），又把正法眼藏及达摩信衣传给他。僧璨后来隐于舒州的皖公山，相传著有《信心铭》。菩提达摩来到东土，本以《楞伽经》印心，故当时慧可与僧璨皆称为"楞伽师"。

禅宗的主要宗旨是"不立文字，教外别传，直指人心，见性成佛"。菩提达摩的主要思想是"二入""四行"。"二入"即"理入""行入"。"理入"即悟证"性净之理"，所谓"性净之理"是无染无著、无此无彼的真理，达摩强调只有"深信含生同一真性，但为客尘所覆，不能显了"的意义，才能显发真性，灭除妄念，和"性净之理"相契合，并进而为修行提供智慧的根据和可靠的保证。"行入"可以分为报怨行、随缘行、无所求行、称法四法种，故叫作"四行"，即依"性净之理"而发起行动，泯除冤亲爱憎，平等苦乐得失，无所愿乐，无所贪求，安心无为，任运与法性之理相称而行。

禅宗四祖道信（580—651）、五祖弘忍（602—675）分别住在蕲州黄梅的破头山（双峰山）和冯茂山（东山）弘法，道信、弘忍经过50多年的努力，使门徒分别多达500人乃至700人，成为当时禅法的重要中心和尔后禅宗的直接源头。弘忍的禅法，史称"东山法门"，这一法门的核心是"一行三昧"，也就是指心专于修习一事的正定，或者说是借一种修行，使心安定下来。通常有两种，一是一心念佛的念佛三昧；二是一心观照万事万物无差别相的三昧。道信在《入道安心要方便法门》中论述了他的法要："我此法要，依《楞伽经》诸佛心第一。又依《文殊说般若经》一行三昧，即念佛心是佛，妄念是凡夫。"伴随着东山法门的弘扬，道信、弘忍在达摩禅演变史上树立了新的风气。主要表现为：一、定居山林，道信、弘忍改变了达摩、慧可修持的头陀行规定，而"择地开居，营宇立像"，长期定居于黄梅，开创道场，建造寺院，弘法传道，聚徒数以百计，形成一个庞大的教团。二、法门洞开，从弘忍开始，大传禅法，一律实行普遍而公开的传授。三、传菩萨戒。据《楞伽师资记》载，道信撰有《菩萨戒本》，说明他在教导禅法的同时又传大乘戒。这种禅戒结合的做法为弘忍所继承。四、重在念佛，道信引用念佛三昧，提倡"心心念佛"，依念佛而成佛。弘忍同样主张"念佛净心"，认为通过称念佛名，能使人心清净。

神秀（约606—706），早年博览经史，后来出家学佛，约50岁时随弘忍学禅，成为弘忍禅师门下的上首弟子。因神秀与慧能、神会禅法的歧异，弘忍门下发生了分裂，形成了南北之争，以至有"南能北秀"之称和"南顿北渐"之说。神秀的主要著作有《北宗五方便门》和《观心论》，他的主要思想是染净二心和渐悟渐修。《观心论》说："佛者，觉也，所为觉察心源，勿令起恶。"觉悟成佛就是觉察自心的本原，不生起恶念。《观心论》说：

> 菩萨摩诃萨行深般若波罗密多时，了于四大五阴本空无我，于空无我中了见自心有二种差别，云何为二？一者净心，二者染心。其净心者，即是无漏真如之心；其染心者，即是有漏无明之心。二种之心，法尔自然，本来俱有。虽假缘和合，本不相生。净心恒乐善因，染体常思恶业。若真如自觉，不受所染，则称之为圣，遂能远离诸苦，证涅槃乐。若随染造业，受其缠覆，则名之为凡。于是沉沦三界，受种种苦。何以故？由彼染心，障真如体故。《十地经》云："众生身中有金刚佛性，犹如日轮，体明圆满，广

大无边。只为五阴重云所覆，如瓶内灯光，不能显了。"又《涅槃经》云："一切众生皆有佛性，无明覆故，不得解脱。"佛性者，即觉性也。但自觉觉他，智慧明了，离其所覆，则名解脱。故知一切诸善，以觉为根。因其觉根，遂显现诸功德树，涅槃之果，因此而成。

神秀认为，自心是体，自心体的用为净心与染心二心。净心是自心心体的作用，净心与自心二者是统一的。染心对心体则有覆障作用，若心体为染心所覆，就不能显现出来，因而也不能得到解脱。心体虽受染心覆障，但其清净本性并不受渗透、污染，并不发生变化。心体若离开染心的覆障，也就显现功德，而得解脱。神秀运用《大乘起信论》的染净二心说来建构其心性论的思想体系。

其次，神秀一系的禅法主渐修渐悟。由于众生本有的清净心为染污心所遮蔽，显示不出来，因而不能觉悟成佛。神秀强调，应该拂拭、排除染污心的作用和影响，也就是要制伏、泯灭一切情欲和世俗认识，以显示出清净心的光明、寂静。众生还应当观心，即直观内省，以观照、觉察清净心的存在，来实现心灵自觉，这也就是"看净"。慧能《坛经》所载神秀的偈句"身是菩提树，心如明镜台；时时勤拂拭，莫使有尘埃"，正体现了"拂尘看净"的思想。宗密在《圆觉经大疏钞》卷三下里，把神秀禅法归结为"息妄修心宗"，并将其特点总结为"拂尘看净，方便通经"。就像只有不断拂拭尘埃不使染污才能保持事物（如镜子）的洁净一样，修持者也只有不断排除烦恼，观看净心，才能保持心灵本性的明净。"方便通经"是把禅修的方便法门与经教会通起来，即通过广泛援引和自由解说经典为禅法提供理论根据。

慧能（638—713），本姓卢，生于岭南新州（今广东新兴），本是一个不识字的樵夫，因闻人诵《金刚经》有所领悟，于是往冯茂山拜谒弘忍。弘忍令他入碓坊劳作，经过8个月，弘忍召集弟子，根据各自的见解各作一偈，如偈语深透的将据以传衣付法。慧能作偈："菩提本非树，明镜亦非台，本来无一物，何处惹尘埃"，并请人将其写在墙壁上。弘忍看到慧能这首偈的见地透彻，便秘密把衣法传给他。慧能得法南归后，隐居15年，继至曹溪，住宝林寺，应请在韶州大梵寺说"摩诃般若波罗蜜法"，并传授"无相戒"。嗣法弟子有青原行思、南岳怀让、荷泽神会、永嘉玄觉、南阳慧忠、曹溪法海等四十余人，法海集其言行为《六祖坛经》。

慧能禅师的思想纲领是性净自悟，就是说，人人本性清净，只因被妄念的浮云所盖而不能自悟；一旦妄念俱灭，顿见真如本性，自成佛道。《坛经》说："不识本心，学法无益；识心见性，即悟大意。"本心是佛教智慧、觉悟的本体，是众生成佛的可能性、根据，"识心"就是体悟本心。他反复强调要"还得本心""契本心"，提倡人心的自我回归，还原于本心，契合本心，即获得解脱，成就为佛了。慧能是把众生普遍的心，即宇宙之心与众生个体的心相合为一，这是识心见性、顿悟成佛的理论前提。因此，《坛经》还提出"自性"。"自性"的含义：一、清净性，如《坛经》说："自性本净"；二、真如性，《坛经》称自性"即自是真如性"；三、智慧性，《坛经》说："本性自有般若之智"，这是认为众生的自性或是本性是一种高级智慧；四、空寂性，《坛经》认为"性本无生无灭，无去无来"，"性"是无生灭、无去来的超越时空的绝对本性；五、含藏性，《坛经》说："自性含万法，名为含藏识"，自性具有含藏万事万物的性质和功能。从这方面说，自性是含藏识，是包容万事万物的心识实体。所以，《坛经》所讲的"自性"是一种具有清净智慧和功能、超越各种具体规定而又圆满具足的宗教智慧道德实体，也是内在生命主体，还是显示万事万物的本体。

以心性本净、见性成佛为思想基础，在修持实践方面，慧能强调"以定慧为本"，《坛经》说："何名为禅定？外离相曰禅，内不乱曰定。"定就是慧，慧就是定，因此观念的转化成为禅修的根本。慧能的禅修法门展现为"无念、无相、无住"三个方面，《坛经》云：

> 我此法门，从上以来，顿渐皆立无念为宗，无相为体，无住为本。何名无相？无相者，于相而离相；无念者，于念而不念；无住者，为人本性。念念不住，前念、今念、后念，念念相续，无有断绝。若一念断绝，法身即离色身。念念时中，于一切法上无住。一念若住，念念即住，名系缚。于一切法上，念念不住，即无缚也，是以无住为本。善知识！外离一切相，是无相。但能离相，性体清净，是以无相为体。于一切境上不染，名为无念。于自念上离境，不于法上生念。莫百物不思，念尽除却，一念断即无，别处受生。

学道者用心，莫不识法意。自错尚可，更劝他人迷，不自见迷，又谤经法，是以立无念为宗。即缘迷人于境上有念，念上便起邪见，一切尘劳妄念从此而生。然此教门立无念为宗，世人离见，不起于念，若无有念，无念亦不立。无者无何事，念者念何物？无者，离二相诸尘劳；念者，念真如本性。真如是念之体，念是真如之用。自性起念，虽即见闻觉知，不染万境，而常自在。

无念是不起相对的念想、分别心。慧能认为，人心是活动的，念就是心的一种动相，但念有净念与妄念之分。所谓无念，不是不起念，而是心应不起虚妄分别的念想。无相是不具有相对的形相，不执取对象的相对相、差别相。无住是指没有任何住著、执着的心灵状态。在禅修中不起妄念、不作分别相、不执取任何对象，这三者是密切联系的，同为般若智慧的要求、作用和表现，其实质是强调在主客体空寂的基础上实现主客体合一，以实现精神的超越，即是顿悟。

慧能的众生心性论和成佛方法论对尔后的整个中国思想界都发了重大的影响。此后禅宗的南岳、青原两系都循此道路前进，在悟道实践上作出多姿多彩的发挥。南岳一系偏于倡导"触类是道"的禅法，强调人在禅修生活中的任何行为都是佛道的自然流露。青原一系则偏于提倡"即事而真"的禅法，主张在禅修时从个别的事象中去体悟真理。前者是从理看事，后者是从事看理，通过不同途径，达到理事圆融的境界。

禅宗扎根于中国传统社会，将印度佛教的精髓融入本土文化中，又以其简洁明快的方式、生动传神的语言风格、无所执着的禅意觉悟赢得了社会各阶层，特别是文人士大夫的喜爱。中唐以后，禅宗南宗迅速流行，成为中国佛教的主流。唐末五代陆续出现了五个禅宗支派：沩仰宗、临济宗、曹洞宗、云门宗、法眼宗。五家的形成，标志着禅宗进入了祖师禅的历史阶段。祖师禅的禅师鲜明地高举"教外别传，不立文字，直指人心，见性成佛"的旗帜，不持戒，不诵经，不念佛，不坐禅，强调任其自然，自性自度，动辄扬眉瞬目，举棒行喝，甚至超宗越格，呵佛骂祖。在唐末、五代和北宋时期，祖师禅蔚然成风，盛极一时，一度成为禅宗的主旋律，影响广泛而深远。后来，约在两宋之际，从曹洞宗演化出来的默照禅，提倡以打坐为主的寂默静照，并与从临济宗演化出来的看话禅相对峙，从此结束了祖师禅主导禅宗天下的历史。

总之，隋唐佛教哲学是中国佛教哲学的巅峰，其特点是：第一，佛教哲学文献体系化。隋唐佛教宗派还吸取南北朝佛教之长，构成理论与实践相统一的哲学体系。隋唐佛教宗派（除早期禅宗外）都有相当数量的著作，内容完整，自成系统。第二，佛教哲学文献中国化。隋唐佛教宗派根据中国文化的总方向，吸取儒、道思想观念；又独立于儒、道之外，自主地创建佛教哲学体系，其哲学所表现出来的独立性、自主性和创造性，正是佛教哲学中国化的突出表现。第三，佛教哲学文献思想深刻性。天台宗的直观认识论、华严宗的圆融世界观和禅宗的心性论及直觉论，都具有相当的理论思维深度，反映了我国古代哲学家思维的深邃和精湛。

佛教传入中国后，中国僧人的汉文佛典撰述共582部，4172卷，成就非凡。中国佛教各宗派，将儒家的人文精神、道家的任运自然的人格理想有机地整合到自身的体系中，形成了不同于印度佛教的思想特色与文化精神。中国化的佛教重视现实，突出心性体验和解脱境界，强调易简的觉悟方法，这些都与印度的佛教有很大不同，充满中国文化的特色，中国佛学也因此成为中国学术思想的一个重要方面。宋初的开宝藏是第一部佛藏经，入藏480帙，5048卷，经版达13万片，唐以前佛教学术的发展，由此可见一斑。佛教的传入和发展提供了外来文化中国化的最佳实例。中国佛教的成熟是文化融合、民族融合的结果，又广泛传播至东亚，中国当之无愧地成为当时世界佛教的中心。

二、魏晋唐宋文学

魏晋时期出现了以"三曹"和"建安七子"为代表的"建安文学"，史称"建安风骨"。"三曹"指曹操、曹丕、曹植父子三人；"七子"指孔融、陈琳、王粲、徐幹、阮瑀、应场、刘桢。他们继承了汉以来的乐府诗传统，通过诗歌的形式，反映社会的动乱和人民的困苦。此时期的诗文普遍展现了辞情慷慨、清峻刚健的风采，故李白赞誉"蓬莱文章建安骨"，鲁迅称之为"文学自觉的时代"。可以说，社会的动乱为"建安文学"提供了丰富、广阔的表现内容，激烈复杂的社会历史变迁，激发了作者的思想和诗才。

魏晋乱世之际，战乱频仍、政局动荡、门阀横行，导致中央集权瓦解。此时期人们对儒学的信仰产生了动摇，出现了一股崇尚老庄的思潮。玄学家寄情于山水，崇尚隐逸，以玩世不恭的态度反抗封建的束缚，追求个性的解放，形成了所谓的"魏晋风流"。嵇康、阮籍、山涛、向秀、刘伶、王戎、阮咸合称的"竹林七贤"，为其中最主要的代表人物。

玄言诗兴起于西晋末年，盛行于东晋，是一种以阐释老庄和佛教哲理为主要内容的诗歌，代表诗人有孙绰、许询、庾亮，还有部分出家人如支遁、鸠摩罗什、竺僧度等。总体而言，他们的诗追求超脱飘逸的境界，借"寄言上德，托意玄珠"，用诗歌的形式来表达自己对玄理的领悟。玄言诗初期以玄理入诗，以诗为老庄哲学的说教和注解，文学性颇受质疑，后通过景物的描写来表现哲理，不仅避免了直接说理的枯淡寡味，还增添了诗歌之"理趣"，并催化了山水诗的出现。晋宋之际，谢灵运开创的山水诗逐渐占领诗坛，并由谢朓发扬光大，最终取代了玄言诗。山水诗的兴起，前继玄言诗而后启唐诗，成为中国诗史上一个重要的过渡阶段。

唐代文学的繁荣，有其特殊的社会基础和时代背景。唐代实现了空前规模的统一，经过唐初100多年的开拓发展，唐王朝成为一个疆域广阔、政治稳定、经济繁荣、国力昌盛、思想开放、文化活跃的帝国——这些都为唐文学的繁荣创造了良好的氛围和宽容的环境。经过了魏晋南北朝这个"文学自觉"的时代，文学得到了充分发展，文人的创作积累了丰富的经验。尤其是唐王朝国力强盛，加之对外来文化采取的兼容并包的态度，也使得佛教汉文化和其他文化互相交融，唐人的生活方式、文艺品位、文学形式都受之影响，呈现圆融中西的特色。

唐代文学的繁荣，还表现在作家、作品数量的丰富上。清彭定求等辑录的《全唐诗》，收唐诗近5万首，唐代作者2200余人，其中白居易诗近3000首，杜甫诗1400多首，李白诗也接近1000首。

初唐时期，就出现了号称"初唐四杰"的王勃、杨炯、卢照邻和骆宾王，以及陈子昂等诗人，他们的创作一扫追求雕琢藻饰的齐梁余波，开启了壮大气势和慷慨激昂的新风格，开创了诗歌韵律、艺术手法方面的新形式。如王勃"海内存知己，天涯若比邻。无为在歧路，儿女共沾巾"之感情壮阔；陈子昂"前不见古人，后不见来者。念天地之悠悠，独怆然而涕下"之苍茫遒劲，可谓初唐诗歌之杰作。

　　而唐诗的兴盛，尤推李白、杜甫、白居易为重要代表。李白的诗歌，纵横驰骋，若天马行空而狂放不羁，自由之至。有"飞流直下三千尺，疑是银河落九天"的奇崛想象；有"天生我材必有用，千金散尽还复来"的自信豪迈；有"安能摧眉折腰事权贵，使我不得开心颜"的千古绝唱；有"黄河之水天上来，奔流到海不复回"的自由奔放；又有"举头望明月，低头思故乡"的缱绻之情。李白的诗可谓是我国古典诗歌史上浪漫主义的顶峰，故李白有"诗仙"之美誉。但李白的思想，既有儒家"济苍生""安社稷"的一面，又受道家思想的影响，视富贵如浮云，视王侯如粪土。

　　李白的诗歌，可谓是盛唐最强音，唯一能和他媲美的诗人就是与其并称"李杜"的杜甫。杜甫，人称"诗圣"，因生逢乱世，其一生坎坷多难，历尽人生艰辛，饱含民生忧患。因此他的诗歌多坚持严肃的写实精神，真实表现了对人民遭受苦难的深厚同情以及对国家民族命运的深切忧患。在《兵车行》、《丽人行》、"三吏"（《新安吏》《石壕吏》《潼关吏》）、"三别"（《新婚别》《垂老别》《无家别》）系列诗篇中，杜甫展现了社会动荡、政治黑暗与人民疾苦：如"君不见青海头，古来白骨无人收。新鬼烦冤旧鬼哭，天阴雨湿声啾啾""嫁女与征夫，不如弃路旁""吏呼一何怒，妇啼一何苦"。这类诗因此被誉为"诗史"。杜甫在我国现实主义诗歌的发展过程中，具有承前启后、继往开来的重要地位。

　　白居易继承了杜甫古体诗缘事而发、写民生疾苦的创作精神。白居易积极倡导新乐府运动，主张"文章合为时而著，歌诗合为事而作"，写了许多感叹时事，反映民生艰难的诗篇，在《长恨歌》里有情人离别"音容两渺茫"的感伤；在《琵琶行》中有"同是天涯沦落人，相逢何必曾相识"的身世之叹；而《卖炭翁》中描述了"可怜身上衣正单，心忧炭贱愿天寒"的贫寒老人。诗人丰富的情感体验、对个体人生及世人命运的悲悯之情在诗中表达得淋漓尽致，后世称白居易为"诗王"。

　　在这个诗歌高度发达的时代，诗的主题巨细无遗，几乎涉及社会的每一个方面。其中有一些主题较为突出，比如游历诗、隐逸诗、边塞诗等，这些集中的主题展现了唐人生活的主流风尚。唐人有漫游之习，诗人们拜访名山大川，甚至求仙访道，并抒发所感，成就诗文。李白就自称"一生好入名山游"，并在游历之中写下无数诗篇；柳宗元是著名的闲游大家，在文中自叙"其隙也，则施施而行，漫漫而游，日与其徒上高山，入深林，穷回溪，幽泉怪石，无远不到"。常建晨访古寺，写下"清晨入古寺，初日照高林。竹径通幽处，禅房花木深。山光悦鸟性，潭影空人心。万籁此都寂，但余钟磬音"。除了此种探幽访胜的游历外，士人们还热衷于拜访京都大邑，交贤纳友，为自己的名望提升、仕途发展打造机会，比如，李德裕于诗中记述"人事升沉才十载，宦游漂泊过千峰"，王勃则感叹"与君离别意，同是宦游人"。

唐人还有隐居山林而读的习惯，留下许多劝学劝读以及描绘山中闲读的名篇，如杜荀鹤《闲居书事》以"鬓白只应秋炼句，眼昏多为夜抄书"记叙自己的苦读，王贞白"读书不觉已春深，一寸光阴一寸金"。在中国的一些大小山川，如嵩山、福山、庐山、终南山等，以及古寺山刹、道观里都留下了读书人隐逸而读的身影。

始于隋唐的科举制度，是中国古代选官制度的重大发明，科举考试内容重视经义和诗赋作为人文教养的重要性，对经学的普及和诗赋的繁荣也有促进作用。而科举考试的主要内容是儒家经典，应试者学习儒家经典的同时也接受了儒家思想潜移默化的影响。儒家思想的普及、唐代国力的繁盛，使得士人们热心于仕途，各种诗文中都可以看出读书人在儒家"入世"思想主导下的功业喟叹与政治抱负。孟郊于进士及第之后撰写诗句"春风得意马蹄疾，一日看尽长安花"，表达自己心中的舒畅喜悦；朱庆馀写下著名的《闺意献张水部》："洞房昨夜停红烛，待晓堂前拜舅姑。妆罢低声问夫婿，画眉深浅入时无。"以新妇梳妆的情态比拟士人入仕之后小心谨慎以求接纳的心态；连以隐逸著称的孟浩然也曾写下"欲济无舟楫，端居耻圣明。坐观垂钓者，徒有羡鱼情"，委婉表达自己对官宦之途的向往。

唐王朝对外战争频繁，这些战争为边塞诗提供了丰富的创作源泉，高适、岑参等盛唐边塞诗人的诗歌创作，就展现了慷慨悲壮的诗风。他们的诗歌里，既有对战士血洒疆场的礼赞，也有对战争带来的离乱之苦的批判，感情奔放、境界开阔。如岑参诗"轮台九月风夜吼，一川碎石大如斗，随风满地石乱走""将军金甲夜不脱，半夜军行戈相拨，风头如刀面如割""忽如一夜春风来，千树万树梨花开"等将边塞奇异的景色与将士的英雄气概相结合，成为千古流传的佳句。

同时，唐诗又从不同侧面在反映了时代精神的同时高度体现了中华民族热爱自然、热爱和平、追求自由、反抗黑暗、积极入世的中华民族性格和审美心理。总之，唐诗从思想到艺术，从创作到理论，无不对后世产生了深广而巨大的影响。

唐代文学的繁荣，除诗歌之外，还有散文的成就。六朝时期，出现了一种追求辞藻华丽、堆砌典故的散文创作倾向，形成了骈俪浮艳的文风，直到中唐，韩愈、柳宗元提出了"文以明道"的古文运动。古文运动，是欲以魏晋六朝以前自然的散文格调来取代六朝以来日趋骈俪的文风。韩、柳等人提倡文章要言之有物，主张对古文应"师其意不师其辞"，做到"辞必己出"，"文从字顺"，把散文的发展推向了一个新的阶段。韩愈的散文代表作包括《师说》《原道》《柳子厚墓志铭》等，柳宗元的散文代表作包括《永州八记》《捕蛇者说》《封建论》等，二人与宋代欧阳修、苏洵等被尊为"唐宋八大家"。古文运动之所以获得成功，最主要的原因就在于骈俪文的矫揉造作，已经不符合时代精神，无法自由发挥文学的美。韩愈利用其显赫文名，提倡散行单句，不拘格式，不讲究排偶，不堆砌辞藻、音律和用典，但又和谐自由的"古文"创作，吸引了大众的积极响应。柳宗元亦文名并著，他以明炼隽洁、自由活泼的散文创作，为后学所接受。韩、柳散文的主要成就包括：一、于一切应用文体中，加入艺术性、美感性，使之成为兼具"道"与"文"的文学散文；二、古文传统用作说理或阐述哲学思考，韩、柳将情感引入其中，使之亦有言志述情的功能。总之，经韩、柳二人的积极倡导，文体终于从骈体中解放出来，从而奠定了唐宋实用散文的基础。

宋代的诗文革新运动，是对唐代古文运动的继承和进一步发展，对诗文的政治教化功能更为注重。运动提倡者主张文以载道，要求文以致用，宣传儒家思想，提倡散体古文。其中，欧阳修就是这一文学运动的领袖，他的散文以"明道""致用"为宗旨，反对内容浮薄空泛的文章。这一风气使得诗歌中的议论成分也大大增强，理学家们的诗由于过度偏向议论，抒情功能大大折损，但王安石的咏史诗和苏东坡的哲理诗则得益于议论，别有风貌。

宋代的诗与散文均是在唐的基础之上有所创新改制，散文成就尚可，而诗歌则在唐的繁华之后难以为继。宋之文学大成，乃在于词。词在唐代地位不高，至宋才获得生机，完成词体建设，丰富了题材内容，拓展了风格倾向，得到大发展。宋词流派纷繁，名家辈出，与唐诗一道成为中国文学史上的洋洋大观。

北宋早期词坛以柳永、范仲淹、张先、晏殊和欧阳修等为代表，他们作为宋词的开拓者，在因袭中求创新，提高了词艺，开拓了词境。晏殊词贵在"情中有思"，如"无可奈何花落去，似曾相识燕归来"；欧阳修向民歌学习，词风清新旷达，如"文章太守，挥毫万字，一饮千钟"；张先以词赠别酬唱，扩展了词的功能，还以题序的方式将日常生活引入词中。这一时期词的最主要代表是柳永，他大力创作慢词，慢词的篇幅更长，内容也就更多，提高了词的表现能力。此外，在词的结构上、铺叙方法上柳永都有所创新。在词的主题上，柳永作为一个浪子，更是写他人所从未写。他混迹于社会底层歌妓之中，对她们的生活和情爱着笔甚多，如《定风波》中描写女子对爱情的向往："免使年少，光阴虚过"；《满江红》里刻画被弃女子的心声："可惜许枕前多少意，到如今两总无终始"；《迷仙引》里表达女子对自由和从良生活的向往："万里丹霄，何妨携手同归去。永弃却、烟花伴侣。免教人见妾，朝云暮雨"。

柳永之后，苏东坡、辛弃疾的词摆脱了过去绸缪婉转之风，词风多豪迈奔放，奋发激越，感情充沛饱满。这种豪放派的词派创作，对宋以及后代文学的发展，起到了积极的作用。苏轼对宋词进行了很大的变革，主张诗词于文体上无高下之分，并使词向诗风靠拢，增加雄健豪情的男性化风格。在他的词中，处处可见豪迈之气，如"有笔头千字，胸中万卷，致君尧舜，此事何难"的意气风发之态，"老夫聊发少年狂"的壮志豪情，"回首向来萧瑟处，归去，也无风雨也无晴"的自适洒脱。在他的传世名篇《念奴娇·赤壁怀古》中，融合了对自然的观察，对历史的醒悟，对人生的思索，展现出一种格局宽广、视野远大、思绪开阔的超然情怀。至此，词已不复艳丽迤逦之儿女小情怀，而是具有了更大的格局，自成一道，与诗具有了同等的气象。

北宋中后期词坛除了苏轼之外，具有代表性的还有黄庭坚、晁补之、晏幾道、秦观、贺铸、周邦彦等，其中周邦彦主张规范词作，对宋词的发展也作出了独有的贡献。

中国的诗文与哲理相通，受儒家的家国情怀和道家的自然理想影响甚深，自古以来，数以万计的诗篇，大多是表现儒家"入世"思想主导下的功业喟叹与政治抱负。中国的文艺传统强调文学不离人生，文学艺术的最高境界，必是人生修养的最高境界，也是人生理想的最高境界。中国古代文学以生动的具象方式体现了中国文化的精神和中华民族的文化心理。

第七章 宋明理学与学术文化格局（上）

　　为天地立心，为生民立道，为去圣继绝学，为万世开太平。

——张载《张载集》

一、理学的奠基

唐代中叶以后，经济、社会、文化等方面都发生了一系列重大且互相连带的变革，新思潮暗中滋长。宋太祖开国立制，抑武崇文，重视人才的选拔，优待士大夫群体，十分有利于新兴地主和士人阶层的崛起。这一阶层，因身份的独立、地位的上升，必然迫切于表达自己的政治诉求，希望建立起新的更合理的社会秩序，这些要求又最终反映到学术思想上来，成为促成新儒学发展的根本动力。

北宋前期，文人士大夫中的先觉分子即不断表达对儒家之道的向往，希望借之来改造、重整败坏了的社会道德秩序。他们的理想是"致其君为尧舜之君，民为尧舜之民"，越汉唐而复三代。这种思想最初由宋初古文家承接唐代韩愈、李翱的文学主张而发端，继而由范仲淹（989—1052）、欧阳修（1007—1072）等人所继续，并在"宋初三先生"的宣教鼓吹下达到高潮。所谓"宋初三先生"，指胡瑗（993—1059）、孙复（992—1057）、石介（1005—1045）三人，人称胡瑗为安定先生，孙复为泰山先生，石介为徂徕先生，南宋理学家已经推许三人为理学的源头，《宋元学案》亦首列记载胡瑗学术的《安定学案》，三人被认为与理学的发生有密切的关系。

以"宋初三先生"为代表的先进知识分子群体，目击时弊，昂扬愤激，充满了对俗学的战斗精神和开新的能量。他们围绕着国家治平、儒道复明，以文道关系、经学转型和辟佛老三个方面为主题，鼓动了北宋前期的社会思潮。他们在很多方面都为理学的成立廓清了障碍，也在很多方面为理学的内容发明了端绪，使得北宋儒学呈现新的面貌。"宋初三先生"所主张的道，还主要是直接指向儒家传统的仁义礼乐之道，特别是纲常名教的基本价值。他们的贡献以中兴儒学为大，对道的认识还没有上升到理学的哲学建构层面，在义理的深度和广度上都无法和理学相比。他们对理学的兴起有接引之功，但还不能直接作为理学的组成部分。

关于理学的创立，朱熹的《伊洛渊源录》以及《宋史·道学传》都是以"北宋五子"为主体的。五子，即周敦颐、张载、邵雍、程颢、程颐。五子作为早期理学的开创人物，他们的学术虽同具理学的特色，但在立说上各自成体，风格大异。后世俗称周敦颐之学为濂学，张载之学为关学，二程之学为洛学，以所处地域的不同来表示诸子学术的差异。按照现代学术界的通常做法，则把以张载为代表的一派称为气学，把邵雍一派称作象数学，把以二程为代表的一派称为理学，这样，他们的学术特征更容易被直接了解。当然，我们也可以把这些分派，看作是理学内涵的合乎逻辑的展开，分别来看它们各有的学术特色，合起来又看它们共同构成的理学的整个系统。

五子四派，他们在理学中的地位并不相当，我们所说的理学，是以程朱理学为正统脉络的，而且习惯上对于五子的认识也是采用以朱熹为代表的程朱派理学家的看法。就五子而言，周敦颐被视作宋明理学的开山，是"道学宗主"；张载和邵雍被视作辅翼。所以，推论理学的真正奠基，应当以周敦颐、张载、邵雍为主。

周敦颐（1017—1073），字茂叔，学者尊称他为濂溪先生，曾长期从事刑狱司法工作，刚果干练，事有速效，"尤善谈名理，深于《易》学"（《濂溪先生墓志铭》）。他的主要著作有《太极图说》《通书》（又名《易通》），二书又互为表里。周敦颐的著作文字简练，意蕴深厚，他的学说以《周易》为主，而会通《中庸》。在解释《太极图》的《图说》中，他提出了一个以太极动静、阴阳变合、五行化生为次序的宇宙发展图式，引导了此后儒家宇宙论方面的建设。

周敦颐提出了关于人性及修养的看法。他认为人性受到阴阳五行的影响，主要表现为气质性的"刚柔善恶"，而人性应以中和为转化的标准。圣人设教，目的就在于使人"自至于中"。为此，周敦颐还提出了"主静"的修养方法。对于"主静"，他认为"无欲故静"。他的"主静"不是寂寞无为，而是要消除气质性的私欲以接近"诚"的本体状态。周敦颐提出人生的理想应该是："圣希天，贤希圣，士希贤。"（《通书·志学》）他把儒者的追求完整地表述为"志伊尹之所志，学颜子之所学"（《通书·志学》），把道、德放在比人间的富贵更尊贵的地位。周敦颐所指示的学为圣人的人生理想和人生境界，影响了理学的进路，激发了理学家们对所谓"气象"的追求。周敦颐本人就被一致认为"人品甚高，胸中洒落，如光风霁月"（《濂溪诗序》）。二程在十四五岁的时候曾受父命，师从于他。不过，周敦颐一生仕宦不显，恬退隐默，交游不广，他的学说在当时乃至整个北宋时期几乎没有什么影响。他在理学的地位与二程曾受学于他及程门后学对他的推尊有很大关系。

张载（1020—1077），字子厚，讲学于陕西凤翔府郿县（今陕西眉县）横渠镇，人称横渠先生。张载青少年时感受到国家边患的严重，就喜欢钻研兵法，有志于建立军功，后受范仲淹的劝导转而从事学问。他广泛求学，出入释老，返归六经，最终成学。他的学问出自精思的成分多，程颐说他"有苦心极力之象，而无宽裕温厚之气。非明睿所照，而考索至此"（《答横渠先生书》）。张载的著作有《正蒙》《易说》《经学理窟》《张子语录》等，以《正蒙》为代表。

张载针对佛教"万法唯识（心）"和道家"有生于无"的宇宙观念，建立了他的气本论的哲学观，具有唯物论和辩证法的色彩，这是他在哲学上的主要成就和特点。他指出，宇宙的本体是"太虚"，我们看到的好像无形的太虚并不是纯粹的虚无，而是充满了气，"太虚即气"。整个的宇宙现象，万物的生灭，其实质就是"气之聚散于太虚"。他宇宙观的另一方面，是揭示宇宙万物运动变化原理的"神化"思想。在张载看来，宇宙万象的实际就是气在太虚中聚散，"气化"的过程就是道。气化的必然性来源于"神"，这种"神"，也就是万物间神妙的变化功能。张载还进一步提出"一物两体"的观点，用对立统一的规律来阐释这种思想。

张载在人性学说上被理学家称道的最大贡献，是他提出了"天地之性"和"气质之性"两个相区分的概念，这为解决历来在人性善恶学说上的争端提供了比较圆满的依据。他认为，人性的修养就是要克服"气质之性"的偏弊，使之趋于中和清明，从而回复到太虚本性。这个过程，他称作"变化气质"。在心性方面，张载还提出了一个很有影响的命题"心统性情"，强调只有尽心方能尽性。人应当超越闻见官能以及自身形体的局限，努力扩充自己的心量。大心体物即"尽心"的过程，又同时为"尽性"的过程。这一思想突出表达在张载的《西铭》一文中，里边提出了"民胞物与"的思想，体现了理学家浩大的心胸和强烈的宇宙关怀。

邵雍（1011—1077），字尧夫，赐谥康节，后人称他为康节先生。他一生闲居不仕，恬于名利，与物为趣，气象和乐，给自己的居处取名"安乐窝"。他的著作有《皇极经世书》，以《观物篇》最为有名。邵雍喜欢闲游，嗜好作诗，用诗来寄托他的感情和思想，表达他观物、乐物的意趣。他给自己的诗集取名《伊川击壤集》。

人们将邵雍的学术称为象数学，他的象数学完全本于易学的思想。他说："太极一也，不动；生二，二则神也。神生数，数生象，象生器。"（《皇极经世书·观物外篇》）邵雍认为宇宙的发生过程自始至终都可以用数来表示，"一"代表宇宙的本体。由数而生象，宇宙的衍生过程也可以用象来展示。他又说："天下之数出于理，违乎理则入于术。"（《皇极经世书·观物外篇》）可见，邵雍的象数思想并不脱离"理"，象数是对宇宙万物生成之理的一种客观反映。他认为通过阴阳刚柔这些基本之象的配合，以及这些基本之象所代表的体数和用数的各种运算，就可以穷尽了自然世界的一切生成变化，得到一切事物可能的生成次序和总的种类数。同时，邵雍还认为，通过"元、会、运、世"的宇宙周期以及人类社会皇、帝、王、伯的盛衰规律，人们就可以掌握宇宙历史和人类历史发展的整个过程，并从中验证天时与人事的相互符应。

邵雍思想中最有价值的部分应属是他对人性的认识和观物学说。他认为，人的眼睛能视察万物的形色，耳朵能收听万物的声音，人的感知把万物当成自身的寄托，万物则可以被人的感知所利用，"天地万物之道尽之于人"，"人之类，备乎万物之性"。邵雍的观物思想认为圣人"能以一心观万心，一身观万身，一物观万物，一世观万世"（《皇极经世书·观物内篇》）。他的"观物"有特殊的内涵，不是简单地用眼睛来观察万物的外在特征，也不是用个体的心智来把握事物的各种情况，而是要"以理观物"，以无我的态度"以物观物"。"以物观物"，又称"反观"。顺理无私，是邵雍和其他理学家共同注重的处物方式和心性修养的高层境界。

二、理学的创立

周敦颐、张载和邵雍，他们三人都被尊奉为理学成立时期的重要开拓者。他们在宇宙论、心性论方面都提出了自己独创性的思路，研究宇宙万物生化的道理，并对人类心性问题的认识也更加清晰和深化。他们提出了不少重要的理学概念、命题和方法。但他们所谓的"理"主要是指宇宙阴阳万物的动变、化合、感应之理，在他们的思想体系里，儒家所强调的仁义礼智这些德性还没有充足的天理的根据，人的德性与天道、天理的承接还不够圆融，儒家道德价值的哲学论证还有待于进一步的完善。而这些问题的解决，要归之于二程的贡献。也因此，二程一直被认为是理学的真正建立者，他们的基本思想也成为理学一脉的正宗。

"二程"指程颢、程颐两兄弟。程颢（1032—1085），字伯淳，洛阳（今属河南）人，死后被学者尊称为明道先生。程颢天资很高，为人和乐冲粹，跟他接触，如沐春风。他不著书，留下的仅是些公私文书、弟子所记的语录以及一定数量的诗歌，其中以《识仁篇》和《定性书》最为有名。程颐（1033—1107），字正叔，学者称他为伊川先生。程颐著有《程氏易传》，为理学的经典作品，其他语录、杂著若干。二程文字已经都收入到今人编辑的《二程集》中。其思想的流传以语录为主要形式，语录体文献也成为以后理学思想的一种重要载体。

二程兄弟十四五岁的时候，其父亲程珦把他们推荐给周敦颐受学。周敦颐让他们寻找"颜子、仲尼乐处，所乐何事"，把二程向注重内心自得和追求精神境界的新方向引导。二程与张载是亲戚，论学各有相推服的地方；二程与邵雍也同里巷居多年，往来讨论，伊川自称跟邵雍"世间事无所不论"。可见就北宋五子的关系而论，二程是他们学问汇集的一个中心。

二程的学问趋向、思想观点在根本上是一致的，所以多数的学者把他们视为一体。但二程之间也确实存在着很显然的差异，特别是在性格气象上：程颢"吟风弄月"，脱洒和易，擅长随人成就；程颐衣冠整饬，严毅庄重，能够振起师道。由于程颢早逝，程颐继续经营理学20多年，把一些理学问题研究、阐发得更充分，在理学上的建树和影响都要更大，程朱一派的理学也主要偏指程颐以下的学统。

二程理学最突出的地方，是他们对于"天理"的发明和体会。"理"成为二程哲学的核心观念和基本纲领。程颢很是自负地说："吾学虽有所授受，'天理'二字却是自家体贴出来。"他们别有会心的"天理"，不仅是对天道生化规律的认识，更是对理的普遍性尤其是天人合一关系的新理解。

二程认为天道"只是理"，而他们特别注意道与器、理和气在性质上的区分。阴阳只是气，气是形而下的物质载体，而"所以阴阳者"才是道、理，道、理是形而上的抽象实体，是一切事物存在变化的最后根据。"百理具在，平铺放着"（《河南程氏遗书》卷二上），"不系今与后，己与人"（《河南程氏遗书》卷一），理具有客观性和统一性。二程还认为"有道有理，天人一也，更不分别"

（《河南程氏遗书》卷二上），天理、人理完全合一。他们反复强调"天人无间"，"天人本无二"。二程理学把天理完全融化到人的身心之内，人道所具有的一切合理的内容都同时具有天的意义，而天道的实现也完全不必脱离人伦日用一切人事常行之外。儒家的仁义道德很自然地成为宇宙间普遍的理则。因此，天、理、命、性、心、道等这些概念在他们看来，在本质上都贯通为一；而"穷理""尽性""至命"这些功夫的环节也都可以打通，不存在先后关系，"一时并了"。这把儒家天人合一关系的论证推向了一个新的高度。

在人性方面，二程同时重视理和气的作用。程颢习惯从气禀方面着眼，来分析人性，他肯定"生之谓性"，直言不讳"恶亦不可不谓之性"（《河南程氏遗书》卷一）。程颢论性多少带有含糊不清的地方，与之相比，程颐在人性的观点上要更斩截分明。程颐论性有两点特别有益于理学性论的完善，那就是：第一，他明确地主张"性即理也"；第二，他主张性、气应当结合讨论。他说："论性，不论气，不备；论气，不论性，不明。"（《河南程氏遗书》卷六）与此相应，程颐以理言性，明确地坚持性善的立场。他认为："性无不善，而有不善者，才也。"（《河南程氏遗书》卷十八）"才"的不善，并不是不可改变的，只有自暴自弃的人才无法改变。程颐在人性善恶的问题上继承了孟子，他对人性的看法既清楚又灵活。

在修养工夫上，二程提出"主敬"之说。"主敬"的方法可视作对周敦颐"主静"说的改进，也是二程理学在工夫论上的显著特色。"主敬"的修养方法是跟他们的"天理"观结合的，主敬工夫就是对于天理的涵养和保持。敬只是敬这个天理，敬可以保证天理不会因为受到人为私欲的干扰而间断。不过在主敬的问题上，程颢和程颐的态度又有所区别。程颢在重视敬的同时，又强调不要过分把捉或者刻意矜持，以免损害人内心的和乐。在程颢敬的境界中，是鸢飞鱼跃的景象，天理流行，自自然然，能让人的内心充分感受到循理、率性的从容悦乐。程颐的"主敬"则内外兼重，强调循理的严肃一面。程颐曾作视、听、言、动《四箴》以自警。他认为人的衣冠瞻视、视听言动这些外在的举止表现都与人的内在相关，外表不"整齐严肃"，内里就会有邪慢之心生起。所以，他毫不忽视外表的庄敬，讲究"制乎外所以养其中"之道。程颐主敬说的要义是"主一无适"。敬是内心专一的常态，使此心不随意走作，不以具体事物为对象，加以刻意地把持。程颐的主敬说还强调"有主则实"。他认为"人心作主不定"，就容易导致思虑纷扰，持敬有主便会内心充实，抵制住外来的干扰。

二程的学说在理气观和修养方法上都大体一致，同时他们也各有自己特别发挥的理论。程颢专提"识仁"，重于涵养，有"定性"之说；程颐则常以"涵养须用敬，进学则在致知"双提，并且构筑起了程朱"格物致知"这一重要理论的基础。

二程认为，宇宙一气为生生不息的过程，天道最可贵的地方在其"生生"，程颐尝说"唯某言动而见天地之心"（《河南程氏遗书》卷十八）。程颢从中发挥他的"仁"学思想。他所言的"仁"，是"以天地万物为一体"的精神境界。因此，学者为学的第一要务就是要"识仁"。"学者须先识仁。仁者，浑然与物同体。义、礼、智、信皆仁也。"（《河南程氏遗书》卷二上）五常之德都是仁德的具体体现，而仁也就是天理。识得仁理之后，工夫便在"以诚敬存之而已"。在识仁的具体实践上，程颢还教人观鸡雏，观庭草，观春天生物的气象，这些都是仁意的常见易观之处。程颢的定性观念强调，定性应"动亦定，静亦定"。讲"定"并不是不去应接事物，静而不动，也不是一味寻求祛除外来事物给自己造成的不好影响，而是要"廓然而大公，物来而顺应"，"情顺万物而无情"。从根本上讲，性的不定，是因为人把自己的性当作在内的，把接触的事物单纯看作在外的，"内外为二本"，所以最终导致内外不合，劳攘不定。程颢认为，性是"无内外"的，所以应内外两忘，这样便可澄然无事，性定而心宁。显然，程颢的定性说是成立在他的仁说之上的，仁为一体，物并不在人的性分之外，应事接物，循物之理同样是尽人之性。

二程在修养方法上都重视涵养的作用，而其所谓敬即是涵养的工夫。程颢的涵养，讲究浑然一体，而程颐在主敬涵养的基础上，结合《大学》的论述，强化了"致知"在为学方面的意义。他说："君子之学，将以反躬而已矣。反躬在致知，致知在格物。"（《河南程氏遗书》卷二十五）程颐认为，学者如果要真正实现心性的修养，应首先去"致知"，而所致之知就是"理"，所以"致知"的途径为"格物"。程颐解释"格物"为穷理，穷理就可以致知。他对《大学》"格物"的新解释与其天理观相适应，也从而为理学的成立找到了方法论的依据，这一点对理学的发展来说至关重要。程颐对格物的对象、范围、意义、方法、程序等诸多方面都有讨论，初步完善了理学的"格物致知"理论。

二程哲学开始明确地、一贯地以"理"的观念来认识宇宙，把握人生，把"理"当作形而上的抽象存在，与气相区别。"理"成为其哲学的最高范畴和一切存在的本体，也成为天人合一的新的统一性的基础。围绕着"理"，二程开拓了儒学的新的人生境界论，提出了"主敬"的新的修养方法，建立了"格物致知"这一新的以德性为主导的知识论。这些内容共同构成了其"理学"的整体，也是"理学"得以真正建立的标志。二程理学，是对传统儒学的根本创新，极大提高了传统儒学的哲学思辨水平。深厚而纯正的思想底蕴，使理学在扶持儒教、影响世人方面，发挥出了应有的巨大作用。

三、理学的集成

二程哲学使"理"的观念大放光明，增进了人们理性思维和道德实践的能力，标志着理学的正式成立，也成为理学发展最主要的源头。不过，二程理学固然为理学的正宗源头，但它与在后世大行而为我们所熟知的理学在面貌上还有一定的差距。理学系统的成立，是经过南宋朱熹的整理、融会、改造、传播才最终实现的。理学的定型出于朱熹的全力整顿。朱熹使得理学在道统、经典、学理、方法等方面都完备起来，规模极其宏大，辨析极其精微，影响极其深远。朱熹创立了我国古代最伟大的哲学体系，是理学也是我国传统儒学当之无愧的集大成者。没有朱熹，甚至可以说就没有其后理学的面貌和影响。

朱熹（1130—1200），字元晦，号晦庵，谥文。祖籍徽州婺源（今江西婺源），长期居住在福建的崇安、建阳，从事著述讲学活动，他的学术又称为"闽学"。朱熹年轻时有一段时间喜欢钻研禅学。24岁时，作泉州同安县主簿，师从李侗（字愿中，世称延平先生），方开始专心于伊洛之学，正式走上理学的发展道路，接续了程门道南之传。他40岁的时候，发生所谓"己丑之悟"，标志着其哲学思想已经趋于成熟、稳定。朱熹的学问方面之广，著述之丰，议论之精，在整个儒学发展史当中都是屈指可数的。他的著述涉及传统的经、史、子、集四部众类，《文集》有100卷，讲学语录《朱子语类》计140卷，专著有《四书章句集注》《周易本义》《诗集传》《太极图说解》《通书解》《西铭解》等，而尤其以《四书章句集注》为最有名，几乎是元明清三代的士子人人必读的"圣经"。

朱熹对理学的继承和贡献，其首要的一点，就是清理了儒家的道统传承，开拓并奠定了理学的门户。理学初期崇尚孔颜之道，贬低汉唐诸儒的地位，至朱熹则正式建立了理学的道统观。朱熹的道统观突出表达在他的《中庸章句序》里。他一方面从理学的立场，廓清了唐至北宋前期道统之传的诸种说法，认为北宋以前的道统之传，始于得位的尧舜，至于无位的孔子，孔子传颜子、曾子，再传于子思，再传至孟子，孟子以后道统便失传了，1000多年没有传人，明确排除汉唐诸儒于道统的序列之外。另一方面，他认为中断千年的道统由二程接续，理学才是道学的真正发明，二程之统才是儒家的正统。道统说是对自来儒学发展史的一种整体批判，也是对理学自我价值的历史认同。

朱熹虽然明确以二程为道统传人，但他的理学思想却并不局限于二程，而是确立了初期理学五子并尊的局面。他收集、整理、考证、注解五子的著作，为早期理学的文献保存和传播倾注了很多心力。此外，朱熹所作的《伊洛渊源录》14卷，是一部简明的早期理学史。他又同吕祖谦共同商议编定的《近思录》一书，成为了重要的理学入门书。总之，朱熹哲学以程氏之学为基础，同时扩大了洛学的规模，融会了北宋周敦颐、张载、邵雍这几位在哲学上颇具创造性的思想家的合理成分，重塑了早期理学的格局和大体的传承历史。后世对早期理学的认识，受朱熹影响最大。

朱熹对理学的集成，不仅体现在他对早期理学格局的重塑，也体现在他对南宋前期理学的清理和总结，以及与同时不同学术立场的儒家学者的交流、讲辩。朱熹以二程理学为依据，完成了统合北宋理学上蔡（谢良佐）和南宋理学龟山（杨时）、五峰（胡宏）等主要派别的工作，使得理学在经历了南宋初期的分歧发展之后，日趋形成以朱熹哲学为代表的新的整合系统。此外，朱熹与同时的著名学者，如张栻、吕祖谦、陆九渊、陈亮等，几乎都有交流，或相与论学，汲长补短，或反复辩论，端正立场。通过这些学术活动，朱子学得以克服弱点，完善理论，突出特色，明确学统，从而使自身愈加能够经受挑战，稳固树立。这表明，朱子学不仅集理学历史之大成，也同样集时代儒学之大成。

朱熹最大的贡献是他的四书学。四书包括《大学》《中庸》《论语》《孟子》，朱熹四书学的代表作是《四书章句集注》。唐代以前，学术的中心在经学，四书的地位并不突显，四书也没有结合在一起。二程始有意地重视四书，以之为教。而四书的正式结集，并获得精密的训释、章句、义解，乃是朱熹的成就。朱熹四书之学，从他30多岁开始着手，直至他71岁去世前夕都还在修改其内容，毕生沉浸其中，辛勤改进，真可谓死而后已。朱熹的四书学以二程及程门高弟的见解为主，兼通注疏，折中己意，是经学方法和理学观念的一种结合。朱熹四书学的意义体现在：一方面，他想以此作为认识孔孟之道的一种密切的途径，作为博通群经和群书的基础；另一方面，四书学本身即是一个完整的学问系统，代表了学问的规模、次序、方法、理学的基本原理和最高境界。四书学是对传统五经学的凝练和超脱，为儒学的发展建立了新的经典体系，也是朱熹博大的理学思想凝聚成的结晶，在朱熹理学中具有基础性和独立性双重意义，对后世的影响极大。

朱熹有一句有名的诗"旧学商量加邃密，新知培养转深沉"（《鹅湖寺和陆子寿》），真实反映了他为学不断进取的精神。他在理学的学理和方法上较之以往，或推陈出新，或日加邃密，理学面貌为之一改。这可以从理气关系、心性体用、格物致知等方面来加以认识。

在理气方面，朱熹继承了二程的基本观点，又把理气问题推展得更加细致充分。在朱熹哲学中，理气问题主要分析为：理气先后、理气动静、理气同异、理一分殊等几个重要论题。他明确把理和气二者结合起来，用以解释万物的构造。事物都是由理、气共同构成的，理是生物的所以然，气是生物的材料。就现实来说，理气不能互离，而理又具有更优越的地位，是最高的本体概念，也即"太极"。朱熹理气观的一个重要论点是"理一分殊"。他说："合而言之，万物统体一太极也；分而言之，一物各具一太极也。"（《太极图说解》）就性理的角度来讲，太极是众理的总名，万物各具之理从太极分化而来，万物之理跟太极之理是完全相同的。但就物理和伦理的意义来讲，"理一分殊"则突出了理在实现上的差别性。不同的事物和不同的伦理关系各自体现为不同的条理或伦理规范。理学之理不是笼统浑沦地讲究理之"一"，其理皆具有实际的内容。"理一分殊"，是理学格物致知得以运用的哲学依据，也是与佛老相区别的根本特色。

在心性方面，朱熹"己丑之悟"后，确立了自己对心性情关系的看法。他一方面继承了伊川"性即理也"的命题和心有体用的说法，另一方面又吸收了邵雍特别是张载"心统性情"的说法。他充实了"心统性情"之说，自觉地把心性情三者纳入一个系统的心理构造当中，使心性情三者的关系得到了相当成熟妥当的处理，解决了此前心性情关系的混乱不清问题。"心统性情"有两种意义：一是，心作为总体，能兼包性和情，性是心之体，情是心之用，心且只有心能贯通整个动静过程而无不在；二是，心作为主宰，能主导性情，也即情的发动实际由心来承担并由心来节制，性的存养也要靠心的主敬工夫来实现。"心统性情"论是朱熹理气观念在心性上创造性的落实。

朱熹哲学的精神，也是他最具胆识、最有契会的地方，当是他的格物致知理论。格物致知理论在程颐时已经略具雏形，但朱熹对其有所转化，加以完善，并最终予以经典化。朱熹一生最费心力之处是他的《大学》研究，而《大学》中他认为最要紧的是"格物"，"格物"是《大学》八条目的起点。经过朱熹的重新解释，"格物"不仅成为《大学》的中心观念，也成为与他的个性思维最相适宜的理念。朱熹解释"格物"，延续了程颐以"格物"为"穷理"的基本义，而又扭转其内化的偏向。朱熹强调"格物"包括"即物""穷理""至极"三个要件。他注意"格物"与"穷理"的区别，强调"格物"不能脱离事物来悬虚地穷理。就"致知"而言，物我一理，穷极物理，同时也意味着把认识主体自身的知识推扩到了极致，物格则知自然就会致。朱熹所讲格物的具体途径也是多方面的，以读书讲论和日常生活实践为主。以此种格物思想为指导，他进一步认为《大学》文本缺失了"格物致知传"部分，坚持为《大学》作了"格物致知补传"，把他所信奉的"格物致知"思想纳入经典当中，以显示其不可磨灭的价值。

朱熹的格物致知理论，虽然仍以儒家的心性道德修养为指归，却同时兼重知识的取向，道问学而致广大。由于时代条件特别是价值观念的限制，理学的认识论基本没有发挥对科学研究的指导作用，但它无疑是合乎理性的，其本身既能够作为道德修养的方法论，也将有可能转而作为指导科学探究的哲学认识论。

程朱理学作为以"理"为最高本体、以合理性为最高价值的系统哲学，是充分合乎社会发展和人类思维规律的进步哲学；既是历史精神的透发，也与现代精神相衔接。朱熹哲学博采众长，达到程朱理学的最高峰。此后的思想界始终笼罩在他的影响之下。不过就后世朱子学而言，以传述朱熹的思想为主，补苴罅漏，较少创获，有学者评价"此亦一述朱，彼亦一述朱"而已。朱熹之后，直到阳明良知学出来，宋明理学才又再次绽放出异样的光彩。

四、心学的并峙

宋明时代，陆王心学是与程朱理学并峙争长的主要派别。心学虽不大认可狭义的理学即程朱理学，但并不脱离"理"，也是以"天理"为最高的认识对象和体验对象。他们把心的本质等同于理，以"存天理"来指导人们的道德生活。因此，心学同样也属于广义理学的范畴。但心学和狭义的理学相比，毕竟存在着较大的不同，这种差异在当时两家的学者们自身已经有着极为深切的感触。

心学，在南宋时期，以与朱熹同时的陆九渊为代表，在明代中后期以王阳明为代表。所以，宋明理学前期以"朱陆"并称，后期则以"朱王"合论；就心学而言，则指称为"陆王之学"。阳明崛起于朱子学因循僵化之后，转而提倡良知学，对心学的发展有极大的创新和刺激作用。他的学术比陆九渊的更加精深，影响更大。

陆九渊（1139—1193），字子静，抚州金溪（今属江西）人，因曾居象山讲学，学者称象山先生。陆九渊自幼聪慧，4岁的时候即能究心"天地何所穷际"的问题。朱熹一生著述不辍，陆九渊则不喜欢著书，只是注重与学者讨论辨明而已。他的学说主要保留在书信和语录中，今有新编的《陆九渊集》。

陆九渊自己坦言，他的学术是"因读《孟子》而自得之"（《陆九渊集》卷三十五），这符合实情。他的学问主要是从孟子体会得来，其教学的根基为"本心"，其宗旨正是孟子的"先立乎其大"和发明"本心"，其基本的主张为"心即理"，其为学方法的特色为"易简"。他凭这些方面来衡量各家学术的得失。

陆九渊反复引证孟子的说法，论证"本心"的存在和重要。"本心"是陆学的核心观念。"本心"的基本内涵，即孟子所说的"仁义之心"或"四端之心"。这些是内心本具的道德理性或自然发露的道德情感，也就是他所谓的"理"。"人皆有是心，心皆具是理，心即理也。"（《陆九渊集》卷十一）陆九渊的理虽然归宿于本心，但在他看来道理并不是纯粹主观的，而是绝对普遍的。此理不但是人心相同之理，也是宇宙所固有之理。"本心"突出心的本体。陆九渊更经常直接使用"心"这一概念，一般情况下，他所说的"心"应从"本心"来理解。陆九渊把心的地位极度崇高化，其意旨不过是要以此来开拓人格的宏大境界，增强人的道德主体感和自信心。

陆九渊的学问完全建立在他对"本心"的认识之上，在他眼里，人之所以为人的根据就在于此心此理，这是大本。为学的工夫应以发明本心或者明理为主，从而建立道德自我的主体意识。因此，他学问的宗旨专要扭转人外向的迷误，使人归宿于本心，"先立乎其大者"。陆九渊讲学，首先要学者来"辨志"或"立志"。辨志是要明确"义利之辨"，了然于"小大轻重"，以道义为志。他鼓励人不能甘居庸常，一副"小家相"，"要当轩昂奋发，莫恁他沉埋在卑陋凡下处"，要"堂堂地做个人"（《陆九渊集》卷三十五）。他希望通过志向的树立和本心的发明，使人们能够"收拾精神，自作主宰"（《陆九渊集》卷三十五），抵制诱惑，从而廓大自己的"人品"，充拓自己的境界，做一个有强烈的道德自尊和道德担当的人。

陆九渊认为，人的本心"本无欠缺，不必他求，在自立而已"（《陆九渊集》卷三十四）。一切道德行为的发生，其根据不在别处，而完全出于本心的充足性、自觉性和能动性。陆九渊特别强调本心的真实意义。"千虚不博一实"，唯有自得于心，理才是实理，事才是实事，德才是实德，行才是实行。如果不能自得于心，不在心上用功，都属于支离，都只是枝叶的学问。陆九渊自诩："吾平生学问无他，只是一实。"（《陆九渊集》卷三十四）可见，他认为只有心学才是实学，才具有正式的道德的意义。因为他认为外来事物包括重外的学问是对人之本心的障蔽，所以，他的功夫论就以"剥落"和"减担"为方法，具有"易简"的特色。这一点，是陆九渊和朱熹二人学术的根本分歧所在。

陆九渊在朱熹理学盛行之时，能站在不同的立场上，开辟心学的学派，与之抗衡，其识见和魄力都是难能可贵的。陆学在当时的影响也很大，与程朱理学相互补充，是宋代理学不可或缺的部分。由于陆九渊过分强调心学原理和方法的易简，因而他的心学形态不够精微系统，哲学思辨性不强。对此大加弥补，堪称心学的集大成人物，应属于明代中期的王阳明。

王守仁（1472—1529），字伯安，谥文成。余姚（今属浙江）人，因结庐于会稽山阳明洞，自号阳明子，故学者称他为阳明先生，他的号尤为人熟知。阳明禀性豪迈，胸怀大度，习骑射，究兵法，谈养生，为词章，也曾出入释老之学。正德元年（1506），因上疏正言，抵触了大宦官刘瑾，被贬到贵州龙场驿作驿丞。居黔三载，动心忍性，学问大成。他此后言学虽屡生变化，但总不离其宗。他的思想以《传习录》为代表，其文字被今人编辑为《王阳明全集》。阳明一生戎马倥偬，军功卓著，最显赫的功绩是平定江西宁王朱宸濠叛乱。阳明的学问主要是从他的人生经历磨砺而出，所以体会特为独到深挚。

阳明有感于时代学术的僵化、陈腐，教化作用的日渐消沉，于是起来对传统的朱子学发起一种反动，转而标举身心自得之学，作相应的对治，再次掀起了宋明理学发展的新高潮。他的新学术，概称为良知学。不过，他最初志向儒学，也是从朱子学的格物入手。他早年曾以竹子为对象，进行格物的试验，但积劳成疾，以失败告终。经历了龙场三年的危难困苦经历，阳明方才彻悟到朱熹外向格物的偏失。他指出，"圣人之道，吾性自足，向之求理于事物者，误也"（《传习录上》），"格物之功，只在身心上做"（《传习录下》）。于是，阳明提出了"心外无理""心外无物""心即理也"等著名的心学命题。

阳明把取材于《大学》的心、知、意、物这些概念心学化，特别是对于"物"的解释，是把握他心学转向的关键。阳明"心外无物"的"物"绝不是指客观自存的事物，而是指"事"。"事"在阳明的究竟定义中，不仅是外在的人们行为中的对象，更是内化的人们意念中的对象。"意之所在谓之物"，物存在于人的意识结构当中。就意念的涉着对象为物的意义来讲，事物决不在人的意念之外，也即不在心外。那么事物之理，也自然不在人的心外。对于阳明来说，"理"的基本含义是道德价值的"至善"，而"至善"自然只能从道德主体自身之内去寻求，不能向道德行为的对象事物去寻求。

朱熹和王阳明的思想虽然共同根本于《大学》，却代表了不同的诠释路向。阳明反对朱熹的改本《大学》，表彰古本《大学》，并为之作注解，目的是建立起以诚意为优先并以之为主脑的新格物致知理论。阳明把"格物"解释成"正其（意念所在）不正，以归于正也"（《传习录上》），他把格物完全转化成了内向格心或"正念头"的功夫。格物致知，也就成为"诚意之功"。心不仅是道德的本体，也成为功夫的下手之地。阳明新格物说，对为学功夫的开展指出了十分明确的方向，强化了儒家道德学说的心性意义。

与此相辅，阳明还提出他的"知行合一"说。阳明"知行合一"说的提出，是针对朱子学和当时道德实践的不得力而发。阳明认为，"真知"必行，这是"知行的本体"，而"真知"也必定从切身的实践（行）得来。"知是行之始，行是知之成"，"知是行的主意，行是知的功夫"（《传习录上》），知行相互渗透，密不可分，共同构成一个完整的行为过程。而阳明"知行合一"说的主要意义，不仅在于要把行为贯彻到人最初的意念活动，就人的意念发动之初来切实做为善去恶的功夫，还要求人们于实事实物上躬行实践。

阳明心学的创新之处是他的良知说和致良知。他的"良知"观念从孟子继承而来，阳明把它发挥成了自己学说系统中最重要的哲学术语。"良知"是"心之虚灵明觉"，"是尔自家的准则"，知是知非。良知仍然属于心的范畴，但比心更容易显示道德意识的先验性、主动性和自发性。良知不仅是道德原理的本源，也是道德法则的直接实现，表现为对意念是非的直接评判。而良知知是知非的理性能力实际上又体现为"好恶"之情。在阳明哲学里，良知即本体即主体，即理性即情感，甚至也是即本体即工夫，即个体即宇宙的。良知是一个统一的综合体，也是阳明哲学的最高理念。阳明晚年经常把"致良知"当作教学的宗旨。"致良知"就是"致吾心之良知"，一方面要扩充本有的良知到极致，使其无一毫私欲的遮蔽；另一方面要求把良知所知落实到具体的实践之中。"致良知"是阳明良知学的熟化。

阳明晚年的时候还提出了所谓"四句教"，作为他一生思想和教法的最后总结。"四句教"的内容如下："无善无恶是心之体，有善有恶是意之动，知善知恶是良知，为善去恶是格物。"（《传习录下》）他对心体"无善无恶"的描述，不是就人性论而言，而是就境界而言，突出心体不系着于任何事物（意念）、虚无清通的本性。"四句教"和"致良知"一样，都体现了阳明本体和工夫合一并重的特色。

阳明之后，良知学传布更加广泛，上至达官大僚，下至樵夫贩卒，都热心讲求，声势倾动大半个中国。与此同时，良知学也日渐分化，宗旨林立，家各有言，人自成说，有些严重背离了阳明的宗旨，流入狂禅窠臼中去，已经突破了儒家名教的约束。

五、理学与心学的交融

宋明理学乃是一种伟大的时代精神在儒家哲学领域的焕发和凝练。它既统一于合理精神，又体现为不同的哲学形态，其自始至终都是如此。此间狭义的理学和心学二者立场分明，关系密切，纷争不断，融合日甚，共同构成宋明理学的主体，成为理学前进的内部动力，也代表了理学发展的一般趋势。

早在理学成立之初，二程理学就体现出了明显的分化。程颢和程颐兄弟之间，大程注重自得、洒脱、和乐、浑然的境界，具有心学内向体验的色彩；小程讲究严肃整齐、格物致知，纯是理学主敬穷理的作风。理学和心学的对立，真正要到朱熹和陆九渊才真正彰显出来，而这一争执与此后的整个理学相终始。

朱陆之争，最有名的事件就是鹅湖之会和"无极"之辨。淳熙二年（1175）六月初前后，经吕祖谦邀集，朱熹和陆九渊、陆九龄兄弟及若干门人，共同聚会于江西铅山鹅湖寺，举行了朱陆之间的一次正式辩论，目的是讲明学术，去除偏颇，会归为一，以正确地教导学人。这表明朱、陆之学已经成为影响当时学术界的主导思想，二者的分歧已经有直接对话的必要。这场辩论以"为学之方"为主题。陆九渊作诗说"易简工夫终久大，支离事业竟浮沉"，"易简"和"支离"代表了他对二人学问的成见。朱熹主张人心往往是不能自明的，学者需要广泛地读书明理，积累贯通，然后才能达到知识尽明，内外一理；陆九渊则认为学者应当先着实发明自己的本心，有所主宰，泛泛读书不但容易使人陷溺其中，而且徒劳无益，读书并不是明心的必要工夫。所以，陆九渊批评朱熹读书穷理的工夫为"支离"，而朱熹指责陆九渊单靠明心的学风为"近禅"。鹅湖之会，双方相持不下，不欢而散。

鹅湖会后数年间，朱陆两方继续有所交流会晤，各加反省，自我修正，但朱陆的基本立场并未动摇，并且随着双方门人的造次发难，激发了二人关系的恶化，加剧了两派的对立。朱熹有见于陆门弟子的无状，深惧心学流弊的蔓延，乃一改委婉含蓄，不惜"直截说破"，"显然鸣鼓而攻之"。这种冲突最终爆发在"无极"之辨上。

"无极"之辨由陆九渊的兄长陆九韶发端，淳熙十五年（1188），陆九渊重新拾起这个话题，写信质疑朱熹。由于双方自信有余，成见已深，仍是无果而终。双方激烈争执的问题主要是周敦颐《太极图说》首句"无极而太极"中"无极"的是非。朱熹解释此句作"无形而有理"，他认为"无极"只是形容"太极"的究竟至极，以避免误会"太极"为一物，影响它作为宇宙根本之理的地位。"无极"的"极"，是极至的意思。陆九渊则反对"无极"之说：他把"极"解作"中"，认为"无极"就是"无中"，认为这不符合儒家的理念；他还认为"无极"一词出于道家，不是周敦颐的观念或者只是他早年不成熟的观念，不应采信。由于朱熹强调形上与形下、理与器的严格区分，所以他认为用"无极"来突出"太极"作为形上之理的性质是很有必要的。而陆九渊并不作形上、形下的两重划分，认为阴阳即道，无需在"太极"之上另外虚构一个"无极"的概念，叠床架屋。就"无极"问题本身来说，双方争辩不休的意义并不大。但因为关涉双方的思想立场和原则，所以就把问题扩大化了。朱熹以理为客观的实体，永恒超越，不容私心自是；陆九渊则以心为实体，此心即理，不容外索支离。"无极"一词，恰巧成为二家意见分歧的典型例证，毫厘在所必争。

朱陆之争，早先围绕着是否肯定读书讲学的意义展开，继而转移深化到尊德性和道问学的先后关系上。但这些都是"为学之方"的争议，仅从侧面反映出两家学术有着极大不同，未尝直入到对方学理的根基上加以批判。追溯到两家的宗旨，朱熹继承伊川"性即理"的观点，注重理气、心性、人心和道心这些概念的辨析。在他看来，人的心性不是同一层次的概念；现实的人性体现为气质之性，现实的人心容易受到气质偏蔽的影响，决难与天命之性（理）自然合一，必要有格物致知的功夫，循序而进。陆九渊力阐"心即理"之说，认为天理直接落实到人心，不需要经过性理等观念的曲折以及学说的架构，人心自然、本真的发用便是天理的实现，功夫全在本心的操存。因此，陆学难免出现朱学所指责的以人心为道心，混私欲为天理的流弊；而朱学也难免出现陆学所批判的揣量摹写，依仿假借的现象。朱陆的争执，绝不是虚词中伤，也不单单是工夫路径上尊德性、道问学的先后轻重之异，更是他们哲学观念上的本质不合。以此按彼，如方枘圆凿，必将格格不入。

朱陆以后，由宋入元，两家继续传播，在思想界的影响依然并存，利弊互见，门户的问题亟待解决，因此渐渐生起和会朱陆的趋势。不少学者改变立场，由朱入陆，或者由陆入朱，希望沟通二者，取长补短，有些学者也明确提出和会朱陆的看法。主张和会朱陆，最有代表性的学者就是吴澄（1249—1333）。吴澄以朱熹之后的道统自任，有意于把陆学吸收到朱学当中，所以他在为学的方式上，尊德性与道问学并讲，而以尊德性为先。他虽然力主朱陆和会，但他所讨论的主要还是朱熹的理学问题，观点也大体顺承朱熹。元代朱陆分别的标志，还是集中在道问学和尊德性的先后主次问题上，合流的意义也主要体现为二者的结合。尽管是和会朱陆，但不同的学者仍然存在着偏陆或偏朱的倾向，朱陆之学的分量并不均齐。

明代中前期基本是朱学独尊，然而朱陆之争在明代并未平息，并较以前有所推进，逐渐发展成朱陆早晚异同的阶段之论。另一方面，朱陆的关系问题，在阳明之后也有针对王学的现实意义，朱陆之争因朱王之争得以延续。

一些偏向陆学的学者，不敢公然非议朱熹，他们试图通过分析朱熹思想变化的过程来求融合陆学。元明之际的赵汸提出朱陆早异晚合的观点。明代程敏政接续前说，于弘治二年（1489）专门编辑朱陆有关的书信为《道一编》，以调和朱陆。他认为朱陆异同可分为三个阶段：其初"诚若冰炭之相反"，其中"觉夫疑信之相半"，其终"若辅车之相倚"。朱陆之间经历了从对立到逐渐合并的过程。《道一编》在明代的影响很大，强化了世人对朱陆晚同的意识。其同乡程曈站在维护朱熹的立场上，于正德十年（1515）四月复以同样的体裁作成《闲辟录》十卷，反对《道一编》的结论，认为朱陆始终不合，陆学为异学。

王阳明是明代心学的大宗，他也曾困扰于跟朱子理学的关系无法调解。在南京任鸿胪寺卿时，他形成一种看法，认为朱熹晚年已经痛悔自己的旧说之失，肯定了心学的方向，于是他判定《四书章句集注》等书都是朱熹的"中年未定之说"。基于此意，他采集朱熹书信的片段，作成《朱子晚年定论》一编，自许可以解决长久以来的争论。由于阳明疏于考证，扭曲了朱熹的思想，所以此书一经刊刻传播，就遭到了著名朱子学者罗钦顺的反驳。罗、王二人的辩论，都是朱子学和阳明学分歧的核心所在，比如《大学》的文本问题、朱陆异同问题、格物问题等。罗钦顺比较明确地指出了朱陆的根本差异是对心性的认识不同，一以为"性即理"，一以为"心即理"；而陆王心学的过失就在于"有见于心，无见于性"，混淆了心性的分际。罗钦顺对陆王的分析及对王学的批评可谓抓住了要害。对于阳明来说，虽然跟朱子学的立场不同，但他毕竟从朱子学入手和转化而来，所以他在很多方面都难以脱离朱子学的痕迹，受到朱子学问题意识的引导。阳明有心调和朱陆，也是分内之事。朱王的关系与朱陆的关系本身已经发生了很大的不同，这是应当注意的。

针对心学尝试调和朱陆的做法，明代另一位学者陈建（1497—1567）著有《学蔀通辨》一书，加以总结性的回应。他树立程朱之学为正学、圣学，指责陆学为禅学、佛学，力图廓清朱陆早异晚同的流说，特别意在针对当时盛行的阳明心学而发。该书分作前、后、续、终四编；前卷阐发朱陆早同晚异，又分三层：早年未会而同，中年疑信相半，晚年势同冰炭。这部著作考证较前几书都更为精详，也比较符合朱陆思想关系的发展过程。然而，他盲目指责陆学是禅学，阳儒阴释，维护朱学的权威，不但对陆学缺乏实质的了解，也无益于学术的交流和进步。

由于明代嘉靖、隆庆以后，王学风靡，特别是泰州学派下的何心隐、罗汝芳、李贽等辈，打破世俗礼法的束缚，猖狂无忌，言行怪骇，被称为"狂禅派"。一些有识之士，从维护礼法世道的角度，对王学义理和教法展开了批判，其中最有影响的要数东林学派。东林学派以顾宪成、高攀龙为首领，他们特别针对阳明"四句教"中的"无善无恶"之说以及王学对程朱主敬功夫的破斥，坚定地维护儒家传统的"性善"论，强调程朱理学主敬功夫的必要性。他们以朱子学来挽救阳明学的危害，带来了朱子学的复兴，也代表了理学和心学更高程度的融合。关于朱陆异同的争端，一直延续到清代。

第八章 宋明理学与学术文化格局（下）

　　吾国近年之学术，如考古历史文艺及思想史等，以世局激荡及外缘薰习之故，咸有显著之变迁。将来所止之境，今固未敢断论。惟可一言蔽之曰，宋代学术之复兴，或新宋学之建立是已。华夏民族之文化，历数千载之演进，造极于赵宋之世。后渐衰微，终必复振。

　　　　　　　　——陈寅恪《邓广铭〈宋史·职官志〉考证序》

一、新道教和内丹学

道教一开始主要流行于下层社会，反映群众的生存愿望。经过魏晋南北朝道教名士的改造，道教趋于上层化和系统化。隋唐宋元明历代统治者对道教多采取扶植利用政策，其中不少皇帝极度热衷于道教，神化其统治。隋唐道教在宗教哲学的理论建设上，成就甚高，尤其是吸收佛教的思想，发展深化了"重玄"之道。道教讲究修炼服食药物以求长生的外丹术在唐代也达到了顶峰，唐代末期盛极而衰。宋金元时期，是道教的大发展期，南北方出现了不少新的道派，道教的炼养理论也发生了重要的转折，内丹术成为道教理论实践的新方向。

宋元之际，新道派的形成，跟当时的国家分裂和各种民族矛盾有着密切的关系。金灭北宋，元灭金，继灭南宋。朝代的更迭，社会的动乱，民族的压迫，民生的苦楚，使得一大批气节之士甘于隐退，并志存救世，从而转入新道教的建设和信仰当中。新道教的形成在战争动乱尤为频繁、祸害严重的北方地区最突出，先后出现了太一道、真大道和全真道三个新的道教派别。

太一道的创教始祖为萧抱珍（？—1166），卫州（治今河南卫辉）人，其教在金天眷年间（1138—1140），已经很流行。"太一"之名起源很古，后来作为最高神灵来祠祀。该派因为传授"太一三元法箓"，"太一"便成为该道派的名称。"太一"有"元气浑沦，太极剖判，至理纯一"的哲学含义；"三元"是道教的三个神灵——天、地、水三官，掌管人间的福祸，能够化解灾厄。崇尚符箓，是太一道跟真大道和全真道的不同所在，也体现了它跟传统符箓派道教的继承关系。但利用符箓对于太一道来说只是辅助，他们根本主张老子的湛寂柔弱之教，而且"专以笃人伦、翊世教为本"，济贫脱苦，乐于赈施，于动乱之中积极承担社会的责任。太一道以萧抱珍为初祖，继任掌教都以萧为姓。

真大道创立于刘德仁。刘德仁（1122—1180），沧州乐陵（今山东乐陵）人，大概创教于金皇统二年（1142）。真大道初始名为大道教，四祖毛希琮以后分化为天宝宫和玉虚观两派，各自推立五祖。天宝宫一派的五祖郦希诚，得到元宪宗的支持，开始称为真大道，代表了该派的正统。该教崇尚清净慈俭和自食其力，生活朴素，一切衣食都出于躬耕自给。刘德仁制定了教规九条，充分体现了老子的思想特色，并吸收了儒家的伦理和佛教的五戒、十善等观念，还自设刑具，严格执行。该派也不讲求炼化飞升、长生久视的神仙方术，生病不用医药，只虔诚默祷于虚空。真大道教法比较简易，欲拯救乱离之后的百姓，挽回淳朴的道德，对当时道教的不良风气有所抵制。

全真道的创教祖师是王嚞（1112—1170），金京兆咸阳（今陕西咸阳）人，字知明，号重阳子。王嚞于金正隆四年（1159）在甘河镇遇到异人传授秘文，入道。金大定七年（1167）东游到达山东宁海一带，通过以"三教"冠首的不少"社""会"组织形式，向大众传教，如"三教七宝会""三教金莲会"等，正式创立了全真道。王嚞在山东传教的过程中，招收了马钰、谭处端、刘处玄、丘处机、王处一、郝大通、孙不二七位有名的弟子。这七人被尊为"全真七子"，并各自开派，其中以丘处机的龙门派最为普及。王嚞著有《重阳立教十五论》，宣讲全真教的立教宗旨和修持方法。他强调道士应当出家住庵，云游乞食，不可蓄养妻子，这与其他道派特别是正一教不同。他重视心性命的内丹修炼方法，不尚符箓和黄白之术。该派最突出的特点之一，还在于提倡"三教合一"，认为三教同道，就像一个鼎的三足。王嚞传教，把《道德经》《清净经》《般若心经》《孝经》同时作为教徒读诵的经典，也可看出该派对三教合一思想的贯彻。

宋元时期除了北方这三个重要的新道派之外，传统的三山符箓道教也有较大的发展，斋醮科仪日益完备，特别是自觉吸收道教内丹学的内容，同时也出现了一些支派和新派。自汉魏以来，我国的道教一直以符箓派道教为主流，传统的符箓派有正一（天师道的正脉）、上清和灵宝三家，分别以江西龙虎山、江苏茅山、江西阁皂山为传播中心。宋哲宗绍圣四年（1097）敕封三山为"经箓三山"，形成三派鼎立的局面。由于三山都在南方，加之北宋亡后，南北分裂，所以三派主要在南方传播。

北宋末期到南宋，流行的新符箓派有：神霄派，以传授神霄雷法得名，创教于北宋末的王文卿，以附会宋徽宗为神霄真王降世而在全国推广；清微派，自谓其符箓道法传自清微元始天尊，因以得名，始倡于南宋理宗时人南毕道，经弟子黄舜申发扬光大；天心派，由正一派分化而出，以传授"天心正法"为教，据传北宋初饶洞天始得法；东华派，由灵宝派分化而出，两宋间宁全真始倡之，以祈禳灵验闻名；净明派，由灵宝派分化出来，奉许逊为初祖，最先由南宋初的周真公（一说何真公）传授"净明法"新符箓，为旧净明道，元代刘玉又创立新净明道，特别发挥净明忠孝的教义，是融合儒家思想的典型。这些新派都吸收内丹的思想，对传统的符箓教法加以深化，强调内炼为本，符箓为末，或者"以道为体，以法为用"；同时，越来越注重对儒家伦理纲常观念的融纳，强调积功累行，认为人道的实践是成就仙道的前提。

宋元时期，我国道教内丹思想盛传发达，对整个道教产生了根本的影响。外丹术利用人身之外的矿物，如丹砂、铅、汞、黄金等炼制金丹，服食以求成仙长生，往往发生致人中毒死亡的情况，并且需要昂贵的原料，普通人难以尝试，外丹术逐渐失去了吸引力。唐末五代至宋初，内丹术逐渐兴起，代表了丹鼎派道教的重大变革。道教内丹术的萌芽较早，而正式的发源则始于唐末五代的钟离权、吕洞宾等人，形成内丹术的钟吕一系，后世言内丹都归宗到这里。内丹术后来出现了南宗和北宗的分化。南宗创始于张伯端，流传于南方；北宗创始于王重阳（王嚞），流传于北方。二宗最初没有交流，都独立形成。张伯端（984—1082），字平叔，号紫阳，台州天台（今属浙江）人，著有《悟真篇》，以诗词偈语等形式来发挥内丹的奥蕴。道教内丹的理论经典，推许汉代魏伯阳的《周易参同契》和张伯端的《悟真篇》为丹经的正宗，《周易参同契》有"丹经之王"的美称。此外，《道德经》《阴符经》等道家经典也是丹法思想的重要来源。

内丹术同样也是"成仙"之术，认为如果修成金丹，"始知我命不由天"（《悟真篇》），就可以摆脱生死的限制，但它不需体外的药物，完全依赖人自身内在的元素。内丹术虽然反对外丹方法，否定其成仙的可能，却大量袭用外丹的术语。内丹的原理，往往秘而不宣，或者用恍惚的口诀、比喻来传达，语言神秘难解。修炼内丹最重要的是要辨明三件物事，即所谓"内丹三要"：鼎炉、药物和火候。鼎炉是鼎和炉的合称，上鼎下炉，实际指道家或医家所谓的丹田。丹田有上中下之分，下丹田最重要，或名"玄牝"，在脐下，是元气生发和归聚的场所，可谓成丹的根基。药物是内丹炼化的对象，指人体自身的精、炁、神三者，又称"三元"。三者是人体生命活动的物质基础和动力源泉，各自的代称名目众多，常见的代号中，指精气的有铅、虎、月、水、肾、玉兔、婴儿等，指神的有汞、龙、日、火、心、金乌、姹女等。精、炁、神三者本源一体，可以相互化生。同时三者又有先天、后天之分，应以先天元精、元炁、元神为真药。其具体的过程就是抽铅添汞，取坎填离，以阳伏阴，阴消阳全，成就纯阳之体。火候是指在修炼过程中，通过意念调控呼吸和药物升退停转的进度和程度，火即元神或真意。内丹功法的步骤各家有些不同，多数分为四个阶段：筑基、炼精化炁、炼炁化神、炼神还虚（或炼神合道）。又有所谓"小周天"和"大周天"的分别，具体的细节更为复杂。道家认为宇宙间道为根本，万物都是由道顺生而成，内丹修炼的基本精神则是逆而成丹，夺天地造化之权，制命在我，将人的元精、元炁、元神合炼为一，返还于虚无本真的原始之道。内丹之术以人的性命为本，分为性功和命功两部分，性命双修，这其实融合禅道的思想为一体。南宗和北宗的差别就在于，南宗先修命后修性，北宗则先修性再修命。

元代实现了南北的大统一，道教各派分化的状况逐渐得到了大整合。内丹家逐渐合并于全真教，而符箓派则合并于正一教。明清以后，道教形成以正一教和全真教两大道派并行的基本格局。正一教为政府扶持，教团腐化没落，全真教明清之际尚有中兴之象。道教哲学在宋明时期和儒学一样，有重大的发展，与理学有密切的关系，是本时期思想的重要组成部分。

二、三教合一的潮流

思想的分化和融合，是思想发展的必然趋势和一般规律，也体现了我国多元和统一相结合的文化特色。早在先秦时期，包括儒、墨、道、法主要学派在内的诸子百家相继崛起、争鸣，就已经开启了思想文化间互相批判和吸收的道路。汉武帝时期，顺应大一统的思想要求，儒术独尊。到了东汉之末，佛教西来，道教产生，经过魏晋南北朝时期的发展成熟，儒释道三教已成为我国三个最大的教理教化系统。通常所说的"三教"的"教"字，不是指宗教的意义，而是指教化的功能。三教的作用和影响，上至朝廷，下至百姓，贯穿政治、经济、文化、艺术等各个领域，遍及了整个士人和世俗社会。三教关系，在历史上奠定了我国最大规模的思想文化格局，推动了我国最高程度的思想整合运动。

三教之间，各有自己的教理教义，坚持己见，遂相争不下；欲求立世，就不得不兼收博取。儒、道是中国的固有文化，佛教是外来宗教，所以跟儒、道教的冲突最为激烈；而佛教由于讲求出家清静，跟道教的性质又比较接近，儒家往往把佛、道称为"佛老"或"二氏"，并放在一起批评。而三教间的关系，以儒佛二家的关系最紧张，其斗争的焦点体现在夷夏之辨、对伦理纲常的维护及世俗政权的利害等方面。儒家往往把佛教看作最大的异端，加以排斥。佛教最初传入中国时，依附于黄老道，其教义经过了与道家语言间的"格义"。而道教在形成过程中特别是改造成型时期，多参照甚至抄袭佛教的经典仪文造作道经。不过，道教与佛教在某些时期为了争夺政治上的优先地位，迎合统治者的个人喜好，斗争的程度也很严重，乃至酿成灭佛或毁道的事故。

随着长期的相处，三教的交流不断深入。佛教逐渐中国化，到唐代还出现了具有中国本土特色的禅宗一派，宋以后禅宗一家独大，超过其他佛教宗派。同时，佛教的心性理论也潜移默化地影响了儒道两家的哲理建设。三教在保留分别的同时，在哲学思维的水平上和哲学问题的意识上日趋接近。唐代佛教的发展达到了顶峰，而在佛教禅宗的刺激带动下，宋明时期，道教和儒家思想也相继进入了全盛时期。此间，三教融合的特征更加明显，三教合一的思想成为时代的潮流。

宋明历代的统治者对三教的态度，大体以儒家为尊而佛、道为辅，三教并用。佛、道对于儒家来说，相对处于弱势，所以他们为了争取社会的信仰和认同，更加积极、主动地吸收儒家的成分，强调三教一道，三教平等，不断扩大自己的教义，试图承担更多社会教化的责任。

北宋初期，面对儒家反佛的压力，一些佛教徒兼习儒家的经典，具有很好的儒学素养，公开表示尊儒，寻求与儒家的沟通。这方面的代表有智圆和契嵩。智圆（976—1022），自号中庸子，钱塘（今浙江杭州）人，天台宗山外派高僧，著有《闲居编》等。契嵩（1007—1072），自号潜子，藤州镡津（今广西藤县）人，云门宗著名禅师，著有《镡津文集》。他们在研习佛经之余，都热衷于探究儒家的经典，佛、儒并尊。他们指出，判断一种教法是不是符合圣人之道，不应拘泥于外在的表现（"迹"），而应从道的本身和心地上来考察。他们认为，儒、释两家"言异而理贯"，心一而迹异。佛教的五戒如同儒家的五常，它们都以教化百姓迁善远恶为目标，都有辅助治道的社会功能，只不过儒家重修身，佛教重治心。因此，治世一定离不开儒教，而治出世也同样离不开佛教。儒、释乃至三教百家各有所长，可以互相补充，都不能偏废，不然就有损善道，违背中道。这也是智圆自号中庸子的本意所在。契嵩还作有《皇极论》《中庸解》等篇，讨论了北宋儒学的前沿问题。在与儒家争鸣的过程中，禅僧们对儒学经典的佛学解释，对儒家的新发展不无启示。明代佛教对三教的调和，主要代表人物有明末的袾宏、真可、德清、智旭四大高僧，他们或注道经，或解儒典，力图打破三教的成见。

　　道家和道教自来就表现出莫大的包容性或杂家特色，宋元大发展期的道教更是"三教合一"论的主力。就内丹派而言，南北两宗自成立起，就明确以"三教合一"为立教的根本。活动于北宋仁宗、神宗时期的张伯端就涉猎三教经书，乃至无书不读。他指出"教虽分三，道乃归一"（《悟真篇》前序），持此观念，张伯端还不主张出家隐修，他自身就是如此。北宗的始祖王重阳也同样力倡"三教合一"，他的"公""社"传教组织都冠以"三教"字号，他说："儒门释户道相通，三教从来一祖风"（《重阳全真集》卷一）。他所创立的全真教，同尊三教的祖师，同诵三教的经典，真可谓"三教搜来做一家"。宋末元初的道士李道纯，不仅在丹法上融合南北，也认为"道释儒三教，名殊理不殊"。禅宗的"圆觉"，道教的"金丹"，儒家的"太极"，在他看来是"名三体一"。李道纯成为元初三教合一思想的重要代表。此外，由于道、儒思想高度融合，还出现了新的道派净明忠孝道。

　　就宋明三教合一的潮流来说，以佛教先发，道教为主，儒家的态度最为复杂。北宋前期，不少有威望的儒家学者掀起反佛的高潮，如孙复、石介、李觏、欧阳修等，但他们局限于旧观念，在儒家义理层面较少创新。而新儒学的代表理学，则恰是在融摄了佛、道的宇宙生化论和心性观念，经过改造之后成立的。理学的宗主周敦颐，其哲学思想主要体现在《太极图》《太极图说》和《通书》里。而《太极图》很大可能来源于道教的图式《太极先天之图》和《水火匡廓图》，其由二者综合而成。周敦颐《太极图说》中"无极""主静""无欲"的观念，也吸收了佛、道的思想。据南宋朱震的记载，《太极图》传自五代宋初的道士陈抟。陈抟精通先天易学，据说他的《太极图》传至周敦颐，他的《先天图》还传至邵雍。此外，张载和二程，他们在早期为学的过程中，也都不满足于儒家的范围，而出入佛老寻求道理乃至"十数年"之久。朱熹早年也曾喜欢禅学，泛滥释老，至24岁见到李侗之后，才专心走上理学的道路。他晚年还不忘为道教经典《周易参同契》作考异。另外，理学在语录、讲学等形式方面，也深受佛教的影响。可见，理学的成立，是在儒家的基础上充分利用了释、道的资源，受其深刻影响的。

三教合一的论调，在明代中后期伴随着阳明学的兴起，尤为泛滥。王阳明本身即是出入三教的典型人物。他年轻时候有不少交遇奇人异士的经历，游心佛老多年，对道教养生学说很感兴趣，并实际加以修炼。据《明儒学案》记载，阳明曾就三教异同的问题，用一厅三间的比喻作答，认为三教本是一家，不过子孙分居而在中间设置了藩篱罢了，"二氏之用，皆我之用"。在他的代表作《传习录》中，受佛道影响的痕迹随处可见。比如他提到了"元精、元炁、元神""结圣胎"等道教内丹术语；他对良知"本来面目""皦如明镜"的描述和本体"无善无恶"的态度，显然也受到禅家的影响。阳明之后，他的高足王畿和王艮门下，进一步把良知学禅学化。王艮（1483—1541），号心斋，倡导日用即道，开创泰州学派，樵夫农夫无不有之，具有平民化色彩，同时也最为庞杂。泰州派内颜山农、何心隐、邓豁渠、李贽等人，承接良知之说，又破坏传统的礼教，被目为"狂禅派"。其他如罗汝芳（号近溪）、耿定向（号天台）、焦竑（号澹园）、管志道（号东溟）等人，在融合三教方面有比较高的造诣。明代三教合一潮流还有一个重要的结果，就是出现了直接以此为教名的"三一教"。"三一教"由福建莆田人林兆恩（1517—1598）创建，想把分裂的三教回复到本来为一的状态，认为三教是一而三，三而一的关系。

尽管宋明时期，三教合一的趋势越来越明显，但我们也应注意，三教合一的可贵之处，不在于糅合混杂，而在于吸收转化，这样才会发挥出三教资源的最大价值，体现出思想上的创造力。理学之所以能盛行数百年，压倒了佛道，其价值就在于儒家实现了对佛道二教精华的吸收和创造性的转化。仅仅以糅合为三教合一的形式，是没有出路的。

三、两宋史学之盛

我国的历史久远而统一，史学的观念也极郑重而成熟，历代相衍，蔚为大观。到了两宋时代，综观我国的文化事业，不但理学偏盛，史学也同样发达。不仅官私史学的名著多有出现，历史的观念也大有进步，历史的体裁也屡有创新，为后代所不断接续。

我国的史书大体可分为官修正史和私修别史、杂史。我们今天熟知的二十四史，即是正史。正史的修撰权力默归于政府。唐代还专门设立史馆，召集人员来专门为前朝修史，以后世代沿袭。宋代官修的史料十分完备，也十分丰富，其所修的正史有《新唐书》，以及初由私修后来被官方采用的《新五代史》。宋代的官修史书，除了前代正史，更大的部分为本朝历代皇帝的实录以及国史（宋朝史）。实录是编年史的一种，一位皇帝去世后，史官即根据当时的起居注、时政记、日历等多种历史材料按年月日编辑而成，是后代修史的重要资料来源。宋代修国史始于太宗雍熙四年（987）修《太祖纪》，到南宋理宗淳祐二年（1242），编修高宗、孝宗、光宗、宁宗四朝史，已经六次续修国史。国史是纪、传、表、志齐全的正史体裁，直接可以为后代修史利用。实录没有表和志。元灭南宋，宋朝国史资料都归入元朝国史院。元代修撰《宋史》，自顺帝至正三年（1343）到至正五年（1345），不到三年的时间就完成496卷的巨制，原因即在有旧本可据，只要略微加工便容易成书。

宋代史书最为有名且影响最大的当数司马光的《资治通鉴》（以下简称《通鉴》）。司马光（1019—1086），字君实，陕州夏县（今山西夏县）人。司马光自幼喜欢史学，他有感于历代史书过于繁多，难以卒读，希望能删繁取要，专门编成一部"关国家盛衰，系生民休戚，善可为法，恶可为戒"的书。《通鉴》一书，初名为《通志》，治平四年（1067）由神宗赐名《资治通鉴》。从治平三年（1066）始修，到元丰七年（1084）进呈，前后经历了19年之久。全书为编年体，总共294卷，从周威烈王二十三年（前403）韩、赵、魏三家受命为诸侯起，到后周世宗显德六年（959）五代之末为止，记叙了16朝1362年的历史。

《通鉴》的编写得到皇帝的支持，由司马光选定当时一流的史学人才作助手，然而全书的规划、统筹、删定、润饰都实际由司马光亲力负责。当时参与《通鉴》编写的有刘恕、刘攽、范祖禹，其分工则为：周秦两汉由刘攽负责，三国经南北朝至隋由刘恕负责，唐至五代由范祖禹负责。《通鉴》的写作程序是：先按年月日编成丛目，再初删成长编，继而更加删削，最后定本。长编不厌其繁，定本唯保存精要。助手主要帮他做长编的工作，剩下的删修成书由司马光自己负责，等到成书，往往仅保留长编的十分之一二。也因此，《通鉴》虽然出于众手，而能保持体例前后一贯，文风大体一致，浑然如一。为了提纲挈领，方便学者的研读，司马光又编辑了《资治通鉴目录》30卷；为了驱除疑惑，辨正史实，司马光专门作了《资治通鉴考异》30卷；晚年嫌《目录》太简，欲为《举要历》80卷，未成。总之，《资治通鉴》一书，史料翔实，选材恰当，考证精研，繁简有法，时至今日，对研究历史而言，仍然具有极高的学术价值。

《资治通鉴》的产生，引导了宋代史学四个方面的发展：一方面引起了对它的注释方面的工作；一方面引起了对它的续修；一方面又直接引生了新史体的开创；一方面又引起了对通史的重视。《通鉴》的历史影响，由此也可见一斑。

对《通鉴》的注释，起初有两家，而以宋末元初的胡三省注为最佳。胡三省（1230—1302），字身之，台州宁海（今属浙江）人，宝祐四年（1256）进士，入元不仕，以一人之力花费30年为《通鉴》作注，初稿曾遗失，继又重做。他为《通鉴》的音义、典章、制度、地理、人物等作了充分的注释，是《通鉴》的大功臣。今天读《通鉴》，已经不可不读胡氏的注。

《通鉴》成功以后，编年体的史书受到重视，仿照它的史学作品有续修和另创体例加以改编两种情况。依照《通鉴》的做法进行续修，在南宋有李焘的《续资治通鉴长编》。李焘（1115—1184），字仁甫，眉州丹棱（今属四川）人，博及群书，以史自任，尤留心本朝史，撰写此书将近40年，于淳熙十年（1183）最终写定。全书正文980卷，另有《修换事目》10卷，《举要》68卷，《总目》5卷，总计1063卷。该书编年记述了北宋一祖八宗（自太祖至钦宗）160多年的事迹，保存了极其丰富的史料。接着李焘的继修者为李心传。李心传（1167—1244），字微之，隆州井研（今四川井研）人，所续书为《建炎以来系年要录》。该书200卷，编年系月，叙述南宋高宗一朝36年的事迹，时间上与《续资治通鉴长编》相接。另外，徐梦莘

（1126—1207）的《三朝北盟会编》一书，250卷，专记徽宗政和七年（1117）至高宗绍兴三十二年（1162）间宋金双方的外交关系，也是编年体，但已有所不同。此后明清续《通鉴》的有明代王宗沐、薛应旂二人的《宋元资治通鉴》，清代徐乾学《资治通鉴后编》，毕沅《续资治通鉴》等书。

因《资治通鉴》而改创新体，在南宋有两种著名的史作：其一是袁枢的《通鉴纪事本末》，其二是朱熹主编的《通鉴纲目》。此前史体大要不过纪传体和编年体两种。纪传体便于记人，而记录一事就显得过于分散；编年体便于知时，于记事同样首尾割裂。袁枢（1131—1205），字机仲，建州建安（今福建建瓯）人，因感不便，就根据《资治通鉴》作《通鉴纪事本末》，创立了纪事本末一体，改以人物为主和以年月为主的旧体，变成以事情为主，得到事目239项，共成书42卷。虽然该书全用司马光的原文，但他的改造是别出心裁，具有创造性的，为史书的编纂提供了新的方法，也合乎历史要探寻事物发展过程和规律的趋势。因《通鉴》而作的另一种改造则为朱熹的《资治通鉴纲目》一书。朱熹根据《资治通鉴》及相关的书，"别为义例，增损檃括"而成，共59卷。他自定凡例，《纲目》的写作多由门人具体完成。《纲目》的纲仿《春秋》，目仿《左传》，以事来寄托褒贬，很注重正统的观念。由于朱熹的理学影响，纲目体也很流行，算是编年体的一个新体。

断代史的著作记述一代或一个时期的历史比较便利，但对于考察历代制度的承袭演变，明晰历史的发展脉络，就难以见效。政书类史籍便有其优点。典章制度的通史，其初可以追溯到梁武帝令人撰著的《通史》600卷，但早已佚失。唐代杜佑有《通典》200卷，是政典之作中极有名的一部。司马光《资治通鉴》的出现，也引起了宋代通史观念的兴动，南宋的郑樵和马端临各自编撰了一部政书类通史。

郑樵（1104—1162），字渔仲，兴化军莆田（今福建莆田）人。他极力主张通史的观念，批评班固所创断代史的陋失，认为这样不利于彰显"损益会通之道"。郑樵有意继梁武帝《通史》亡失之后，创作一部制度通史的大作，于是纂辑成了《通志》一书。他认为"志"是史的古称，所以将书命名为《通志》，实际犹《通史》。《通志》总共200卷，有纪、传、世家、载记、谱、略等六体，这是对以往正史纪、传、表、志体裁的融合和改造，也是记述典章制度的政书。该书最有价值的部分是二十略，郑樵自谓："总天下之大学术而条其纲目，名之曰略，凡二十略。百代之宪章，学者之能事，尽于此矣。"其中氏族、六书、七音、都邑、昆虫草木五略，为旧史所无。可见，《通志》一书力图包罗古今，囊括众典，无所不尽。它比《资治通鉴》所收范围更广，是名副其实的通史。《通志》是郑樵通史观念的重大尝试，开示体例，很有价值。但该书除纪、传、世家、载记部分，多沿袭诸史，连他最自负的《二十略》不少也是直录旧典，多有错误，所以后世对此书褒贬不一，争议极大。

马端临（1254—1323），字贵与，饶州乐平（今江西乐平）人，宋亡入元，隐居著述。他认为《通鉴》主要记述政治的治乱兴衰，对于典章经制的叙述就比较简略，如果要明了典章经制就非得通贯起来看不可。所以他编撰了《文献通考》一书，想跟《资治通鉴》相辅而行，又往上接续《通典》。《文献通考》是一部专记典制的通史，起于上古，至南宋宁宗嘉定之末。全书348卷，总分24门，其中19门为延续或分析《通典》所得，另外5门为马端临新立。《通考》一书补充而又接续了《通典》，体例完密，记载翔实，便于考古，对宋代制度的记载更是特别详细，同时马端临又能加以自己按语，表现出卓越的史识。这部书是典制史的集大成作品。

《通典》《通志》《文献通考》被治史的人合称"三通"，也有合《资治通鉴》为"四通"的。到了清代，"三通"由官方续成了"十通"。

四、教育与科举

人才的培养和学术的研究，都要有一定的教育机制来维护和推动。我国的传统教育主要分为官学和私学。官学主要是指官办的各级、各类学校，私学主要是指私家讲学、书院讲学以及蒙学等。私学之兴，与官学相配合，可以对官学的不完备起到弥补作用。私学的发展由私人讲学而逐渐完善，出现了书院的形式。书院多能有自己独立的宗旨，有精密的教规教法，开展各种学术的讨论，氛围自由，利于促进学术的繁荣。私学当中，蒙学为初级或小学教育，私家讲学和书院教育一般为高级或大学教育。

我国的学校教育出现得很早。据传说，五帝时代就有大学，名为

"成均"。古代教育"官师合一"，而且属于贵族教育。到了西汉武帝的时候，我国的学校教育才基本成型。元朔五年（前124），武帝在长安兴建太学，由博士任教，专门以儒家五经为教材。儒家经学是我国传统学校教育最基础也最主要的内容。隋唐时期，承前启后，官学体制从中央到地方都比较成熟。

宋代的官学基本沿袭唐代，但也有比较大的改革。宋代的中央官学，主要由国子监、太学、辟雍、四门学、广文馆等大学性质的学校，以及律学、武学等专门性质的教育部门组成。其中，国子监是全国教育的最高管理机构，国子监的长官为国子祭酒，同时，它也是全国的最高学府，又称国子学。宋初，收揽人才主要通过科举形式，学校教育未遑顾及。庆历四年（1044）始在开封复建太学。熙宁四年（1071）创立三舍法，将太学分为外舍、内舍、上舍三等，逐级升迁。上舍生如果成绩优等，可以不参加科举，直接做官。太学的规模不断扩大，崇宁元年（1102）又在都城南门外营建辟雍，作为太学的"外学"，太学由博士十人担任教授。太学的课程主要以五经为主，熙宁以后曾行用王安石的《三经新义》（《周礼义》《诗义》和《书义》），南宋逐渐恢复五经教授，后期又掺入理学语录和四书的教学。太学实行考试之法，主要分私试和公试两种，私试每月一次，公试每年一次。宋代的太学生还能关心朝政，敢于上书言事。

宋代地方官学也有较大发展。宋代的地方行政区划分为路、州（府、军、监）、县三级，地方官学以州学和县学为主。作为政治改革的重要部分，北宋时期先后有三次比较有名的兴学活动。第一次在范仲淹改革时期，庆历四年（1044），诏诸路、州、府、军、监，各令立学，规模大的县也可立县学，于是各地广泛建立了学校设施。第二次在王安石变法时期，熙宁四年（1071），诏置京东、京西、河东、河北、陕西五路学。第三次在蔡京执政时期，崇宁元年（1102）天下州县都一律设置学校，县普遍设立小学。地方学校设有专门的学官来进行考察监督，并仿照太学的三舍法办学，还由政府拨给学田来供应食费，待遇优厚。

元明官学也大体继承宋代的建置，而明代比较有自己的特色。明代的中央官学以国子监为主，其太学即指国子学。由于明代有南、北二京，所以也有南、北二国子监，称南监、北监或南雍、北雍。明代国子监的规模很大，生员有时接近万人。国子监也实行升迁之制，设立六堂：正义、崇志、广业、修道、诚心、率性。前三堂为初级，中二堂为中级，率性堂为高级。六堂由左、右司业二人分管。至于地方官学，明代的也更加完备，天下府、州、县、卫所都建学，统称为儒学。洪武八年（1375），还下令建立社学，明孝宗时更是要求各级地方都立社学。

学校教育的发展，受政府主导，主要为了满足政府养育人才和选拔人才的需求。而隋唐实行科举取士的制度以来，科举成为士子入仕的首要途径。不少士子贪图速成，往往放弃学校长期严格的教育而追逐科举这一捷径。学校教育于是成为科举的附庸或沦于科举化。宋代的科举最初时间不定，一年或两年一次，英宗时改为三年一次，此后成为定制。宋代还开创了殿试，初步奠定了科举的三级考试程序。宋代科举主要分为进士科和明经科，而崇尚进士科。考试的内容包括诗赋、经义、策论，王安石改革科举，曾废除诗赋，专考经义，后来又恢复旧制。宋代科举取士的形式和人数极其宽泛。元代仿照宋代实行科举。元仁宗皇庆二年（1313）制定详细的科举条例，"经问"专从四书范围内出题，而且专以朱熹的《四书章句集注》为标准，这对后世影响很大。元代年历短促，开科次数有限。

明代是我国科举考试最为完备和定型的时期。明代科举只有进士一科，三年一大考。考试程序分为童试、乡试、会试、殿试。童试是资格考试，与地方学校考试相结合，最后中试者为秀才，乡试考中者称举人，会试考中者称贡士，殿试考中者为进士，进士一甲第一名为状元。明代的科举考试以四书、五经为主，四书仍以朱熹的《四书章句集注》为标准。永乐年间颁布《四书大全》《五经大全》《性理大全》，科举学业完全以程朱理学为中心。并且，在科举文体方面，形成了固定的格律，讲究排偶，代圣立言，也就是所谓的"八股文"。八股文成为科举的关键，士子的学业也就变成了八股文的写作训练，以致他们学问空疏，文章千篇一律。八股文严重束缚了人们的思想和才能。直到近代1905年科举才正式废除。

与官方的学校教育相并行而且最有影响的为书院教育。书院教育是官学之外的教育系统，承担着官学所欠缺的社会教育功能，对我国文化的影响很大。书院初见于唐代，但最初是作为政府的藏书机构存在。五代到宋初这一段时期，我国历史上才正式出现通常意义上说的书院。习惯上讲，宋初有四大有名的书院，一种说法是：江西庐山的白鹿洞书院，湖南长沙的岳麓书院，河南商丘的睢阳（应天府）书院，河南登封的嵩阳书院；另一种说法无嵩阳书院，而有湖南衡阳的石鼓书院。此外江苏江宁的茅山书院也很有名，合计之，可谓六大书院。宋初书院之所以有较大发展，源于宋初学校未能兴起，士子缺乏读书受学的场所，有识之士便私人聚讲，建立书院，代替了国家的公共教育职责。书院的兴衰与学校的发达与否相应，学校衰弱则书院振作，学校兴盛则书院败落。由于北宋的几次兴学，以致徽宗时欲全由学校取士，书院教育就停滞了。南宋时期，学校教育有名无实，而书院又为之一振。

元朝政府提倡设立书院，所以书院的数量不少于宋代，但书院开始受到政府的节制，书院的主管成为政府任命的学官。元代书院呈现明显的官学化，但同时一批大儒隐居讲学，坚持学术的宗旨，仍然能够操持教育的大权。明初，重修尼山、洙泗两书院，但因为学校的完善，书院又荒废无闻。直到明宪宗成化以后，方才重建书院。而正德、嘉靖年间，书院的发展达到鼎盛，这与明代心学的兴起直接相关。而明代也有四次对书院的禁毁活动，以万历七年（1579）张居正执政期间的一次最严重。张居正反对学者标立门户，聚徒讲学，因故请毁天下书院，给书院造成灾难性的打击。

书院一般选址在山林隐秀之处，不少出于民办，也有官办或民办官助等形式，不属于国家的教育系统。书院虽然不断受到政府的重视和干预，但整个宋明时期，书院由著名学者引领，大多能够坚持自由讲学，在研习的内容和风格上都与科举化的学校大为不同。因此，可以说书院实质上保留了私学的自由和独立精神。书院的主管称为"山长"或"洞主"等，他们一般由学优德重的人来担任。书院的格局基本由斋舍、讲堂、礼殿（祭祀先贤的场所）、藏书楼构成。书院往往有自己的教规，最有名的为朱熹所定《白鹿洞书院学规》。书院的教学活动以"宣讲"为主要形式，也很重视学生的自学自修。书院也通过"讲会"的形式，扩大和加强学术的交流，这在明代中后期很流行。平时师弟之间的讲学或讲会的内容，往往被记录下来，成为"语录"或"会语"。

宋明时期的书院与理学发展消长的关系最为密切，书院其实成为传播理学的大本营。南宋时期理学大兴，书院亦大盛。如朱熹修复并讲学于白鹿洞书院，张栻讲学于岳麓书院，吕祖谦讲学于丽泽书院，陆九渊讲学于象山书院。各家都钻研真理，自鸣其学，挺立于世，因人成学，因学成聚，因群聚讲学而促进了书院的发展。元代的书院不少是因为纪念理学的宗师而建，书院也主要以传播程朱理学为主。明代初期理学缺少生气，书院也不发达。后来，湛若水、王阳明以心学倡道，所到之处即建书院，书院讲学之风又流行起来。书院的盛衰很能反映时代学术思想的活跃程度。

我国传统的小学教育即所谓的蒙学。蒙学，又称"乡学""村学""私塾"等，有些家族内部设置"义学"。蒙学以教育幼童识字和记忆一些基本的常识为主，其中渗透了大量的道德说教。蒙学的教师称"蒙师"，蒙师很重要，但却地位低下，往往由一些落魄的读书人担当。蒙学的教材主要是融合常识为内在的字书，这个传统很早，汉代的经馆就有《仓颉》《凡将》《急就》等识字篇。所以后来的文字学也称"小学"。宋元明时期，我国的蒙养教材的编写和使用又比以往有所改进。蒙学的教材多使用容易记诵的韵语，字句简单，三字或四字为多。南宋时期的蒙学读物有《蒙求》《太公家教》《千字文》《百家姓》之类。沿袭到元明清时期，最常见的读本是《三字经》《百家姓》《千字文》。此外有名的蒙学读物还有《千家诗》《幼学琼林》《龙文鞭影》等。蒙学因程度不同，分别施教，程度高一些的学生便可以读《四书》《五经》，学写"时文"（八股文），准备参加科考。蒙学教育与大学教育相衔接，是传统教育的基础，它也同其他各阶段的教育一样，注重对儒家忠孝仁义观念的培养，充分体现了我国礼教德治的理念。

五、伟大的科技成就

我国的思想固然以礼仪之教、道德修养为重心，但也极其重视"经世致用"，这促成了我国传统科技的发达。北宋以前，我国的科技文化在世界上一直都处于领先水平，而宋元明这一段时期，我国传统科学技术发展更是达到了巅峰。其间，出现了众多有名的科学家和各类专门人才，也出现了一批百科全书式的科学技术方面的总结性著作。这些成就给我国和世界文化增添了宝贵的遗产，为人类文明的进程做出了巨大贡献。

我国向来以四大发明自傲于世，其中印刷术、火药、指南针这三项技术都是在宋元明期间获得了创造性的改进和利用，并逐步向西方传播。印刷术的发展经历了雕版印刷和活字印刷两个阶段，五代宋初开始大规模利用雕版印刷术刻印儒家的"九经"等，极大提高了书籍的流通普及水平。雕版印刷虽然精细美观，但耗功耗时，并且极度浪费资源。宋仁宗庆历年间（1041—1048），布衣毕昇在杭州发明了活字印刷术，制作出单个的泥活字，在两道铁板上排字印刷，是我国也是世界印刷史的进步。火药是我国古代的炼丹术士在用化学药物制作金丹的过程中发现的，后来逐渐为军事活动所利用，出现了各种火药武器。宋代是火药武器的重要发展时期。庆历四年（1044）由曾公亮等主编的《武经总要》中，已经记载了三个比较成熟的火药配方，火药的爆炸性能也不断增强。这时期出现了火枪、突火枪等管形火器，是兵器史上划时代的进展。到了宋末或元代，竹制火器改用铜或铁来制造，已经具备了现代枪炮的雏形。火箭武器也是我国的重要发明，在宋元期间的交战中已经使用。明代兵书《武备志》中记载了多种火箭武器，如"神火飞鸦""火龙出水""飞空砂筒"等，前者是单级火箭，后两者是二级火箭，是现代多级火箭的先声。火药武器在蒙古西征过程中，被传到了西方。指南针的前身是先秦时代的"司南"，到了宋初，已经发现了人工磁化的方法，出现了指南针。沈括《梦溪笔谈》中记录了四种指南针的安置方法：水浮法、指甲旋定法、碗唇旋定法、缕悬法。指南针的应用，极大地推动了我国航海事业的发展。宋元对外贸易十分繁荣，航海事业高度发达，明初郑和下西洋更是达到了最高峰。自永乐三年（1405）至宣德八年（1433），郑和先后七次远航，率领两万余人、百余艘巨船组成的庞大船队，最远到达了非洲东海岸。这在世界航海史上都是空前的，代表了当时世界上造船工艺和航海技术的最高水平。

宋元时期我国的数学、天文学、医药学等诸多方面都取得了极其可观的成就。

数学方面，出现了有名的数学家，如贾宪（约11世纪上半叶）和沈括（1031—1095），特别是宋元数学四大家。皇祐二年（1050）左右，贾宪在《黄帝九章算经细草》中创造了开任意高次幂的"增乘开方法"，英国人霍纳于1819年才得出同样的方法。他还列出二项式定理系数表，欧洲直到17世纪才出现类似的"巴斯加三角"。沈括首创"隙积术"和"会圆术"，得出了高阶等差级数求和的正确公式，以及我国古代数学史上第一个求弧长的近似公式。宋元四大杰出的数学家为秦九韶（约1208—约1261）、李冶（1192—1279）、杨辉（约13世纪中叶至后半叶）、朱世杰（1249—1314）。秦九韶在他的《数学九章》中推广了增乘开方法，叙述了高次方程的数值解法，比欧洲同类成果早600年。他还系统研究了"大衍求一术"（即一次同余式理论）。李冶所著《测海圆镜》是中国现存第一部系统研究"天元术"（一元高次方程）的著作。杨辉继承和发展了沈括的"隙积术"，在《乘除通变本末》里叙述了"九归捷法"，介绍了筹算乘除的各种运算法，为数学成果的保存和数学普及做出了较大贡献。元大德七年（1303），朱世杰在《四元玉鉴》中把"天元术"推广为"四元术"（四元高次联立方程），并提出消元的解法。400余年后，法国数学家裴蜀（Bezout）才提出同样的解法。他还第一次创立了高次招差的一般公式，欧洲直到牛顿著作中才有招差术的普遍公式。

天文学方面，大中祥符三年（1010）至九年（1016），北宋先后进行了五次大规模的恒星位置观测。淳祐七年（1247），据第四次的观测结果制成石刻天文图，现仍保存于江苏苏州。德祐二年（1276），郭守敬（1231—1316）为制作《授时历》又进行了一次恒星观测，使得二十八宿距度的误差绝对平均值小于十分之一度。在历法方面，沈括主张彻底改革历法，创制了十二气历，便利了农业生产，比西方类似的萧伯纳历早800多年。庆元五年（1199），南宋杨忠辅制定《统天历》，确定一回归年为365.2425日，与现行阳历（1582年颁布）采用的数值相同，比西方早了380多年。元代郭守敬等人在进行广泛实地测量的基础上，运用更精密的计算方法，制定出《授时历》，一直使用到明末，成为我国古代最精确和使用时间最长的历法。此一时期，天文仪器也出现了重大的革新和创造。北宋元祐（1086—1094）年间，苏颂主持设计成了"水运仪象台"，宏伟复杂，实际相当于一座小型天文台。郭守敬对过于复杂的传统浑仪进行改革，制成有名的简仪，是我国传统赤道式天文仪器的最高成果，比丹麦天文学家第谷早了近300年。

在医药学方面，宋元时期进入了一个全面发展的新阶段。宋代是本草学的鼎盛时期，北宋前期政府在唐代《新修本草》等的基础上，先后编修了《开宝本草》和《嘉祐本草》。政府还下令各地进献药草图样，于嘉祐六年（1061）编成《本草图经》20卷。元丰六年

（1083），成都民间医生唐慎微辑成《经史证类备急本草》（简称《证类本草》）32卷，收药1558种，民间验方3000多个，经官方刊行修订，成为此后本草学的典范。此外北宋医官王唯一创制针灸铜人模型两具，并著有《铜人腧穴针灸图经》，对针灸学的发展贡献很大。南宋宋慈《洗冤录》一书，是世界第一部系统的法医学著作。12世纪至14世纪，出现了一些具有革新思想的医学家，各自立说，其中最著名的为金元四大家，他们分别是刘完素、张从正、李杲和朱震亨。刘完素（约1120—1200），河间（今属河北）人，一生精研《黄帝内经》，强调病理与自然五运六气的关系，提出火热致病的理论，以降心火、益肾水为主要治疗方法，善用寒凉药，故被称为"寒凉派"。张从正（1156—1228），睢州考城（今河南兰考）人，强调致病的原因为体内邪气所侵，治病要在去邪气，所以他的医疗以汗、吐、下三法为主，被称为"攻下派"，也称"攻邪派"。李杲（1180—1251），真定（今河北正定）人，他认为脾胃内伤，是百病的根源，所以他创立了一套升举中气为主的方法，分别补益三焦之气，以补脾胃为主，著有《脾胃论》，被称为"温补派"或"补土派"。朱震亨（1281—1358），婺州义乌（今浙江义乌）人，综合前三家，提出自己的"阳有余、阴不足论"和"相火论"，"相火"为阳，阳动损阴，消耗人的气血，所以他在临床上主张滋阴降火，被称为"滋阴派"。明代医学也有很大的进展，最可称道的是种痘法和《本草纲目》。明代隆庆年间（1567—1572），我国已经发明了人痘接种法，开辟了预防天花的有效途径。17世纪，该法经俄国西传。明代医药学的突出成果是药物学的巨著《本草纲目》。《本草纲目》，由李时珍（1518—1593）花费27年的心血编撰而成，全书52卷，190余万字，收有药物1892种，方剂11000余个，附药图1100余幅，创立了新的纲目分类方法及编写体例，是我国传统医药学的集大成之作，也是总结性的著作。

宋明时期，我国还出现了一批重要的科学技术方面的著作，北宋以沈括的《梦溪笔谈》为代表，明代晚期以宋应星的《天工开物》、徐光启的《农政全书》为代表。沈括，字存中，钱塘（今浙江杭州）人，博学善文。《梦溪笔谈》是他一生见闻和研究的总结，内容涉及数学、天文历法、物理、化学、地理等众多领域，多有创见，几乎是一部小百科全书。李约瑟称他"可算是中国整部科学史中最卓越的人物"。宋应星（1587—约1661），字长庚，江西奉新人。《天工开物》初刻于崇祯十年（1637），全书分为上、中、下三部分，共18篇，每篇为一门类，包括种植、纺织、染色、制盐、制糖、冶炼、陶瓷等传统农业手工业的各个方面，附图120余幅，弥足珍贵，是17世纪我国农艺、手工艺的全面总结性著作。徐光启（1562—1633），字子先，松江府上海县（今上海）人，较早接触西方传教士，学习西方科学，重实务。《农政全书》，全书计60卷，70多万字，分农本、田制、水利、农器等12个部分，特别重视水利的建设和荒政的预防与救济。该书也是集我国传统农学之大成的总结性成果。此外，明代徐霞客（1587—1641）的《徐霞客游记》是我国地理学方面的名著；方以智（1611—1671）的《物理小识》，融合中西，发明"质测"之学，也是一部推陈出新的全面性的科学著作。

总之，宋元明时期是我国科学技术的辉煌时期，涵盖面广，创造极丰，著作繁富，数不胜数，足以使我国树立于世界先进的行列而无愧。明代后期，西方受到科学革命的刺激，科技迅速进步，我国则盲目尊大，闭关锁国，日益落后，逐渐丧失了先进的地位。我国的科技事业因与国家实务、民生实用的需要密切相关，所以在过去能够不断有新成就。但是，由于我国知识阶层在普遍的心理上，崇尚虚文，鄙薄技术；在方法上，多重心证，不贵实验；在哲学观念上，把自然道德化，把人生伦理化，追求天人、物我的合一，这些都使我国的传统科技发展具有很大的局限性，不利于顺利走向科技的现代化。

第九章 清代学术

国初之学大，乾嘉之学精，道咸以降之学新。

——王国维《观堂集林》

一、清初三大儒

黄宗羲、顾炎武、王夫之被称为"清初三大儒"。

黄宗羲（1610—1695），字太冲，浙江余姚人，世称梨洲先生。顾炎武（1613—1682），字忠清，原名绛，江苏昆山人，世称亭林先生。王夫之（1619—1692），字而农，号姜斋，湖南衡阳人，学者称船山先生。

三人都目睹了明亡清兴的历史过程，并参与到明末的抗清斗争之中。明亡之后，他们痛思明朝何以迅速灭亡及明朝的病痛何在，故其思想含有对明代灭亡的深刻反思，从哲学、政治、经济等诸多角度展开立论，要求扭转明代理学专求心性的偏向，倡导"经世致用"之学。他们的思想与宋明理学的思想方向不尽相同，或跳出理学框架另辟蹊径，或直接批评理学的弊端。尤其是在政治、经济领域，他们的思想具有早期启蒙思想的特质。他们的思想深刻地影响了整个清代思想的发展，顾炎武更是被称为清学的"开山之祖"。除此之外，孙奇逢、颜元、方以智也是这一时期学术思想发展的主要代表人物。

关于明朝的灭亡，清初三大儒无不反思明朝政治的缺失，以求长治久安之计。由于身处少数民族政权统治之下，故国不在，他们的思考也少了精神上的一些情感束缚，因此能跳出原有政治逻辑的框架，畅所欲言。

这首先表现在他们对君主权力的思考上。黄宗羲的《明夷待访录》是其中的代表。"明夷"指的是《周易》的"明夷卦"，表示日入地中，意谓昏君在上，贤人在野，但贤人处艰难之境而志气不衰。"待访"则是希望明君来访，共议改革弊政之大计。黄宗羲以此寄托自己的政治诉求，希望能够通过自己的思考实现政治的长治久安。他继承孟子"民为贵，社稷次之，君为轻"的思想，认为天下是百姓的天下，而不是皇帝的一家私产，理想的社会应该是"天下为主，君为客"（《明夷待访录·原君》），君主不能用天下满足自己的私利，而应该保障人民的正当利益以及天下公利。如果君主仅仅用手中的权力满足一家一姓的私利，那么君主就会成为天下的大害。同时，在他看来，君主的权力并不是无限的，君主一个人并不能治理好天下，因此才有"分官设职"，而君主只是国家众多职位中的一个，和其他官员并不是绝对不同。《明夷待访录》具有很强的启蒙色彩，近代刘师培直接把《明夷待访录》与卢梭的《社会契约论》相比较，认为二者可以相媲美。

王夫之、顾炎武也有类似的"公天下"的思想。顾炎武甚至认为，如果居于此位的君主不称职，那么就可以革命，天下可以"无君"。王夫之则强调君主必须加强自己的修养，否则就是"独夫"，就是桀纣之君。

关于理想政府的官员选拔，他们普遍不满明朝的八股取士制度，谋求改革选举考试的办法。顾炎武认为，参加官员考试的人不仅要熟悉儒家经典，还要熟悉历史教训，通达时事。王夫之也主张在经典解释之外，增加"策论"，就当时政治问题加以论说。黄宗羲则更进一步，认为在科举考试时地方主管教育的官员有权自由举荐读书人，平常学习和德行优异的士人可以由学官直接举荐。在考试制度之外，他们还重视"学校"制度。顾炎武的关注点在地方学校，黄宗羲较为注重"太学"。王夫之则设计了一套详细的学校制度，认为应该根据地方的具体情况，设计地方学校的规模，大一点的地方，每年保举三人入中央，次一级两人，小的地方一人。举荐的人注重名实相副，注意扩展学子的见闻，以及加强学子师友间的切磋。

总之，关于理想政府，三人皆注重为天下之人求长治久安，而不是为君主一人，他们特别强调"公天下"而非"家天下"。所有的制度设计都围绕"公天下"展开。也由于面对明亡的历史变局，他们不像明末的一些学者空口谈心性，而是注重事功，注重从内在的道德出发建立事功，认为仁义和事功是统一的。

秦朝以降，中国社会重农抑商，宋以后中国商品经济逐渐发达，尤其是进入明代中后期，商品经济更是空前繁荣。顾、黄、王三人关注和思考民生，注意财富的应用，在对待商业的态度上和前人有着一定的差别，对商业本身在社会经济生活中的重要性有所认识。如顾炎武和王夫之都认识到商业对社会财富流通的重要性，船山认为商业可以"流金粟、通有无"。之前的士大夫普遍认为农本商末，商业不重要，而黄宗羲则认为商业也是本，即"工商皆本"，工商都有助于满足人民的日用需求，"工"本身就是圣王希望满足人民衣服日用所该有的产业，而商业则使这些东西流通起来，满足不同地区的需求。

对于工商业的媒介——货币，顾、黄、王三人也有所讨论。黄宗羲认为货币能够让疆域之内的财富流转无穷，这是天下的"久远之利"。王夫之也提到，货币有利于人民的日用，如果货币量不够，就会导致社会商品流通受阻，进而导致人民饥寒流离，国家税收不足。由于重视货币的重要性，特别是看到明代币制崩溃对社会造成的恶劣影响，三个人对社会的货币制度也有所讨论。黄宗羲甚至认为，如果政府方法得当，那么发行纸币也是可行的。

当然，顾、黄、王等人重视商业，更多还是强调商业对于人民生活的意义，而不是主张为商业而商业，其基本价值皈依还是儒家所讲的"仁者以财发身"。

顾、黄、王三人之中，对整个清代学术影响较大的是顾炎武，他被称为清学的"开山之祖"。他在经学、史学、小学、金石考古、方志舆地以及诗文诸学上都有较深造诣，而这些基本涵盖了清代学术的主要研究范围。清代经学成就较高，而顾炎武的"经学即理学"的观点对清代经学影响尤大。

顾炎武所说的"经学"是指由汉至明的传统经学。在顾炎武看来，明代的理学，即心学，已经完全脱离了经学系统而独立存在，他自己所讲的"理学"也不是明代的理学，而是指"义理之学"。他所讲的是"明道之学"，而不是宋明的"心性之学"。这从顾炎武尊崇程朱的经学而反对其心性之学上可以看出。而这一"明道之学"的主要目的就是救世，也就是从儒家典籍中寻求可以解决现实问题的具体策略。因此，他主张经世不能离开对儒家六经等经典的讲求而空口谈心性，不能脱离经典而讲所谓"理学"，脱离了经典的理学就是"禅学"。顾炎武的观点针对晚明学术流弊的意味是很明显的，同时也和他对理想政府的思考具有一致性。他的《日知录》充分体现了这一点。该书涉及经史、诗文、训诂、名物、典章制度、天文、地理、吏治、杂事等各个方面，研究成果都从研读经典的过程中而来，是顾炎武读书随时札记而成的著作，而涉及这些方面的根本目的还是明道救世，有益世道人心。

顾炎武的这一观点使考证学与批判明代学术流弊的思潮结合在一起，为清代学术指明了方法论，乾嘉学术一定程度上就是沿着顾炎武指明的方法从事经典研究的。

二、乾嘉学术

（一）乾嘉学派的兴起

梁启超先生在《清代学术概论》中这样概括清代学术的发展：

> 综观二百余年之学史，其影响及于全思想界者，一言蔽之，曰"以复古为解放"。第一步，复宋之古，对于王学而得解放。第二步，复汉唐之古，对于程朱而得解放。第三步，复西汉之古，对于许、郑而得解放。第四步，复先秦之古，对于一切传注而得解放。夫既已复先秦之古，则非至对于孔孟而得解放焉不止矣。[①]

第一步复宋之古可以清初三大儒为代表，第二步复汉唐之古、第三步复西汉之古、第四步复先秦之古则皆以乾嘉学派为主。清代中期以来，学者在研究上多转向考据训诂之学，这种学风在乾隆、嘉庆年间达到顶峰，因此后世称之为"乾嘉学派"，因其学风近于汉代古文经学，又被称为"汉学"，同时因为学术文风朴实简洁，还被称为"朴学"。乾嘉学术以汉学标榜，推崇汉儒训诂学风，不满宋人以义理解经之法，在学术上形成汉宋之争。乾嘉末期学者江藩，著有《国朝汉学师承记》《国朝宋学渊源记》，将经学分为汉学和宋学两派，宗汉抑宋。在他们看来，要通过训诂、考据、音韵等小学手段去追求经义，而不是宋儒强调的方法。梁启超指出，乾嘉学派治学的根本方法在于"实事求是""无征不信"。所谓的"是"与"信"，在他们看来，都从对经典的考证求索中得来。

汉学强调训诂、考据，宋学注重思想义理。清代的汉学作为对宋学的反动，是在一定的历史条件下形成的，其原因是多种多样的。

第一，在社会层面，清代统治者加强文化专制，大兴文字狱，对文人采取了残酷的统治政策，学者们不敢抒发己见、议论时事，转向"故纸堆"，把精力用在古代典籍的研究上，这成了一种避祸手段。

第二，当时学者有针对明末王学空谈义理的反动，厌倦主观的冥想，因而走向对客观的考察。这一点也是继承清初学术的体现，受顾炎武影响尤其大。

---

①梁启超：《清代学术概论》，朱维铮导读，上海古籍出版社1998年版，第7页。

第三，明代中叶以降，学术上经世的需求增大，顾炎武等人更是倡导经世致用之学，而对当时的学者来说，回到经书中寻求理论与实践支持，就成为重要的研究方向。

第四，明末清初，朱陆之辨从考据上展开，双方从经典解释、考据上展开论证，一定程度上促进了考据学的兴起。

第五，清代康熙朝朱子学发达，而朱子学本身就有一定的考据面向，这也促进了考据学的发展。

（二）乾嘉学派的分派

乾嘉学派名家辈出，因为地域、师承等条件形成了具有一定差异的派别。乾嘉时期的经学家，学者以为最值得重视者为吴派与皖派。吴派以惠栋为代表。惠栋（1697—1758），字定宇，号松崖，学者称小红豆先生。江苏吴县（今江苏苏州）人。祖周惕，父士奇，皆治《易》学，三世传经。从"三惠之学"（惠周惕、惠士奇、惠栋祖孙三代）开始，著名后学有沈彤、江声、余萧客、钱大昕、王鸣盛、江藩等。皖派以戴震为代表。戴震（1724—1777），字东原，号杲溪，安徽休宁隆阜（今属安徽黄山）人，乾隆二十七年（1762）举人，乾隆三十八年（1773）被召为《四库全书》纂修官。皖派后学名家甚多，最著名者如段玉裁、王念孙、王引之。

吴派的经学观念认为经说越古越接近经书本义。例如，在惠栋看来，汉代人研究经典具有"家法"，讲究一派之内对某一经典学问的专门传承，因此五经有专门的经师研究，研究的方法在他看来就是训诂之学，而这些学问开始主要靠师生之间口授传承，逐渐才写成专门的著作。到了后来，汉代立经学博士，经典当中的"古字古言"如果不是这些专门的经师就不能辨别，解释经典是专门的学问。所以惠栋认为，古代的训诂是不能更改的，经师这一研究传承方式也不能废除。在吴派的努力下，学者逐渐了解古经说，为受限于宋明经说的学术环境打开了新局面。

皖派的戴震受学于江永。江永（1681—1762），字慎修，又字慎斋，婺源（今属江西）人，与朱熹为同乡，年轻时就开始研读朱熹的《仪礼经传通解》，因为朱熹此书没有完成，江永欲将其补全，故研究礼学十分深入，著作多与礼学考证有关。戴震受其影响，对名物制度多有考证，著有《毛郑诗考正》《考工记图》《方言疏证》《尔雅文字考》《孟子字义疏证》等书。他认为解经应该具备多种知识，才能融会贯通。在他看来，经典中的天文历法、音韵、宫室、衣服、古今地名、草木虫鱼等知识的缺乏，影响了人们对经典的理解，甚至会造成对经典的误读。因此，要理解古代经典，就必须对这些知识加以研究。在戴震的影响下，一时之间文字、音韵、训诂等学问迅速发展，人人以读《说文解字》为治学的必备条件。同时，经学朝着多元化的方向发展，经典中涉及的天文、礼制等知识得到了充分的研究。也是从知识的细致性上，皖派对吴派持有异议，在王引之看来，惠栋考察古代的学问虽然很勤奋，但是见识不高，不够心细，认为只要是古的都可信，造成很多似是而非的理解。

不过，两派虽然有所差异，但是他们都十分注重"考据"，在为学的基本气质上是十分接近的。可以说，吴派和皖派构成了乾嘉学术的两翼。

（三）乾嘉学派的研究范围与成就

乾嘉学派的研究范围包括字义训诂、辨伪考及对名物制度的考核，他们的工作研究还涉及辑佚、校勘等诸多方面。梁启超在《中国近三百年学术史》中概括了乾嘉学派所做的工作，这些工作有：（一）经书的笺释；（二）史料之搜补鉴别；（三）辨伪书；（四）辑佚书；（五）校勘；（六）文字训诂；（七）音韵；（八）算学；（九）地理；（十）金石；（十一）方志之编纂；（十二）类书之编纂；（十三）丛书之校刻。这些基本上就是乾嘉学派的知识格局。

所谓字义训诂，就是解释儒家典籍中具体字句的含义，用通俗的语言解释词义叫"训"，用当代语言翻译古代语言叫"诂"。清代训诂学综合前代成果，在研究上主张"求实"，对具体的词义字义主张区分古今，对于前人的研究成果能够不拘于一家之言，兼采各家之长。由于采用因声求义和综合比较的方法，因而开拓了训诂研究的新途径，在训诂学的理论上较前代有较大突破。清代学者在训诂学上的最大成就就是沟通语言与文字的关系，提出研究文字必须理解声音，在音韵学上有重大突破。如戴震认为"训诂音声相为表里"（《六书音韵表序》），段玉裁指出要"因音以得其义"（《广雅疏证序》），就是通过汉字古音的考察，去探索汉字的字义。段玉裁的《说文解字注》是其中的代表性成果。段玉裁（1735—1815），字若膺，号懋堂，江苏金坛人。他在许慎的基础上征引超过226种典籍，在考求字义时，注重形、音、义的互相推求，综合分析，推进了训诂学的发展。在古音学上，清代学者最大的贡献就是建立了古音分部系统，段玉裁的《六书音韵表》是其中的代表。

所谓辨伪考，广义上包括古史事、古书籍、古器物、古碑刻、古字画等方面，只要是有真伪问题的，均在其辨识之列；狭义上特指文献辨伪，是研究文献辨伪的专门学问。清代的辨伪考主要是对古代典籍真伪的考证。乾嘉学者在文献辨伪上取得了巨大成就。阎若璩与顾炎武一样，可以看成是乾嘉学术的先驱，他对《古文尚书》的考辨可以说代表了整个清代辨伪学的特征与成就。阎若璩（1636—1704），字百诗，号潜丘，山西太原人。东晋元帝时期，豫章内史梅赜奏上《古文尚书》58篇及汉孔安国所作的《传》，比伏生所传《尚书》经文多出25篇。此书出现后便受到朝廷的提倡，很快就被立于学官。南宋吴棫、朱熹开始怀疑此书是后人伪作，元吴澄著《书纂言》、明梅鷟著《尚书考异》考辨其伪，但没有定论。阎若璩集前人之大成，加上自己的考辨，积30年之功，写成《尚书古文疏证》。在书中他提出128条证据，从篇数、篇名、典章制度、历法、文字句读、地理沿革和古今行文异同等多方面考证，并引用《孟子》《史记》《说文》等书作为旁证，认定《古文尚书》为伪作。其著作与观点影响甚广。

所谓名物制度，包括衣服、饮食、宫室、车马、武备、旗帜、玉瑞、乐舞、丧葬、职官、禄田、赋税、田租、军制、军赋、学制、刑法制度、宗法制度、宗庙祭祀、郊社、群祀等。惠士奇《礼说》是这方面的先河，江永的《周礼疑义举要》、戴震的《考工记图》、阮元的《考工记车制图解》等书可以说是其中的代表。《考工记图》是戴震研究《考工记》的杰出成果。由于《周礼·冬官》亡佚，汉人将《考工记》补入《周礼》，充当《冬官》。宋以后学者主张"冬官不亡论"，想要从其他方面入手将之补齐，因此不太研究《考工记》。《考工记》书中对各种器物的形状、结构、作用、制造原理等均予以阐述，戴震的《考工记图》针对《考工记》中的器物加以绘图说明。这些图的绘制出于他对古代经典的考察和比对。因为戴震熟悉典籍，对古代训诂考据之学了解深入，因此他对《考工记》的研究十分透彻，甚至尝试校正《考工记》原文中一些可能的错误。戴震之后，阮元作《考工记车制图解》，对于轮、舆诸图的考证又更加详细。

由于乾嘉学派重视汉代的经典研究，而汉代的很多著作到清代多已亡佚，因此他们很重视重新搜集汉人的著作。在辑佚方面，乾嘉学者形成一股风潮。辑佚可以说是乾嘉学者乃至整个清代学者的一项重大成就。惠栋的《九经古义》、余萧客的《古经解钩沉》、王谟的《汉魏遗书钞》、马国翰的《玉函山房辑佚书》、黄奭的《黄氏逸书考》、严可均的《全上古三代秦汉三国六朝文》是清代辑佚方面的重要成果，他们辑出很多汉、魏、六朝、唐的著作，为后代学者了解这些亡佚著作提供了基础。

校勘，也可以称为"校雠"，指对古代文献勘定传本、审定篇次、校正文本的工作。清人的校雠学，充分吸收了乾嘉学派的成果，以文字、音韵、训诂为基础，以"辨章学术，考镜源流"为特色，涉及版本考证、文字校勘、史实考订、古籍分类、目录编纂、内容提要等方面。以校勘闻名的有戴震、卢文弨、丁杰、顾广圻、阮元、黄丕烈等人。阮元（1764—1849），字伯元，号芸台、雷塘庵主，晚号怡性老人，江苏仪征（今属扬州）人。他主持校刻了《十三经注疏》，并作《十三经注疏校勘记》，可视为乾嘉校勘学的代表。以其中的《周礼注疏校勘记》为例，他在校勘时以宋版十行本为底本，辅助参考当时能找到的其他版本，如《唐石经·周礼》、《石经考文提要·周礼》、《经典释文·周礼音义》、宋本《周礼注》、嘉靖本《周礼注》等，并吸收同时或稍早的校勘成果，如浦镗的《周礼注疏正误》、惠士奇的《礼说》，可谓是资料详尽。在校勘时，采用"底本附校勘记"的方法作为《校勘记》的呈现方式，做到既没有以意改动正文，又没有以意取舍异文，而是先详尽地搜集有关资料，再加以判断，或者不作判断，留待读者自己决断。至今阮元校刻的《十三经注疏》还是学者研究经学的重要资料，被学者广泛使用。

乾嘉学者在各个领域取得了丰硕的研究成果，他们采用的研究方法以及研究成果深刻地影响了清末民初的国学研究。近代有些学者认为，乾嘉学派的方法接近于西方近代的实证研究，甚至认为考据学派是能够通向现代科学，特别是数学的桥梁。

三、典籍编纂

中国古代具有"盛世修典"的传统。清朝康熙、雍正、乾隆三朝，经济繁荣、社会安定、政治相对清明，清政府也较为重视文化教育事业，加之此时考据学发达，在学术上有着较深的积累，因此在这一时期，政府组织编纂了一大批丛书典籍。

康熙、雍正年间，陈梦雷、蒋廷锡等学者编纂了一部大型类书《古今图书集成》。该书初由康熙皇帝的第三子诚亲王胤祉领衔纂修，陈梦雷助修，雍正初续修而成。初名《古今图书汇编》，由康熙赐名《古今图书集成》，雍正作序。而此书最得力于学者陈梦雷前后20余年的艰辛努力。陈梦雷（1650—1741），字则震，号省斋，晚号松鹤老人，福建侯官（今福建福州）人。《古今图书集成》共1万卷，目录40卷，分历象、方舆、明伦、博物、理学、经济6编，每编分若干典，全书共32典，每典又分若干部，全书共有6109部。该书材料分类细密，材料细分程度较高，引用文献时注意引文的完整性，同时配有大量的插图，其中包括山川、疆域、图和、禽兽、草木、器用图。同时，该书还收录了大量的科技文献，为了解古代科技提供了便利。雍正皇帝认为该书"贯穿古今，汇合经史"，称得上是"典籍之冠"。

比《古今图书集成》规模更大的是乾隆朝编纂的《四库全书》。《四库全书》于乾隆三十八年（1773）开始纂修，前后历时10余年，因丛书分为经、史、子、集四部，故得名。

《四库全书》的编纂原因有很多。在学术上，是因为当时汉学发达，在校勘、考据、辑佚上成绩突出，为大型图书的编纂提供了学术上的支撑；同时，民间藏书也形成风气，当时已有学者提出编辑"儒藏"，汇集儒家典籍。更为直接的原因则为乾隆皇帝下诏访求遗书，安徽学政朱筠借机上书要求重新校对、辑佚《永乐大典》，由《永乐大典》的辑佚直接发展为《四库全书》的编纂。

该书由乾隆皇帝主持，纪昀、陆锡熊、孙士毅总纂，陆费墀总校，汇集了当时一批优秀学者。参与编纂的学者被称为"四库馆臣"。不少乾嘉学派的代表也参与编纂。梁启超甚至认为"四库馆就是汉学家的大本营"。丛书的编纂也充分体现了汉学的基本原则与学术立场，其中《四库全书总目提要》可以看成是汉学思想的结晶。

丛书编纂分为征集图书、整理图书、抄写底本、校订文字四步。由于朝廷的支持，学者从民间征集了大量的图书，共12237种，其中江苏、浙江所进图书最多，不少民间藏书家也纷纷献书。但并非所有征集的图书都被收入，在整理过程中，四库馆臣对图书进行了鉴别，提出应抄、应刻、应存的具体意见，其中"应存"的书就只有"目"而没有具体内容。

《四库全书》完成时共收有3500多种书，7.9万余卷，3.6万册，总量达9.9亿字，加上存目的6万余种，几乎囊括了清朝乾隆以前所有重要的典籍文献。其中经部包括易类、书类、诗类、礼类、春秋类、孝经类、五经总义类、四书类、乐类、小学类等10大类；史部包括正史类、编年类、纪事本末类、别史类、杂史类、诏令奏议类、传记类、史钞类、载记类、时令类、地理类、职官类、政书类、目录类、史评类等15大类；子部包括儒家类、兵家类、法家类、农家类、医家类、天文算法类、术数类、艺术类、谱录类、杂家类、类书类、小说家类、释家类、道家类等14大类；集部包括楚辞、别集、总集、诗文评、词曲等5大类。

在编纂过程中，由于政治原因，不少征集到的图书遭到禁毁，还有一些书籍有一定程度上的删削、篡改。尽管如此，该丛书所据底本中有很多是珍贵善本，如宋元刻本或旧抄本，且编纂工作还使大量的民间书籍重见天日，很多失传已久的典籍在修书过程中被重新发现，学者从古籍中也辑佚出了一批书籍，这些都为保存古代文献做出了巨大贡献。

《四库全书》修好之后，共抄录7部，分别保存在紫禁城皇宫文渊阁、京郊圆明园文源阁、沈阳故宫文溯阁、承德避暑山庄文津阁、镇江金山寺文宗阁、扬州天宁寺文汇阁、杭州圣因寺文澜阁。文渊阁本今藏台湾省，文津阁本今藏北京国家图书馆，文溯阁本今藏甘肃省图书馆。文澜阁本在战火中多所残缺，后来递经补抄，基本补齐，今藏浙江省图书馆。其他几部则因战火而无存。张岱年先生称该书为"传世藏书，华夏国宝"。

《乾隆大藏经》作为一部重要的佛教丛刊，也在这一时期完成。《乾隆大藏经》，全名《雍正敕修乾隆大藏经》，也称《清藏》；又因经页边栏以龙纹装饰，又名《龙藏》。它始刻于清雍正十一年（1733），完成于乾隆三年（1738）。雍正十一年于北京贤良寺设立藏经馆，由和硕庄亲王允禄、和硕和亲王弘昼及贤良寺住持超圣等主持，负责编纂的官员、学者、高僧等达60余人。该丛书在明朝《永乐北藏》的基础上编校而成，全藏共分正藏和续藏两类，共收录经、律、论、杂著等1669部，7168卷，共用经版79036块。初印100部左右，颁赐各地禅院。此后至民国年间，又陆续印刷了数十部，共印行150余部。从宋代到清代，木刻汉文大藏经各代均有，但印本完整者鲜见，其中只有《乾隆大藏经》经版保存至今，因此该经在世界佛教史上占有重要地位。

除此之外，这一时期还编纂了《全唐诗》以及"续三通"（《续通典》《续通志》《续文献通考》）、"清三通"（《皇朝文献通考》《皇朝通典》《皇朝通志》）等丛书，民间学者也编纂了大量精校古籍，如卢文弨的《抱经堂丛书》等。清代典籍的编纂，在种类和规模上都超越了前代。

四、史学研究

清代的史学成就同样引人注目，官方和民间都有十分突出的成果。

顺治二年（1645），御史赵继鼎奏请编修《明史》，得到朝廷认可，至乾隆四年（1739）全书告成。全书"本纪"24卷，"志"75卷，"表"13卷，"列传"220卷。赵翼在《廿二史札记》评价《明史》说："近代诸史自欧阳公《五代史》外，《辽史》简略，《宋史》繁芜，《元史》草率，惟《金史》行文雅洁，叙事简括，稍为可观，然未有如《明史》之完善者。"《明史》的特点是"体例谨严，文笔雅正"。在体例方面，该书不但继承了之前官修史书的经验与体例，还有所创新，根据明代社会的特点加进了《阉党传》《土司传》等内容。

《明史》虽由朝廷官员奉敕修纂，但实借力于当时学者之贡献。《明史》的绝大部分是就王鸿绪的《明史稿》加以增删完成，而《明史稿》实际上多出自万斯同之手。万斯同（1638—1702），字季野，号石园，浙江鄞县（今浙江宁波）人，以布衣身份参与编纂《明史》。当时，顾炎武的外甥徐乾学任《明史》总裁，各个纂修官写成的稿子呈上来，都会送到万斯同手上核阅并考证史事。

万斯同之所以熟悉明代掌故，与受学于黄宗羲有直接关系。顾炎武对清代学术的影响主要体现在考据学上，而黄宗羲在史学上则有重要影响。黄宗羲早在参加反清斗争时，就开始搜集南明史料，后又把搜集到的有关明朝史料汇集成《明史案》。康熙十四年（1675），又成《明文案》，广泛收集明代学术文章。《明史》编纂时，曾邀请黄宗羲参与，但出于遗民身份，他拒绝参与，而同意弟子万斯同参与编修。

除《明夷待访录》之外，黄宗羲还写成《明儒学案》，奠定了我国传统学术史的基本格式。在他稍前，有明末周汝登的《圣学宗传》和孙奇逢的《理学宗传》两部书，但格局比较狭小，宗派意识强烈，不足以达到学术史的标准。《明儒学案》成书于康熙十五年（1676），全书62卷，立19个学案，把明代200余名学者按时代顺序，分各个学派组织起来。"学案"是对学问能树立宗旨并且有所传承的学派人物及思想的介绍、整理，专案16，其他师承不明或不著名的人物，都归入《诸儒学案》。每一学案之前都有一篇小序，简述这个学派的源流和宗旨。继而是学者的评传，对学者生平经历、著作情况、学术思想以及学术传授都作了述评。之后是学者的文集、语录节选，有些地方附有黄宗羲的按语。该书比较全面地反映了整个明代的学术思想，分别论述诸家的同时，又呈现出王学的主体地位。后人评价它的特色道："言行并载，支派各分，择精语详，钩玄提要，一代学术源流，了如指掌。"（莫晋《明儒学案序》）同时，该书开创了一种新的史体——"学案"体，成为中国古代学术史研究的典范。

黄宗羲完成明代学术史著作后，还希望写成关于宋元儒学的学术著作《宋元学案》，但未成，生前只完成了17卷，其子黄百家续作，全祖望、杨开沅、顾諟等补修，最后由全祖望于逝世前一年完成。《宋元学案》共100卷，计有91个学案。黄宗羲奠定了一个大体的规模，全祖望以黄宗羲的原本而对学案有增补，有修订，有次定，有补定。《宋元学案》体例大体延续《明儒学案》，但最突出的改进之处是每个学案的开头都制作了一个详细的师承传授表，层次分明地列出了案主的师承、讲友、同调、学侣、门人亲传、再传乃至数传的关系，使得一家学术及诸家间、先后间的关系一目了然。《宋元学案》和《明儒学案》是了解宋元明学术史的重要著作。

黄宗羲主要活动于浙江一带，通过授徒讲学，在浙东培养出一批史学人才。其弟子、私淑、后学中最为著名的就是万斯大、万斯同兄弟以及邵廷采、全祖望。浙东之学以史学为特点，是清代学术的重要一脉。浙东史学的后劲当属章学诚。章氏虽未受学于黄宗羲，却继承了黄宗羲学问的统绪，并自觉地以浙东史学成员自居。章学诚在史学理论上的贡献在清代学术中尤为突出。

章学诚（1738—1801），字实斋，浙江会稽（今浙江绍兴）人。

他"博学而能文章"，以史学自负。其著《文史通义》提出"六经皆史"的观点，认为治史的目的在于经世，而不是空言著述，这就与黄宗羲的观点具有一致性。在他看来，六经记载的都是上古的治理实绩，古人从来没有离开具体的事件空谈义理，六经都是先王的"政典"，六经当中记载的都曾经在当时实行过，因此都十分切近于人事。在他看来，治经就是治史，也就是治先王的"政典"，从这个意义上来说，古代学术没有后世所说的经史之分。他反对"舍器而求道"，即离开具体的事物去追求道理，反对"舍今而求古"，即离开现实社会研究古代，反对"舍人伦日用而求学问精微"，认为精微的学问就在于日常生活之中。因此，学者必须熟悉当时的制度，这样做出来的学问才是"实事"，而不是空言。在章学诚看来，所谓的整理资料排比年代的"史纂"和搜求材料比对事实的"史考"都不是真正的史学。

与乾嘉考据学相呼应，清代的史学考证也很发达。王鸣盛、钱大昕、赵翼是其中的代表，三人治史的共同点在于以治经的方法治史，强调以史证史，考证典章事迹之实。

王鸣盛（1722—1797），字凤喈，一字礼堂，别字西庄，晚号西沚，江苏嘉定（今属上海）人，历时30年著成《十七史商榷》等书。《十七史商榷》全书共100卷，对《史记》《汉书》等17部正史进行了改讹文、补脱文、去衍文等工作，又列举其最终的典制事迹，诠释其中难以疏通的地方，审核其中的历史事实。本书的重点在文字校勘，亦用力于典章制度的考证、历史人物的评价，王鸣盛也对史书的内容、体例等发表自己的见解。

赵翼（1727—1814），字云崧，号瓯北，江苏阳湖（今江苏常州）人。著有《廿二史札记》《陔余丛考》等著作。《廿二史札记》是以读书笔记的形式写成的，特点在于汇集类似的或有相互联系的事例，进而提出对历史上种种问题的看法。如"太上皇"条，作者就按照时间顺序汇集各代记载，叙述了从汉代到清代的太上皇的情况。

钱大昕（1728—1804），字晓徵，号辛楣，又号竹汀，晚称潜肇老人，江苏嘉定（今属上海）人。《廿二史考异》考订了《史记》等22部正史，仿照《通鉴考异》的体例而成，每卷列原史书中的纪、志、表、传的标题，下面列需要考异的条目。每条一般分为上、下两部分，上半部分是待考证史书的原文，下半部分则罗列证据，指出与其他史书相矛盾或自身记载矛盾的地方，或订正原文相关错误，详略则视具体情况而定。有的条目仅有几个字，有些则达上千字。

钱大昕在史学理论上也有所贡献，他反对"尊经轻史"的态度，认为"经与史岂有二学哉"，提高了史学的高度。《潜研堂金石文跋尾》《十驾斋养新录》是钱大昕另外两部代表作，这两部书体现了清代史学的另一特点，即注重新材料的使用，广泛运用金石学的成绩，对史书的缺漏、讹误等进行订补。

在史学上，清代的地方志编纂成绩也十分突出，清代编纂的地方志占现存方志的70%左右。朝廷不仅编纂了全国地理总志《大清一统志》，还鼓励各地编纂志书，当时的一些著名学者，如戴震、章学诚、钱大昕等也参与其中。

清朝作为大一统的多民族国家，统治疆域广大，对少数民族边疆地区进行了有效管辖。清代的史学成就也突出表现了这一点，边疆历史地理学较为发达。尤其是随着清末外来侵略造成的边疆危机，一些学者更加自觉地从事边疆历史地理的研究，并对中国周边各国的历史地理、风俗人情等进行考察。

俞正燮（1775—1840），字理初，安徽黟县人，重视域外史地研究，其著《癸巳类稿》，是其考订经史、诸子、医理、舆地、道梵、方言等方面的成果汇编。他对边疆历史地理多有研究。如该书卷八有《驻扎大臣原始》，记录清廷平定蒙古、回部、西藏的经历；卷九有《台湾府属渡口考》，可以视为当时的台湾现代史，记述了清朝收复台湾的经过以及清朝对台湾统治的一些事实。此外，还有关于澳门史、中俄外交史、中缅外交史的相关记述和考订。

徐继畬（1795—1873），字健男，号松龛，别号牧田，书斋名退密斋，山西五台人。其编纂《瀛环志略》，从地球开始介绍世界地理状况。全书以图为纲，按亚洲、欧洲、非洲、美洲的顺序介绍了世界各国的风土人情、文明制度。其书所重在南洋和印度，主要由于在晚清的局势下，这两个地区与中国边疆的关系最为密切。此书并非一部简单的猎奇的著作，而是一部"穷理"的著作。

五、晚清学术

道光二十年（1840）以后，清廷内忧外患，尤其是外来侵略导致民族危机加深。鸦片战争的失败，在中国引起极大震动。一些爱国士大夫纷纷探讨"天朝大国"失败的原因，有识之士开始思考民族的命运和民族的文化。在他们看来，乾嘉汉学治学限于注疏，训诂明未必义理明，不重思想，脱离实际生活，仅成为一种文献学问，末流则陷于支离烦琐，对于经世致用则较少贡献。晚清学术的一大特点是追求经世致用之学，在这一点上，他们的思想特质直接继承清初三大儒。前述边疆历史地理可以视作是这种情况的一种反映。此外，在国学思想上还有一些人物值得注意，他们或从传统文化内部进行思考，或中西结合，以期实现中国传统文化的近代化。

林则徐（1785—1850），字元抚，晚号俟村老人，福建侯官（今福建福州）人，抗击外来侵略的民族英雄。道光十八年（1838）在广东主持禁烟。在此期间，他曾组织翻译西方报刊书籍，关注西方动态。其中，他据1836年（道光十六年）伦敦出版的《世界地理大全》译出《四洲志》，后并与其他文献一起转交给魏源。此书被收入《海国图志》当中。

魏源（1794—1857），原名远达，字默深，湖南邵阳人。他受林则徐委托，编纂《海国图志》，并在书中提出"师夷长技以制夷"。其实他在道光二十一年（1841）的《圣武记》中也提出"以彼长技，御彼长技"的观点。魏源认为的西方长技，主要侧重技术方面，包括战舰、火器、养兵、练兵之法。魏源希望以西方的技术最终抵抗西方的侵略，对西方的论述还未深入到制度、文化等层面。魏源还是晚清著名的公羊学家，面对晚清的历史变局，他将公羊学所讲的"三世说"加以发挥，主张历史进化。他认为历史是无法退步的，后世可以胜过三代；同时，他还发挥《周易》当中"变易"的思想，主张在当时进行变革。在面对西方时，魏源主张使天下富强的因素中国无所不有，正所谓"中国智慧，无所不有"，他相信，只要能立足中国智慧，吸收西方的技术，就能抵抗西方的侵略。

冯桂芬（1809—1874），字林一，号景亭，晚年号邓尉山人，江苏吴县（今江苏苏州）人。晚清较早倡导改良的代表人物。19世纪60年代冯桂芬提出"采西学""制洋器"的观点。他的特点在于不仅主张学习西方的器物，还关注"西学"。他提到的西学，首先涉及西方政治制度，如基层民主选举。他试图将西方国家的一些做法移植到中国；他还主张学习西方的福利制度、救济制度、义务教育制度。更为重要的是，他对西学的态度已经涉及西方的"学理"与"文化"，认为在研习本国文化的同时，还要选拔专门之人，从小学习西方的学问，包括算学、重学、光学等，特别是算学。在他看来，西方的一切学问都从算学出，研究算学是研究西学的基础。虽然冯桂芬主张采西学、制洋器，但他依旧固守中华文化之自信，认为中国面对西方，可从固有文化中找到解决问题的办法，在文化上不必依赖西方，只有在坚船利炮这一点上要依赖西方。冯桂芬对中国文化寄予厚望，认为诸多比不上西方的地方，要做到"道在反求"，返回本国文化寻求方案。在制度上，他特别强调恪守伦常名教，探究"三代圣人之法"。冯桂芬的这些观点实际上已经涉及了西学与中学关系的讨论。他讲，"以中国之伦常名教为原本，辅以诸国富强之术"，这已经有以"中体西用"的模式处理中西关系的意味，可以视作"中体西用"思潮的先导。在他之后，关于中学与西学的讨论日渐增多。例如，王韬说"器则取诸西国，道则备自当躬"，郑观应提出"中学其本也，西学其末也，主以中学，辅以西学"。郑观应还专门写了一篇《道器》，用道器论的观点来考察中学与西学的关系，将中学与西学纳入《大学》所讲的道物关系之中，认为道为本、开其始，物为末、成其终，中国精于道而粗于器，而二者实际上是统一的。他进一步主张"以西学化为中学"，达到本末的互补。光绪二十二年（1896），孙家鼐在《遵议开办京师大学堂折》中说："今中国创立京师大学堂，自应以中学为主，西学为辅，中学为体，西学为用；中学有未备者，以西学补之；中学有失传者，以西学还之；以中学包罗西学，不能以西学凌驾中学。"张之洞在《劝学篇》中写道："新旧兼学，四书五经、中国史事、政书、地图为旧学；西政、西艺、西史为新学。旧学为体，新学为用。"这些都是"中体西用"思想的具体表达。

曾国藩（1811—1872），字伯涵，号涤生，湖南湘乡人。晚清理学代表人物，被后世视为"理学经世派"的代表。

咸丰年间，太平天国运动兴起，清朝正规军难以抵御太平军。此时在籍丁忧的曾国藩奉诏办团练，进而建立湘军以对抗太平天国，最终在同治年间打败太平军。曾国藩的事功业绩在古今儒者中只有明代的王阳明堪比，而其事业的艰辛则非王阳明可比。曾国藩抗击太平军并非仅仅出于对清廷的效忠，还从文化的角度出发，以对中国传统文化的保存为号召，起兵抗击。最能体现这一点的当属《讨粤匪檄》，他在其中认为太平天国毁坏学宫，侮辱先代忠臣烈士，甚至对佛、道教也"无庙不焚，无像不灭"，"乃开辟以来名教之奇变，我孔子、孟子之所痛哭于九原，凡读书识字者，又乌可袖手安坐，不思一为之所也"。曾国藩认识到，在这个斗争中，他要保护的是中国的传统文化，特别是其中的纲常名教。湘军中的很多骨干都是当时道学中的人物，服膺程朱理学，如罗泽南。甚至在与太平军对抗最紧张的时刻，曾国藩还刊刻《船山遗书》，并校阅其中的一部分。如此重视理学，并以之为教义，自觉与太平军对抗，这可以看成是湘军的一个文化特色。

曾国藩的意义还不止于此。从清代学术发展的意义来看，曾国藩试图"打通汉宋"。他强调儒学是一个体系，这个体系合"理学"与"礼学"（或"经学"）为一。曾国藩以宋学为宗，但不废汉学，同时有限度地容纳西学。他以辞章之学为理学之助，认为要"礼理并举"，从"礼"发明"理"，用"礼"来弥补清儒对理学空疏的批评，而核心在于"经世致用"。曾国藩强调礼，由此把乾嘉学派重视的考据学与宋儒强调的义理学结合起来。这种礼学并非只懂得考据或精通一艺的陋儒之学，而是主张博通的大儒之学。

曾国藩还是晚清洋务派的代表人物之一。他认识到，中西之间社会不同，首先体现在中国经济以农业为主，西方经济以商业为主，即"耕战"与"商战"的差异；在他看来，西方各国在战时其商业能够为国家提供经费，而在平时，国家应该顺应商人的需求。曾国藩的洋务活动主要体现在创办安庆内军械所上，注意西式武器的制造。此外，他也主张"另立学馆，以习翻译"，并研究"算学"，认识到西方科技的重要性，提出"师夷智可期永远之利"的说法。

晚清国学发展的一大特点是思想与政治现实的互动，这集中体现在晚清公羊学之中，前述魏源可以视为一例。清代公羊学发轫于庄存与、孔广森。公羊学的发展与学者对乾嘉学派的反动有一定关系。公羊学者认为考证之学虽然希望通过训诂而明义理，但最终于身心家国了不措意，人才统统钻进故纸堆之中。他们不满意考证之学，也不满意宋儒之学，因此回到汉代，发现公羊学，希望通过同样是汉学的公羊学实现经世致用。康有为将公羊学理论发展为一套变法理论，用以支持维新运动，可以说是公羊学者的突出代表。

康有为（1858—1927），字广厦，号长素，广东南海人（今属广东佛山）。康有为认为儒家最重要的典籍是《周易》与《春秋》，希望借着对古代经典的阐释来"托古改制"。他注重发挥《周易》中"变易"的思想，认为无论个人还是社会，都在不停地变化。对于社会来讲，"千年一大变，百年一中变，十年一小变"，变是社会的常态。康有为重视的《春秋》中的道理，实际上就是公羊家所讲的道理。因为重视公羊学，他对古文学家的经典十分排斥，作《新学伪经考》，认为古文学的一些经典是刘歆为了歌颂王莽而伪造出来的。他和其他公羊学家一样，认为《春秋》中有孔子所讲的"微言大义"，认为孔子作《春秋》，在鲁史当中寄托了他的政治理想。他发挥公羊学的"三世说"（据乱世、升平世、太平世），而主张社会进化，认为三世就是人类社会进化的三个阶段，即"自族制而为部落，而成国家，由国家而成大统"。同时，他还将君主、民主配三世，认为君主制是据乱世；又以《礼记·礼运》中的"大同""小康"配三世，认为太平世也就是大同社会。在他看来，三世不仅仅是时间上的演进，同一空间当中，也可能存在三世之不同，欧美在当时已经处于"升平世"，而中国还处在"据乱世"，因此中国需要变。公羊学的"三世说"成为他变法的主要哲学依据。康有为阐发的"通三统""张三世""王鲁""改制"等，都成为"百日维新"的理论根据，他的思想始终与他的政治活动息息相关。

《大同书》是康有为最重要的著作之一。这部书写作开始得较早，但直到1935年才全书出版，这与其中一些思想十分激进有关。这部书的基本思想均由"三世说"发展而来。在书中，他把人类描述成一个受苦的群体，并罗列各种"苦"，共计6类38项。苦的根源就在于各种差别，体现在国界、级界、种界、形界（性别）、家界、业界、乱界、类界、苦界等方面。而要救苦，则要破除九界。在他看来，大同社会是没有一切界别差异的世界，而达到大同社会，则需要按照三世的历史进程一步步发展。在《大同书》中，康有为详细描绘了大同社会从政治到经济、社会的各项安排，认为这样一个社会是一个"至平""至公""至仁"的社会。这部书也充分展现了康有为对西方的了解，包括对当时各国基本情况的描述，对自然科学的掌握以及对西方社会科学的吸收。通过吸收他所认为的西方的合理要素，最终在大同社会超越西方的升平。

在近代学术中，西学东渐成为一个显著特征，这点也影响着晚清国学的走向。康有为就曾大量阅读西学著作,他的"三世说"融进西方民主等思想,而这与西学在中国的传播有密切的关系。从19世纪60年代起,中国人就开始翻译西方书籍,在自然科学、社会科学方面引入大量的西学论著,开启了中国学术近代化的进程。近代中国学术思想的重大变化与西方思想的输入直接相关。西方进化论的传入便是突出的例子,而严复是其中的重要代表。

严复(1854—1921),字又陵,又字几道,福建侯官(今福建福州)人。14岁进洋务派左宗棠所办的福州船政学堂学习,后又赴英国留学。严复一生的主要工作就是翻译西方哲学名著,最为重要、影响最大的当为《天演论》。此外还有《穆勒名学》《法意》等。《天演论》最为重要的就是其中的进化论思想。《天演论》为英国科学家赫胥黎所著,主要阐释达尔文的进化论,并把进化论与社会发展联系起来,但赫胥黎并没有完全将自然发展与社会进化连接起来,导出所谓的社会达尔文主义。严复在翻译时并没有完全止步于赫胥黎,他还注意到了斯宾塞的思想,并由斯宾塞而强调"天道"与"人道"的一致性,认为可以用"生理而推群理",即用生物学上的道理讲社会学的道理。在严复看来,"天演"也就是"进化",在自然界有"物竞天择,适者生存"这一原则,人类社会同样有这样的原则,进化是不可抗拒的规律,人类社会在发展的过程中会"自至于宜",会竞争生存,优胜劣汰,弱肉强食,这就是所谓的"天演公例"。"无以自存,无以遗种",无法做到在竞争之中生存,必然会亡国灭种。人们在认识这种规律后,不应当自甘作劣等民族坐待灭亡,而应当奋发图强,以求"适者生存",改变被淘汰的命运。严复勉励人们要遵循"保种进化之公例",自强自立,力争自主,遵循争取优胜而避免劣败,以求国家民族的生存发展。严复的《天演论》翻译出来之后,在知识分子当中引起巨大反响。严复所讲的"天演公例"经常被引用,使当时的中国人惊心动魄,激励当时的一些知识分子努力救亡自强,防止陷入亡国灭种的境地。

六、近代国学观念

近代以来,中国遭受外来侵略,西方学术也逐渐进入中国。随着民族危机的加深,国家危机带来文化危机,部分知识分子的民族文化自信心变弱，西学日强中学渐弱。中学西学的争论成为近代思想发展的一条脉络。当时学者对待中学西学的态度，可由"国学"这一观念看出。

　　"国学"一词古已有之，但主要作为国家教育机构中的最高学府。直到光绪末年，"国学"这一词语的语义才发生转换，由国家教育机构转指中国原有之学术，指与西学相对的中国固有之学。但是，不同学者在使用"国学"这一词语的时候，背后的观念却不尽相同。

　　晚清国粹派产生于20世纪初，以章太炎、刘师培、黄节、邓实等为代表。1905年2月23日，《国粹学报》在上海创刊，邓实任主编。该刊以"发明国学，保存国粹"为宗旨，宣传爱国、保种、存学的思想。主要撰稿人有刘师培、陈去病、章炳麟、王国维、孙诒让、柳亚子、罗振玉、黄节、黄侃、马叙伦等50余人。章太炎在流亡日本期间，还专门开办国学讲习会等以讲明国学。在国粹派看来，当时国家正面临着危机，他们提出"国学"的概念，认为国家与国学共生共存、相互依赖，国家依靠其国学而生存，国学依赖有国家而昌盛。如黄节曾说："立乎地圜而名一国，则必有其立国之精神焉，虽震撼掺杂，而不可以灭之也。灭之则必灭其种族而后可。灭其种族，则必灭其国学而后可。"（《〈国粹学报〉叙》）也就是说毁灭一个民族，必先毁灭其固有之文化。黄节以波兰、印度为例，阐明国学对于一国之重要性。邓实也主张"国学者何？一国所自有之学也"，"国以有学而存，学以有国而昌"（《国学讲习记》），同时指出欧洲殖民者在面对殖民对象时，必然要先毁灭其文字、语言、文化，才能长久实现其殖民目的。邓实特别强调国学与爱国心的关联，如他说"国学存，则爱国之心有以依属，而神州或可再造"，认为一民族之文化是该民族之思想的基础和来源。章太炎也强调这一点，他主张："夫国学者，国家所以成立之源泉也。吾闻处竞争之世，徒恃国学固不足以立国矣，而吾未闻国学不兴而国能自立者也。吾闻有国亡而国学不亡者矣，而吾未闻国学先亡而国仍立者也。"（《国学讲习会序》）他在《东京留学生欢迎会演说录》中说今日办事最紧要的是，"第一是用宗教发起信心，增进国民的道德；第二是用国粹激动种姓，增进爱国的热肠"，如果能做到这些，就能唤起民众对帝国主义侵略的抵抗。民族文化与民族的危亡感体现在晚清国粹派对国学概念的使用当中，其使用国学这一概念的根本目的是希望唤起和激励国人的爱国心。须要指出的是，这一时期使用的"国学"概念，"学"更偏重"学术"，而没有扩大至"文化"。这可以从章太炎国学讲习会所讲的内容中反映出来：第一期为小学略说、经学略说、史学略说、诸子略说、文学略说；第二期为《说文》《音学五书》《诗经》《书经》《通鉴纪事本末》《荀子》《韩非子》《经传释词》；第三期为《说文》《尔雅》《三礼》《通鉴纪事本末》《老子》《庄子》《金石例》；第四期为《说文》《易经》《春秋》《通鉴纪事本末》《墨子》《吕氏春秋》《文心雕龙》。讲习内容以传统学术为主。

辛亥革命至新文化运动时期，"国学"一词作为中国传统文化的代名词而使用，国学的内容已由学术扩大至文化。这一时期，由于文化观念的差异，知识分子对国学的态度也不尽相同。如毛子水1919年写成《国故和科学的精神》，认为"国故就是中国古代的学术思想和中国民族过去的历史"，"我们倘若单讲到学术思想，国故是过去的已死的东西，欧化是正在生长的东西；国故是杂乱无章的零碎智识，欧化是有系统的学术。这两个东西万万没有对等的道理"。他还认为"我们中国民族，从前没有什么重要的事业，对于世界的文明，没有重大的贡献，所以我们的历史，亦就不见得有什么重要"。这样的态度就与晚清国粹派形成反差，已经不太重视国学对于中国的重要性，转而强调西学的作用。毛子水的观点反映了当时的主流思想。

20世纪20年代初期到末期是国学观念发展的第三个时期。这一时期，国学的概念开始广泛流行，而越来越成为一个学术概念了。在国学概念下面所谈论的，既不是政治，也不是文化，而是学术研究。这种情形和这一时期发起、流行的整理国故运动有关。其中的代表当属胡适，他主张"研究这一切过去历史文化的学问，就是国故学，省称为国学"。他在《国学季刊》发刊词中认为："我们现在治国学，必须要打破闭关孤立的态度，要存比较研究的虚心。第一，方法上，西洋学者研究古学的方法早已影响日本的学术界了，而我们还在冥行索途的时期。我们此时应该虚心采用他们的科学的方法，补救我们没有条理系统的习惯。第二，材料上，欧美日本学术界有无数的成绩可以供我们的参考比较，可以给我们开无数新法门，可以给我们添无数借鉴的镜子。学术的大仇敌是孤陋寡闻；孤陋寡闻的唯一良药是博采参考比较的材料。"胡适主张用西方的方法重新整理中国固有之学。他在《新思潮的意义》一文中提出："研究问题，输入学理，整理国故，再造文明。"也就是自觉地用西方的方法研究"国故"，以期"再造文明"。他于1927年发表的《整理国故与"打鬼"——给浩徐先生信》更主张要"捉妖"和"打鬼"，"化黑暗为光明，化神奇为臭腐，化玄妙为平常，化神圣为凡庸"，"要人明白这些东西原来'也不过如此！'"，以整理国故为手段，最终判定国故少正面积极之作用，进而需要引进西方文化。①

同样在20世纪20年代，以王国维、梁启超为代表的清华国学院则与胡适代表的观点形成对照。1925年清华成立国学院，吴宓《清华开办研究院之旨趣及经过》一文中认为"兹所谓国学者，乃指中国学术文化之全体而言，而研究之道，尤注重正确精密之方法"。这是用国学代指中国学术文化。清华国学院以王国维、梁启超、陈寅恪、赵元任为导师，李济为讲师，他们在对待"国故"的态度上与胡适不同。他们一方面也强调"用现代的科学方法整理国故"，因此在实践上能够利用外来的观念与方法研究国学，采纳当时欧洲和日本的一些先进方法，包括西方社会学、历史学、语言学、人类学等社会科学理论，"清华研究院诸导师，梁启超是各种新学术的倡导人，王国维是近代人文新学术的代表，赵元任、李济分别是中国现代语言学和考古学之父"；但另一方面，他们又不像胡适那样被新文化的观念束缚，不是单纯以疑古的态度面对中国固有之学术，因此能在国学研究上超越既有之成见，实现国学研究的近代化。

---

① 参见陈来：《启蒙批判与学术研究的双重变奏——整理国故运动中的胡适》，《清华大学学报（哲学社会科学版）》2010年第4期。